Sam Storms

Faszniert von Gott

Fasziniert von Gott

Deutsch von Hannelore Bozeman

inspiredmedia

Die englischsprachige Ausgabe erschien bei *NavPress* unter dem Titel:
Pleasures Evermore von Sam Storms, Copyright © 2000; all rights reserved
NavPress ist eine Abteilung von The Navigators, U. S. A.

This is a German translation.

Übersetzt von Hannelore Bozeman
Bearbeitet von Maria Trepp

Bibelzitate sind, wenn nicht anders angegeben, der Menge Bibel entnommen.

Umschlag Layout:
Medienbau, Agentur für Konzept und Design, Effretikon

Druck:
EuroPB, Pribram

ISBN: 978-3-905998-03-0

Art.Nr.: 446 324

Weitere Informationen: www.inspired-media.com

In Liebe gewidmet:
Melanie und Joanna
(Psalm 127,3-5)
und
Ann
(Sprüche 31,10)

Inhaltsverzeichnis

Vorwort von Larry Crabb

Oscar Wilde wurde zu einer Gefängnisstrafe verurteilt, weil er gegen die damaligen Sitten- und Anstandsvorstellungen verstoßen hatte.

Wilde war ein erklärter Ästhetizist – das ist jemand, der lebt, um seiner Leidenschaft für die Schönheit zu frönen. Gegen Regeln konnte er unbekümmert verstoßen, wenn sie seinen Genuss behinderten. Das war seine Philosophie. Alles, was er schön fand, und alle Gelegenheiten, sich zu beglücken, gönnte er sich.

Für Wilde gehörte dazu die Gesellschaft junger Männer. Das viktorianische Gesetz bezeichnete seine homosexuellen Aktivitäten als «schwere Sittlichkeitsvergehen». Seine Ankläger erhoben das Banner der Sittlichkeit, die seine Verstöße gegen den gesetzlich geforderten Anstand zu Recht als verkehrt bezeichnete. In jener Kultur hatten die Bürger nur die Wahl, dem Vergnügen nach Belieben nachzujagen und dabei zu sündigen oder das Streben nach dem Glück aufzugeben, um das Rechte zu tun.

Den Befürwortern beider Ansichten schien nie aufzugehen, dass man gleichzeitig das Rechte tun und dem Glück nachjagen kann. Auch heute glauben viele von uns immer noch, dass man zwischen diesen angeblichen Widersprüchen wählen muss.

Konservative Christen stehen seit langem auf der Seite der Tugendbolde und haben die Menschen, die sich gern vergnügen, als Genussmenschen verdammt, die sich ihrer niedrigeren Natur hingegeben haben.

«Genusssüchtige, narzisstische Egoisten sind sie», empört man sich. «Das heilige Gesetz Gottes ist ihnen völlig egal und sie leben nur für die sofortige Befriedigung ihrer Gefühle.»

Beim Nachdenken über Oscar Wildes Dilemma und die typische Reaktion der christlichen Welt frage ich mich, was Jonathan Edwards wohl gesagt hätte, wenn er als Zeuge bei Wildes Gerichtsverfahren aufgerufen worden wäre. Hätte er mit erhobener Bibel aus dem Römerbrief zitiert? «Gott [hat] sie in schandbare Leidenschaften fallen lassen ... Die Männer [haben] den natürlichen Verkehr mit der Frau aufgegeben und sind in ihrer wilden Gier zueinander entbrannt» (Römer 1,26-27). Hätte er zum Angeklagten in den Worten des Paulus gesagt: «Männer mit Männern verübten die Schamlosigkeit und empfingen aber auch die gebührende Strafe für ihre Verirrung an sich selbst» (Römer 1,27)?

Ich glaube schon. Schließlich sind diese Worte von Gott inspiriert. Homosexuelle Aktivitäten sind schwere Unzucht. Edwards glaubte an die Bibel; er hielt Gottes Maßstäbe für moralisch absolut und alle Verstöße dagegen für Sünde.

Aber ich denke nicht, dass er sich darauf beschränkt hätte. Ich glaube kaum, dass er gleich danach unter dem zustimmenden Nicken der Pharisäer, die sich in ihrer Selbstgerechtigkeit im Glauben gestärkt fühlten, dass *sie* keiner schweren Unzucht schuldig waren, auf seinen Sitzplatz im Gerichtssaal zurückgekehrt wäre. Vielmehr sehe ich Edwards vor meinem geistigen Auge dem Richter sagen: «Mit Erlaubnis des Gerichts möchte ich noch etwas hinzufügen.»

Zum Entsetzen der Staatsanwaltschaft hätte er dann wohl in etwa gesagt: «Obwohl ich das Benehmen von Mr. Wilde moralisch für falsch und für schwere Unzucht halte, prangere ich nicht seinen Wunsch an, dem Glück nachzujagen. Das Problem ist sein Verständnis, wo es zu finden ist.

Echtes Glück – das als einziges die menschliche Seele befriedigt und den Menschen gleichzeitig in eine wunderbare, ehrbare Person verwandelt – ist das reine Vergnügen, für die Herrlichkeit Gottes zu leben. Dazu wurde jeder von uns geschaffen. Wie der Adler gern in der Höhe schwebt, so findet der Mensch seine Freude daran, Gott zu kennen und Gottes Willen zu tun. Man muss nicht zwischen der Jagd nach echter Freude und dem Gehorsam gegenüber einem heiligen Gottes wählen. Es ist ein und derselbe Weg. Oscar Wildes größte Sünde ist der Unglaube: Er glaubt nicht, dass es zur rechten Hand Gottes ewige Freuden gibt.»

Vielleicht mehr als je zuvor müssen wir auf Jonathan Edwards' Weisheit hören. In unserer postmodernen Welt stehen wir vor einer noch radikaleren Wahl: Entweder wir wählen einen authentischen Lebensstil, der uns in unserem ganzen Wesen gesund macht oder wir brechen unter der Last der aufgezwungenen Regeln zusammen. Allzu viele Christen kämpfen gegen *sündige* Leidenschaften (was gut ist), indem sie vor *allen* Leidenschaften davonrennen (was nicht gut ist). Wir sind wie Kinder, die aus Gehorsam widerwillig ihren Spinat essen, in der Hoffnung, eines Tages durch einen Keks belohnt zu werden.

Aber der eigentliche Kampf, den wir als Christen ausfechten müssen, liegt nicht darin, dem Vergnügen zu *widerstehen* und stattdessen das Rechte zu tun. Unser Hauptkampf liegt darin zu glauben, dass die ewige Gemeinschaft des dreieinigen Gottes ein Fest ist, nach dem wir uns alle sehnen. Wir müssen lernen, unsere tiefste Leidenschaft für Gottes Art der Freude zu entdecken und ihr frei Ausdruck zu geben.

Sam Storms baut auf John Piper auf und dieser wiederum auf Jonathan Edwards. Vielleicht mehr als die meisten Theologen tritt Edwards wiederum in die Fußstapfen der Autoren der Schrift, die verkündigen, dass Gott in seinem Gebot der Heiligkeit uns zu einer Party einlädt.

Sam geht so weit zu sagen, dass die einzige Hoffnung für einen sinnvollen Sieg über die Sünde darin besteht, für einen größeren Genuss zu leben. Man kann die Sünde eine Zeitlang genießen, aber dann wird sie immer sauer. Die Heiligkeit gibt uns ein Leben lang echte Genüsse, die nie sauer werden.

In diesem Buch werden wir eingeladen, christliche Genießer zu werden, Ästhetizisten, die sich völlig der Jagd nach dem Vergnügen hingeben, das in der Schönheit Gottes erhältlich ist – in all seinem Wesen, seinem Handeln und seinen Geboten.

Hätte Oscar Wilde Sams gut durchdachte, entwaffnend einfache, gewaltige und biblische Darstellung des christlichen Lebens verstanden, dann wäre er ein leidenschaftlicher Liebhaber der Schönheit und all ihrer Freuden geblieben; er hätte sich von der Homosexualität abgewandt und wäre zum begeisterten Jünger von Jesus Christus geworden.

Wenn wir die Botschaft dieses Buches verarbeitet haben, finden wir uns in der Gesellschaft von Vergnügungssuchenden wieder, die entdeckt haben, dass ein gottgefälliges Leben der Freund und nicht der Feind aller wahren Freuden ist.

Dieses Buch gehört ins Bücherregal jedes Seelsorgers, der die Menschen in Freiheit und Freude führen möchte, und jedes Pastors, der seine Gemeinde davon zu überzeugen wünscht, dass wir zwischen Zufriedenheit und Heiligkeit nicht wählen müssen. Es ist für jeden gedacht, der dem glühenden Wunsch nicht entrinnen kann, überaus glücklich sein zu wollen, und der den Verdacht hegt, dass das Glücklichsein irgendwie mit dem Leben für die Herrlichkeit Gottes zusammenhängt.

Sams Worte sind für mich Gottes Einladung, zu seiner Party zu kommen, wo jeder lernt, dass Güte und Freude zusammengehören. Allen Partylöwen sage ich: Lasst den Schweinestall zurück, werdet zu Partymenschen und bereitet euch auf die größte Party vor, die es je gegeben hat.

Dieses Buch wird helfen. Es wird einem sehr helfen.

Danksagungen

Abgesehen von dem Tag im Jahr 1960, als ich Jesus Christus als meinem Herrn und Erlöser vertraute, war das Wichtigste, das ich hinsichtlich meiner geistlichen Entwicklung je in meinem Leben getan habe, das Buch «Desiring God» von John Piper zu lesen.[1] Das war im Jahr 1986. Dieses Buch erweckte in mir die atemberaubende Einsicht, dass ich Genießer bin. Zum ersten Mal offenbarte es mir, was mir keine Predigt, kein Film, kein Buch hatte offenbaren können: Zur großen Freude meiner Seele entdeckte ich, dass ich im Kern meines Wesens Genießer bin. Mein Antrieb ist die Jagd nach dem Genuss.

Aber weil Gott mir 26 Jahre zuvor ein neues Herz gegeben hatte, bin ich nicht bloß Genießer – ich bin christlicher Genießer. Und auch du bist es, falls du wiedergeboren bist, selbst wenn du es dir nicht bewusst bist. Und noch besser: Gott ist es auch!

«Entschuldige mal! Gott soll ein Genießer sein?»

Aber ganz gewiss. Obwohl Gott kein «Christ» ist, kann nur sein Verlangen nach Freude erklären, warum es überhaupt «Christen» gibt. Sein Ziel in allem, was er tut, ist seine Freude an meiner Freude an ihm. Ich hoffe mehr als alles andere, dass diese Behauptung dich beflügelt, Pipers Buch zu lesen. Soll-

1 Auf deutsch erhältlich unter: John Piper: Sehnsucht nach Gott, (Waldems, 2005)

test du nur ein Buch lesen können, lies seins und nicht meins.

Dieses Buch ist nicht in erster Linie eine Darstellung oder Rechtfertigung des christlichen Hedonismus. Vielmehr versuche ich, eine Vision für die Jagd nach der Heiligkeit zu erstellen, die auf der biblischen Grundlage des christlichen Hedonismus beruht. Welche Auswirkungen hat der christliche Hedonismus – vorausgesetzt er ist ein berechtigtes Prinzip – für unseren Kampf gegen die Sünde und unser tiefes Verlangen, in das Ebenbild Christi verwandelt zu werden? Dieses Buch ist ein Versuch, diese Frage zu beantworten.

In seinem Buch Future Grace schrieb John Piper ein Kapitel mit dem Titel: *«The Debt I Owe to Jonathan Edwards»* («Meine Verpflichtung gegenüber Jonathan Edwards»). Ich bräuchte ein Kapitel mit der Überschrift: «Meine Verpflichtung gegenüber Piper und Edwards»! Obwohl keiner von ihnen für Fehler in meinem Denken verantwortlich ist, bin ich Edwards und Piper zutiefst verpflichtet. Natürlich meinen wir alle, dass diese Sichtweise letzten Endes von Gott auf dem Weg über die Heilige Schrift stammt. Ob das stimmt, muss man selber beurteilen.

Auf den folgenden Seiten wird man viel von Jonathan Edwards hören. Es ist mein unbeschreibliches Privileg (und Vergnügen!), theologisch auf diesem Mann aufzubauen, den ich für den größten Denker seit dem Apostel Paulus halte. 1973 kam ich während meines ersten Semesters am theologischen Seminar zum ersten Mal mit Edwards in Berührung. Ich hatte einen unabhängigen Lesekursus in der Theologie von Edwards belegt und begann mit dem Buch, das die meisten Gelehrten für sein wichtigstes und komplexestes Werk halten: *The Freedom of the Will* (Die Freiheit des Willens). 1977 schrieb ich darüber meine Magisterarbeit, und 1984 meine Doktorarbeit über seine Abhandlung über die Erbsünde (später von der *University Press of America* veröffentlicht).

Wenn ich nur ein schwaches, aber korrektes Echo von Edwards und Piper bin, betrachte ich mein Werk als Erfolg. Mein größter Wunsch ist, dass man sich nach der Lektüre meines Buches an Edwards und Piper wendet und von dem Fluss trinkt, aus dem diese kleine Quelle hervorgegangen ist.

Andere Menschen haben auf verschiedene Weise beigetragen. Dem gesamten pastoralen Team von *Metro Christian Fellowship* in Kansas City möchte ich für ihre andauernde Unterstützung und Ermutigung danken, aber am allermeisten für ihre unermüdliche Leidenschaft für Jesus. Dank euch allen für eure Liebe und Freundschaft.

Meinem Lektor Steve Webb möchte ich meine tiefste Dankbarkeit für seine ausgezeichnete Arbeit ausdrücken, dieses Buch zu verbessern. Danke, Steve, dass du an dieses Projekt geglaubt und deine Zeit und Energie darauf verwandt hast, es zu verwirklichen!

Ein besonderes Wort des Dankes geht an mehrere Frauen, die mein Leben in außergewöhnlichem Ausmaß beeinflusst haben: zunächst und vor allem meine Mutter, Tsianina Storms, meine Schwester, Betty Jane Crawley und meine Nichte, Kristen Trantham, ohne deren Gebete ich es nicht so weit gebracht hätte. Welch ein Segen, in einem Heim mit solch gottesfürchtigen Frauen erzogen worden zu sein. Ich liebe euch.

Ich danke auch meiner Schwiegermutter, Betty Mount, deren Liebe und Bestätigung mir so viel bedeutet haben. Und ich bin Nancy Heche und Abigail Tinnerello zutiefst dankbar; ihr Mut und ihre Ausdauer inmitten unsäglicher Anfechtungen haben mich mehr ermutigt, als ich beschreiben kann. Eure Freundschaft bedeutet mir mehr, als ihr ahnt.

Schließlich mein Dank an die drei, denen dieses Buch gewidmet ist: Ann, Melanie und Joanna. Was für eine Freude ihr seid!

KAPITEL 1

Sich verlieben

Der Schlüssel zur Heiligkeit ist, sich zu verlieben.

Im Sommer 1972 heiratete ich meine Frau Ann. Nach einer wunderschönen Hochzeit und Flitterwochen von nur drei Tagen kehrten wir nach Norman zurück, wo wir uns auf das letzte akademische Jahr an der Universität von Oklahoma vorbereiteten. Ann arbeitete abends in der Notaufnahme eines Ortskrankenhauses, ich war Oberkellner eines Steakrestaurants in der Stadt. Jeden Freitagabend zählten meine Kollegen und ich unsere Trinkgelder, fuhren zur Wohnung des Restaurantbesitzers und pokerten bis zur Morgendämmerung. Da ich erst 21 war, kam es mir nie in den Sinn, Ann von dieser Gewohnheit zu erzählen. An einem jener Freitagabende – wir waren gerade drei Wochen verheiratet – rief ich sie gegen Mitternacht an und sagte, ich würde «bald» zu Hause sein. Ich nahm an, sie würde ins Bett gehen, froh und beruhigt, weil ich rücksichtsvoll genug gewesen war, sie überhaupt anzurufen. Ich hatte allerdings nicht damit gerechnet, dass sie mich wörtlich nahm. «Bald» bedeutete für mich: «nach dem Pokerspiel am Freitagabend» – so gegen fünf oder sechs Uhr morgens. Ich stellte mir vor, mich in die Wohnung zu schleichen und ins Bett zu schlüpfen, ohne sie zu wecken. Sollte sie dennoch aufwachen, würde die Nachricht von meinem Gewinn jeden Zorn schnell besänftigen. Für Ann aber bedeutete «bald» fünfzehn, allerhöchstens dreißig Minuten. Es ist erstaunlich, wie wörtlich einen neu verheiratete Frauen nehmen können. Ach ja!

Um vier Uhr früh schlich ich mich so leise wie möglich in die Wohnung, stolz darauf, dass ich meine Kumpel so früh mit den Worten verlassen hatte: «Ihr wisst, ich bin frisch verheiratet. Ich muss auf meine Frau Rücksicht nehmen.» Mit edlen Gefühlen schlich ich mich ins Wohnzimmer. Dort fing mich meine frischgebackene Ehefrau mit tränenüberströmtem Gesicht ab. «Wo warst du nur?», rief sie fassungslos. «Seit zwei Uhr habe ich dich überall in der Stadt gesucht. Du hattest versprochen, du würdest ‹bald› (da war dieses Wort wieder!) zu Hause sein. Ich hasse dich! Ich hasse dich!» Die Worte schmerzten mehr als ihre Fäuste, die gegen meine Brust schlugen.

Ich habe seitdem nie wieder Poker gespielt – eine Entscheidung, die mir leicht fiel, obwohl meine Arbeitskollegen hämisch kicherten, höhnische Bemerkungen machten und eine Chance forderten, ihr Geld zurückzugewinnen. Nichts konnte mich überzeugen, wieder zu spielen – weder die Aussicht auf Gewinn noch das Vermeiden von Gespött. Nichts. Ich hörte mit dem Glücksspiel auf. Warum?

Ich könnte eine Reihe von Gründen aufführen, von denen keiner genau zutrifft. Da wir relativ arm waren, konnten wir es uns nicht leisten, die Trinkgelder des besten Abends zu riskieren. Das Glücksspiel hätte zur Sucht werden können, und es bestand die Gefahr, an die falsche Sorte von Menschen zu geraten. Außerdem war es illegal. Aber in meiner jugendlichen Unbekümmertheit störte mich keiner dieser Gründe. Warum habe ich dann aufgehört?

Kurzum: weil ich meine Frau liebte. Ich hörte auf, weil ich in ihr etwas so Aufregendes gefunden hatte, mit dem der größte Gewinn der Welt nicht konkurrieren konnte. Das Glücksspiel war berauschend – aber das Zusammensein mit Ann war unvergleichlich besser! Die Freude, die ich bei ihrem Entzücken an mir und meinem Entzücken an ihr verspürte, war jedes Opfer wert, das ich bringen musste. So verlockend wie das Glücksspiel war (selbst wenn ich gewann), konnte es Ann nicht das Wasser reichen – dem Reiz ihres Antlitzes, der Wärme ihrer Umarmung, dem Klang ihrer Stimme. Mein Herz war bezaubert, mein Verstand gebannt. Ich war mit ihr zusammen, und sie mit mir! Das Glücksspiel hatte keine Chance. Ann war ein *Royal Flush* und gewann haushoch. Letzten Endes fand ich die Kraft, mit dem Glücksspiel aufzuhören, weil ich mich verliebt hatte.

Darum geht es in diesem Buch. Du musst nicht wie bei einem Krimi bis zum letzten Kapitel warten, ob es der Butler war, der Professor Pflaume mit dem Kerzenhalter ermordet hat. Ich verrate die Lösung gleich: Der Schlüssel zur Heiligkeit ist, sich zu verlieben ... in Jesus.

Gewusst wie oder Gewusst was

Wenige Christen zweifeln am Willen Gottes. Bei Fragen, was recht oder unrecht, gut oder böse, Sünde oder keine ist, kennen die meisten ihre moralische Verpflichtung. Selbst bei der oberflächlichsten Kenntnis der Bibel wissen sie, dass sie sich nicht betrinken sollen, dass Gott das Stehlen verbietet und dass sie mit ihrem Geld und Besitz großzügig sein sollen. Sie kennen das, was Gott gefällt.

Auch als Gemeinde wissen wir, was Gott von uns erwartet: Wir sollen den Armen helfen, die Verlorenen evangelisieren, die Bibel studieren und ihn gemeinsam anbeten.

Das *Gewusst Was* ist nicht das Problem – wohl aber das Gewusst Wie. Wie gebe ich großzügig, wenn mein Herz von Habgier und Materialismus gefangen ist? Was kann denn die Freude am Geld verdorren lassen? Wie kann die Seele von ihrem irrtümlichen Vertrauen auf den Wert des Geldes befreit werden? Wie liebe ich Menschen, die mich nerven und es dabei auf die Spitze treiben? Wie bleibe ich sexuell rein, wenn mein Fleisch vor sündiger Begierde brennt? Wie diene ich im Kindergottesdienst, wenn ich keine Lust dazu habe? Wie widerstehe ich der Versuchung zu lügen, wenn ich dadurch eine Beförderung ergattere oder meinen Ruf verbessere?

Der Apostel Paulus drückte unser alle Frustration so aus: «Ja, mein ganzes Tun ist mir unbegreiflich; denn ich vollbringe nicht das, was ich will, sondern tue das, was ich hasse... denn ich tue nicht das Gute, das ich tun will, sondern vollbringe das Böse, das ich nicht tun will» (Römer 7,15.19). Wir wissen, was Paulus meint. Manchmal kommen wir uns geistlich schizophren vor, weil wir verzweifelt das eine wollen und dennoch das andere tun. Diese Zwiespältigkeit kann überwältigend sein.

Aber noch schlimmer als die Verwirrung sind die lähmenden Schuldgefühle, wenn wir dieselben Fehler immer wiederholen. Es dauert nicht lange, und wir sind davon überzeugt, dass es hoffnungslos ist, selbst ein mäßig erfolgreiches christliches Leben zu führen. Die Frustration macht der Verzweiflung Platz: «Werde ich mich je ändern?» Diese verzweifelte Frage trieb mich auf die Suche nach dem inneren Antrieb, der es uns ermöglicht, den uns nur zu gut bekannten Willen Gottes zu tun. Wie können wir als Christen die Kraft finden, das abzulehnen, was das Fleisch so anziehend findet?

Ich lebe nicht nur unter Menschen, die sich nach Verwandlung sehnen, ich bin einer von ihnen. Wir alle sehnen uns verzweifelt nach Veränderung; wir wollen so wie Jesus leben und wie Jesus reden, und unser gegenwärtiges Leben reicht uns nicht. Vergeblich versuchen wir, die tyrannische Herrschaft der Sünde über das Herz abzuschütteln und den lähmenden Griff von Begierde, Zorn, Eifersucht, kleinlichem Wettbewerb und Stolz von der Seele loszueisen. Dabei kommen wir uns so hilflos – und am Ende hoffnungslos – vor. Müssen wir uns mit dem alltäglichen Versagen abfinden und ausharren, bis Jesus wiederkehrt und uns aus unserem selbstverschuldeten Schlamassel befreit? Oder können wir jetzt etwas tun?

Ein viel besseres Vergnügen

Ich sagte es schon einmal: Der Schlüssel zur Heiligkeit ist es, sich zu verlieben. In diesem Buch möchte ich erklären, was das bedeutet und warum es funktioniert. Wenn ich jedoch nicht aufpasse, laufe ich Gefahr, einige von euch vor Ende des ersten Kapitels zu verlieren. Liebe ist ein schlüpfriges Wort, manchmal ein bisschen schmalzig und lahm. Daher möchte ich klarstellen, was ich meine.

Ich glaube nicht (wie früher einmal), dass die Kraft, sich vom «vorübergehenden Genuss ... der Sünde» (Hebräer 11,25) abzuwenden, das Resultat einer religiösen «Sag-Nein-zur-Sünde» Kampagne ist. Ich mache mich nicht über wohlgemeinte Bemühungen lustig, andere zur richtigen Entscheidung zu motivieren. Wir müssen lernen, sündiges Verhalten und falsche Glaubensvorstellungen zu identifizieren. Aber seien wir ehrlich. Langfristig nutzt es sehr wenig, eine Liste verpönter Handlungen aufzustellen, die Zähne zusammenzubeißen, die Fäuste zu ballen und gemeinsam «Nein zur Sünde!» zu schreien. Wenn das alles ist, was wir tun können, wird die Sünde am Ende gewinnen. Appelle an die Scham, Drohungen göttlicher Vergeltung sowie Furchttaktiken schaffen es nicht. Ich bin ganz dafür, Nein zur Sünde zu sagen. Aber wenn wir nur unseren Willen gegen die Versuchung stemmen können, sind unsere Aussichten für einen dauerhaften Sieg düster. Was ist also die Antwort?

Vielleicht erinnerst du dich an den preisgekrönten epischen Film *Ben Hur* mit Charles Heston in der Hauptrolle. Eine Szene ziemlich am Anfang hat sich mir besonders eingeprägt. Massala, der Jugendfreund von Juda Ben Hur und neu ernannte Kommandeur der römischen Truppen in Jerusalem, spricht mit seinem Vorgänger, der deutlich vom unermüdlichen Kampf gegen das jüdische Volk erschöpft ist. «Die Religion ist überall», klagt er. «Und jetzt redet man von einem kommenden Befreier, dem so genannten ‹Messias›.» Massala ist nicht beeindruckt. Er will einfach die Anführer vernichten und alle religiösen Aufrührer ausmerzen. «Dir mag das leicht erscheinen», kommt die Antwort. «Aber wie bekämpft man eine Idee?» Nach einer kurzen Pause antwortet Massala weise: «Ganz einfach: mit einer anderen Idee!»

Wie bekämpft man das Vergnügen der Sünde? Ganz einfach: mit einem anderen Vergnügen. Du wirst nicht auf Dauer allein durch Verbote, Drohungen, Angst oder Appelle an die Scham heilig. Du wirst heilig, weil Gott dir ein höheres Glück zugesagt hat, wenn du dich in Jesus verliebst. Glaube an diese Zusage – vertraue auf sie, baue darauf, ruhe darin, genieße und schätze sie. Die Macht der Genüsse der Sünde wird letzten Endes nur durch eine überlegene Macht besiegt: das Vergnügen, Gott in Christus zu kennen und von ihm erkannt zu werden, ihn zu lieben und von ihm geliebt zu werden. Anders ausgedrückt: Man kann ein sündiges Vergnügen nur durch ein größeres, erfreulicheres Vergnügen besiegen!

Eine liebe Freundin hat eine Verwandte, die dem Herrn den Rücken gekehrt hat, ein Leben in offener, trotziger Sünde führt und scheinbar jede Minute genießt. Vor kurzem trafen wir uns, um über eine Lösung des Problems zu sprechen. «Was sage ich zu ihr?», fragte sie. «Wie dringe ich zu ihr durch?» Meine Antwort kam wie aus der Pistole geschossen: «Bestimmt nicht, indem du sie mit einer überlegenen Moral konfrontierst! Lade sie zu einer besseren Freude ein!»

Zweifellos hat meine Freundin sehr gute und hohe moralische Ansichten und ist ihrer Freundin darin weitaus überlegen. Ich sagte also zu ihr: «Deine moralischen Grundsätze sind sicherlich richtig und ihre falsch. Aber es würde nichts nützen, ihr das zu sagen. Sie würde sich nur noch mehr in ihren Lebensstil versteifen und denken: ‹O, du willst ja bloß, dass ich totunglücklich bin. Wahrscheinlich beneidest du meinen Erfolg. Gott und du, ihr wollt ja bloß, dass ich das Glück, das ich gefunden habe, aufgebe, damit ich wie ein Mönch lebe, meinen

Körper kasteie, meine Wünsche unterdrücke und mit einer sauren Miene herumlaufe.› Egal wie gut du es ausdrückst, sie wird dich als Feindin ihres Vergnügens und Glückes interpretieren. Sie wird dich unweigerlich als jemanden sehen, der ein steifes, stoisches, langweiliges Leben befürwortet.»

Ich fuhr fort: «Zeige stattdessen auf ihren Wohlstand, ihre Drogen, ihre sexuelle Freizügigkeit, ihren egozentrischen Lebensstil, die schicken Kleider und was sonst sie noch für ihr Glück glaubt haben zu müssen, und sage zu ihr: ‹Ich kann es nicht fassen, dass du dich mit so wenig zufrieden gibst. Das ist doch wohl nicht dein Ernst! Warum beraubst du dich selber? Was für pathetische und kleine Vergnügungen du hast! Du meine Güte! Du hast ja keine Ahnung, was dir entgeht!›»

Mit anderen Worten, wir bewegen eine Person nicht dazu, das Richtige zu tun, indem wir ihr sagen: «Tu nicht, was falsch ist.» Was sie angeht, ist das «Falsche» attraktiv und angenehm. Es macht Spaß und ist viel besser als das «Richtige». Stattdessen müssen wir ihr zeigen, wie viel besser Gott ist, wie überragend der Frieden Christi und wie befriedigend die innige Verbundenheit mit dem Heiligen Geist ist. C. S. Lewis hat das so ausgedrückt:

> Wenn wir in den Evangelien die kühnen Versprechen von Belohnung und die fantastischen Aussichten auf Lohn betrachten, scheint es, als ob unser Herr unsere Wünsche nicht zu stark, sondern zu schwach findet. Wir sind halbherzige Geschöpfe, die mit Alkohol, Sex und Ehrgeiz herumspielen, während uns unendliche Freude angeboten wird. Wir sind wie ein ignorantes Kind, das weiter Sandkuchen in einem Elendsviertel machen will, weil es sich nicht vorstellen kann, was mit einem Angebot von Ferien an der See gemeint ist. Wir sind viel zu leicht zufrieden zu stellen.[1]

---

1 C. S. Lewis: The Weight of Glory and Other Addresses (Grand Rapids, 1965), S. 2

Wenn wir zum Mittagessen immer nur Hamburger mit ranzigem Hackfleisch äßen, würden wir mit der Zeit lernen, den Geruch zu ignorieren und uns an den Geschmack zu gewöhnen. Wir könnten sogar lernen, die Übelkeit zu tolerieren, die dieses Essen hervorruft. Wir sind hungrige Menschen, die sich mit dem zufriedengeben, was den Gelüsten unseres Magens sofortige Genugtuung bringt. Aber wenn wir einmal Rinderfilet genossen haben, fällt es uns ganz leicht, Nein zum verdorbenen Hamburger zu sagen. Mit anderen Worten: *Wir können nur dann langfristig über die Sünde triumphieren, wenn wir ihr gegenüber wegen einer höheren Erfüllung in Gott eine Abneigung entwickeln. Die Sünde wird uns nur dann zuwider, wenn wir die Schönheit von allem, was Gott für uns in Jesus ist, zu uns nehmen und genießen.* Die Lösung ist nicht, mit dem Essen aufzuhören oder unser Magenknurren zu ignorieren. Der Schlüssel liegt darin, uns an Jesus zu laben – an den Freuden, der Gnade, der Barmherzigkeit, der Güte, der Liebe, der Vergebung, der Kraft und dem Frieden, die allein er der ausgehungerten Seele geben kann.

Gewogen und für zu leicht befunden

Ich halte den traditionellen «religiösen» Ansatz, die Menschen vom Sündigen abzubringen, für äußerst fragwürdig. Jahrhundertelang ist unsere Strategie negativ gewesen, das heißt, sie beschränkt sich auf Verbote oder Drohungen.

Das beginnt mit einer Liste der verbotenen Aktivitäten, Leute, Orte und Veranstaltungen. Nachdem wir die in der Bibel erwähnten Verbote ausgeschöpft haben, steuern wir noch ein paar von uns erfundene bei. Du weißt, was ich meine. Wir alle haben eine private Liste von Tabus und Verboten, die wir für das Kennzeichen wahrer Geistlichkeit halten. Egal, dass die Bibel über diese Punkte schweigt: Wir haben «von Gott gehört» und können es nicht fassen, dass andere unsere Vorstellung der wahren Frömmigkeit nicht erkennen und akzeptieren.

Ich bin fortwährend verblüfft, wie leicht Christen das, was Gott weder verboten noch gefordert hat, als moralisches Gesetz behandeln. Manche verspüren einen unwiderstehlichen Drang, laut zu sprechen, wo die Bibel still ist. Die sittlichen Anforderungen der Schrift reichen ihnen nicht und so müssen sie das Wort Gottes durch unzählige kleine Verordnungen und Verbote ergänzen, durch die wir angeblich Gottes Gunst und Segen erhalten.

Weiter wird die Heiligkeit daran gemessen, wie erfolgreich wir zu unserer persönlichen Verbotsliste Nein sagen. Christ zu sein wird zu einer Frage der Zurückhaltung. Wir definieren unsere Identität in Christus aufgrund dessen, was wir nicht tun. Den geistlichen Status und die Reife anderer beurteilen wir danach, wie gewissenhaft sie sich der Aktivitäten enthalten, die unsere Liste verbietet. Unsere Liebe zu Gott wird an unserer Hingabe gemessen, uns des Unakzeptablen zu enthalten. Dazu meint Jeff Imbach:

> Das Leben wird zu einem Katalog der Dinge, die wir vermeiden sollen und der Vorschriften darüber, was wir unbedingt tun müssen. Wir sind so damit beschäftigt, unsere geistliche Korrektheit zu demonstrieren, dass wir die Kunst verlieren, aus der Seele heraus zu leben. Wir verkleinern die Seele, um ein sicheres Minimum an religiöser Annehmbarkeit zu erlangen. Uns bleibt nichts anderes übrig, als zwischen dem Mühlstein der klaren, korrekten, religiösen Lehren und Regeln und dem Mühlstein der pflichtgemäßen Aktivitäten als angeblichem Beweis unserer geistlichen Leidenschaft zu leben.[2]

---

2 Jeff Imbach: The River Within: Loving God, Living Passionately (Colorado Springs, 1998), S. 23

Angst motiviert nicht

Wenn andere einer Versuchung nachgeben oder nahe daran sind, eine verbotene Grenze zu überschreiten, erinnern wir sie schnell (und scheinheilig) daran, dass dieser Bereich tabu ist und dort *Zutritt verboten* steht. Sollte unsere Warnung auf taube Ohren und ein störriges Herz stoßen, greifen wir auf Drohungen zurück, die auf Scham oder Furcht beruhen. Das klingt dann in etwa so:

> Wenn du das tust, verrätst du deine Frau (oder deinen Mann) und blamierst deine Kinder. Willst du vor deiner ganzen Familie bloßgestellt werden? Denk mal dran, wie fürchterlich du dich schämen wirst.

Oder:

> Tu das nicht noch einmal oder man muss die Gemeindeleitung darüber informieren und du wirst öffentlich diszipliniert, vielleicht sogar exkommuniziert. Du wirst deinen Dienst nie wieder ausüben können.

Oder:

> Was werden nur die Nachbarn denken? Niemand wird etwas mit dir zu tun haben wollen. Man wird dich nie wieder zu einem Gartenfest einladen. Wenn sie hören, was du so treibst, werden sie ihren Kindern verbieten, mit deinen Kindern zu spielen. Willst du das wirklich?

Oder:

> Falls dein Chef das rausfindet, kannst du entlassen werden. Schreckt dich die Möglichkeit nicht, dein Einkommen zu verlieren? Du hast so schwer gearbeitet, um die Karriereleiter em-

> porzusteigen, und jetzt bist du bereit, für ein bisschen Sünde alles aufs Spiel zu setzen?! Ich kann es einfach nicht glauben. Du hast dir den Respekt deiner Mitarbeiter verdient; sie schauen zu dir auf. Und jetzt wirfst du das einfach alles fort.

Oder:

> Bist du verrückt? Dein Verhalten ist ein todsicheres Mittel, dir eine Krankheit zuzuziehen. Davon kannst du sterben! Und selbst wenn du lebst, wird sich deine Frau (dein Mann) bestimmt von dir scheiden lassen. Deine Kinder werden gedemütigt, und du ebenfalls. Hör bloß auf!

Jede dieser Warnungen ist völlig berechtigt. Die Sünde hat ernsthafte Folgen, manchmal noch schlimmere, als ich hier aufgeführt habe. Vielleicht hast du diesen Schmerz schon selbst erlebt: die Peinlichkeit, ertappt zu werden, die öffentliche Beschämung, die Züchtigung durch Gott, der Verlust an Einkommen und das Vergeuden von Gelegenheiten. Du kennst das Gefühl der lähmenden Scham und Schuld. Die Menschen, die du einst für Freunde hieltst, haben dich zutiefst verletzt, weil sie sich nicht mehr blicken lassen. Daher mach dir nichts vor: Ich will durch keine meiner Worte die verheerenden Auswirkungen der Sünde und des Ungehorsams minimieren.

Aber wie langfristig wirksam sind Verbote, Drohungen und Warnungen in deinem Kampf gegen die Sünde? Funktionieren sie wirklich? *Verwandeln sie dich tatsächlich immer mehr in das Ebenbild Jesu?* Wenn du anderen, die gegen eine Versuchung kämpfen, durch Warnungen oder Drohungen hilfst, sündigen sie dann deutlich weniger? Werden sie zunehmend von der Hörigkeit der Sünde befreit? Ich bezweifle es.

Vor kurzem erhielt ich einen Brief von einer Dame, deren Pastor beschlossen hatte, seine Frau und Kinder zugunsten seiner Freundin aus dem Gymnasium, die er beim zwanzigjährigen

Klassentreffen wiedergetroffen hatte, zu verlassen. Seine Frau und Kinder waren untröstlich, die Gemeinde niedergeschmettert. Gemeinsam mit anderen Gemeindemitgliedern, Freunden und Angehörigen setzte sich die Briefschreiberin mit dem Pastor zusammen und flehte ihn an, es sich noch einmal zu überlegen. War ihm nicht klar, was das der Gemeinde antun würde? War es ihm egal, welche Auswirkungen es auf seine Kinder haben würde? Wusste er nicht, wie das Evangelium in der Stadt verunglimpft werden würde? Wie könnte er jemals seinen Eltern und Schwiegereltern ins Auge sehen? Jede Frage, jeder Appell, jede Warnung war wahr und hatte beträchtliches Gewicht. Aber letzten Endes waren sie vergeblich. Der Reiz der unmittelbaren Genüsse der Sünde war mächtiger als die Drohung mit ihren langfristigen Folgen, und er verließ seine Frau und Familie.

Wenn dich hauptsächlich die Angst vor der Entdeckung oder die Aussicht auf Scham oder Bloßstellung als unmoralisch von der Sünde abhält, dann hast du keine große Chance. Oh, eine Weile mag das wirksam sein und dir die Kraft geben, ihr zu widerstehen. Aber der unablässige Angriff der Versuchung wird deine Widerstandskraft allmählich zerrütten, bis du nachgibst – müde, frustriert, bitter, zornig auf Gott, voller Zweifel, ob ein Leben des Gehorsams je die Genugtuung bringen wird, die sich deine Seele so sehr ersehnt.

Das bedeutet nicht, dass es für Warnungen oder Drohungen oder Verbote keinen Platz gibt. Die Bibel ist voll davon. Sie sind zu unserem Wohl da und sollen beachtet werden. Aber im Endeffekt brauchst du mehr, um ihre Wahrheit zu erkennen und Freude am Gehorsam zu finden.[3]

3 Siehe Michael Brown: *Go, And Sin No More* (Ventura, 1999). In diesem Buch beschreibt Brown «20 Gründe, nicht zu sündigen». Sein Buch ist ausgezeichnet – alle zwanzig Gründe sind berechtigt und sollten beherzigt werden. Aber ich behaupte, dass sie allein nicht ausreichen, ob einzeln oder zusammen, um der menschlichen Seele angesichts der verführerischen Kraft der Sünde die nötige Kraft zu geben. Etwas mehr als Angst vor den Folgen der Sünde ist erforderlich, um dem Lockruf der Sünde zu widerstehen.

Ich möchte mich einen Augenblick an die männlichen Leser dieses Buches richten. Die meisten von euch – nein, alle von euch – waren irgendwann mal allein zu Hause oder in einem Hotelzimmer auf einer Geschäftsreise und in Versuchung, in Abwesenheit eurer Frau sexuelle Befriedigung zu finden. Ihr brauchtet nur ein bisschen im Internet herumzusuchen oder ein paar Knöpfe an der Fernbedienung im Hotelzimmer bedienen. So einfach, so sicher, völlig anonym. Angesichts einer solchen Versuchung verlieren alle Drohungen und Warnungen in der Welt plötzlich ihre Schlagkraft. Einfach zu wissen, dass es falsch ist, scheint nicht zu funktionieren, wenn man einsam, verwundbar und gelangweilt ist. Die Sünde ist so einfach zu rationalisieren. Die Chance, erwischt zu werden, ist minimal, vielleicht sogar Null. Blitzschnell ist es geschehen. Warum?

Warum wir sündigen

Um zu verstehen, warum das Sündigen so leicht fällt, müssen wir zunächst verstehen, warum wir sündigen. Die meisten haben keine Ahnung. Sie sündigen einfach! Aber warum? Zunächst möchte ich erklären, warum man nicht sündigt. Niemand sündigt aus Pflichtgefühl. Keiner von euch ist heute Morgen aufgestanden und hat gesagt: «Heute muss ich vor dem Frühstück vier Sünden begehen. Gestern habe ich meine Quote nicht erreicht, weil ich eingeschlafen bin, aber vielleicht kann ich sie heute nachholen. Mal sehen, wie ich meine 23 Sünden heute schaffe.» Nein, du sündigst nicht, weil du glaubst, es zu müssen.

Wir sündigen, weil es uns Spaß macht. Die Sünde gibt uns einen Nervenkitzel, befriedigt vorübergehend die Seele und bringt Aufregung in die Banalität und Langweile des Alltags. In einem Absatz der Schrift, mit dem wir uns später befassen werden, redet der Autor des Hebräerbriefes von dem «vorübergehenden Genuss ... der Sünde» (Hebräer 11,25). Wir sündigen, weil wir der Lüge glauben, dass ihr flüchtiger Genuss uns zufriedener macht als der Gehorsam. Die Macht der Versuchung liegt in der Lüge, dass die Sünde mich glücklicher macht als Gott. Wie John Piper gesagt hat: «Sünde ist das, was du tust, wenn dein Herz nicht mit Gott zufrieden ist».[4] Der Kampf gegen die Sünde ist daher der Kampf, mit Gott zufrieden zu bleiben.

Die Versuchung zur Sünde ist in Wirklichkeit gar nicht so schwer zu verstehen. Ihr Reiz ist ganz einfach. Sie klopft uns auf die Schulter oder zupft uns am Ärmel und flüstert ins Ohr: «Du verdienst etwas Besseres als Gott dir gibt. Er enthält dir etwas vor. Du verdienst es, dich wohl zu fühlen. Nur ich kann dich wirklich bestätigen. Warum willst du ein Hundeleben führen? Ich verspreche dir Macht und Einfluss, Nahrung für die Seele, einen besseren Rausch. Gott zu gehorchen ist langweilig und lästig. Er gibt dir immer schwierige und unbequeme Sachen zu tun oder er befiehlt dir, die wenigen Dinge aufzugeben, die dich wirklich glücklich machen. Komm, du lebst nur einmal! Gehorsam ist hässlich. Mein Weg macht Spaß, er fühlt sich gut an.»

Wir geben nach und sagen Ja zur Sünde, weil wir ihrem Versprechen glauben, dass sie uns einen größeren Genuss als Gott gibt. Deshalb können wir der Sünde nur dann erfolgreich widerstehen, wenn wir unser größtes Vergnügen in Gott finden. Der Schlüssel zum Sieg über die Sünde ist Zufriedenheit mit allem, was Gott für uns in Jesus ist. Wir können die Macht der Verführung nur durch das Verliebtsein in Jesus bekämpfen.

John Piper sagt:

> Der Glaube steht oder fällt mit der Wahrheit, dass die Zukunft mit Gott befriedigender ist als die von der Sünde versprochene. Wo diese Wahrheit angenommen und Gott über alles geschätzt wird, ist die Macht der Sünde gebrochen. ... Die Sünde hat Macht durch ihr Versprechen einer falschen Zukunft. In der Versuchung kommt die Sünde zu uns und

4 John Piper: *Future Grace* (Sisters, 1995), S. 9

> sagt: «Die Zukunft mit Gott auf seinem schmalen Pfad ist schwer und unglücklich, aber der Weg, den ich verspreche, ist angenehm und befriedigend.» Die Macht der Sünde liegt in der Macht dieser Lüge.[5]

Dallas Willard sagt es etwas anders. Durch unser «Versagen, ein sehr befriedigendes Leben zu erlangen» erscheinen uns die sündigen Taten als gut:

> Wir besiegen die Versuchung leichter, wenn wir im Grunde ein glückliches Leben führen. Es ist ein Fehler, die Freuden und Vergnügen unseres Körpers und unserer Gesellschaft als «nicht geistlich» zu unterdrücken; das kann uns im Gegenteil in unseren Bemühungen, das Richtige zu tun, schwächen. Wir können dann unmöglich das Gute an der Gerechtigkeit sehen und daraus Kraft schöpfen.[6]

Willards Behauptung, der Sieg über die Versuchung hänge davon ab, dass wir im Leben «glücklich» sind, mag einem seltsam, ungeistig und selbstgefällig erscheinen. Aber grundlegend für meine These ist meine Überzeugung, dass wir existieren, um glücklich zu sein. Genau deswegen hat Gott das Universum geschaffen. Darüber habe ich viel mehr im nächsten Kapitel und im Verlauf des Buches zu sagen. Hier bitte ich dich lediglich, diese Idee nicht zu schnell als «humanistischen» Hokuspokus abzulehnen. Ich möchte unter anderem zeigen, dass sie sowohl von Grund auf biblisch ist als auch im Zentrum der persönlichen Heiligkeit liegt.

Vielleicht argumentierst du spontan, dass Gott das Universum geschaffen hat, um sich zu verherrlichen, und dass auch wir deshalb existieren. Dem würde ich zustimmen. Die Wahr-

---

5 Piper, S. 326

6 Dallas Willard: The Spirit of the Disciplines: *Understanding How God Changes Lives* (San Francisco, 1988), S. 81

heit, für die ich in Kapitel 2 plädieren werde, hat der puritanische Pastor und Theologe der Großen Erweckung, Jonathan Edwards (1703-1758), elegant so ausgedrückt:

> Man verherrlicht Gott gerade dann, wenn man sich an den vielfachen Manifestationen des Wesens und der Taten Gottes erfreut. Der Zweck, zu dem Gott uns als denkende und fühlende Wesen geschaffen hat, kann nicht sein, lediglich die Vollkommenheiten Gottes zu verstehen. Auch kann das höchste Ziel der Schöpfung nicht die Verkündigung der Herrlichkeit Gottes an andere sein, denn, wie Edwards sagt: «Die Verkündigung der Herrlichkeit Gottes ist nur dazu gut, in uns und anderen die Freude über das Gehörte hervorzurufen.»[7]

Gottes Ziel bei der Schöpfung und Erlösung ist seine eigene Freude darüber, wie sich seine Geschöpfe an ihm freuen. Die «Verherrlichung Gottes», behauptet Edwards, «ist nichts anderes als unsere Freude an seinen Manifestationen.»[8] Oder wie es im nächsten Kapitel heißt: Gott wird dann am meisten in uns verherrlicht, wenn wir am glücklichsten, begeistertsten und zufriedensten in ihm sind. Allein dieses Glücklichsein in ihm gewinnt letzten Endes unser Herz für die Heiligkeit und entwöhnt uns der Sünde. Das Vergnügen in Gott ist die Kraft zur Reinheit.

Wer ist heiliger?

Vor einiger Zeit veranstaltete unsere Gemeinde eine Konferenz, die von Gemeindeleitern aus praktisch allen Teilen der Vereinigten Staaten und mehreren anderen Ländern besucht wurde.

---

7 Jonathan Edwards: «The ‹Miscellanies›», *The Works of Jonathan Edwards*, Band 13, herausgegeben von Thomas A. Schafer (New Haven, 1994), S. 200, Nr. 3

8 Edwards, S. 276, Nr. 106

Da gab es Vertreter fast aller Konfessionen: Freikirche, Lutheraner, Methodisten, Mennoniten, Baptisten, Pfingstler, Anglikaner, Vineyard und unabhängige Charismatiker, um nur einige zu nennen. Es gab Calvinisten, Arminianer, Vertreter verschiedener Endzeittheologien und Menschen, die jedes Schildchen ablehnten. Je mehr ich mich mit ihnen unterhielt, desto mehr fragte ich mich: «Ist eine bestimmte Gruppe heiliger als alle anderen? Sind Calvinisten frommer als Arminianer? Sündigen Baptisten weniger als Lutheraner? Suchen die Menschen in den Vineyard-Gemeinden Gott intensiver als die in den unabhängigen charismatischen Gemeinden? Gibt es irgendeine Gruppe, die aufgrund ihrer Theologie geistlich besser oder moralisch reifer ist als alle anderen?» Aufgrund meiner langjährigen Erfahrung kann ich diese Fragen nur ehrlich mit einem lauten «Nein!» beantworten.

Erstaunlicherweise hat jede dieser Gruppen ihre eigene Sammlung theologischer Überzeugungen und verbotener Aktivitäten (wobei ich nicht bestreite, dass biblische Genauigkeit wichtig ist). Baptisten tun einiges nicht, das Lutheraner tun, und diese tun einiges nicht, das Charismatiker tun. Aber trotzdem ist mir noch keine Gruppe als deutlich heiliger als alle anderen aufgefallen.

Ich besitze mehrere Bücher, die das Wesen des christlichen Lebens und besonders den Weg zur Heiligkeit diskutieren. Sie sind von Autoren verschiedener theologischen Traditionen verfasst. Ich bezweifle aber, dass einer von ihnen rechtschaffener als die anderen ist. In jeder Konfession gibt es Skandale. Was ist also der Unterschied? Können wir die Verwandlung des Herzens irgendwie beschleunigen? Gibt es etwas, das das Herz in seinem Kampf gegen die Sünde wirksam unterstützt? Wie können wir in Gnade und Kraft wachsen, zur Welt, dem Fleisch und dem Teufel Nein zu sagen?

Ich bin davon überzeugt, dass wir nur eine von zwei Möglichkeiten haben. Entweder können wir unsere Zeit und Energie darauf verwenden, die Hässlichkeit und Sinnlosigkeit der Sünde und der Welt zu demonstrieren. Dadurch soll das Herz ermutigt werden, Nein zu ihnen zu sagen, weil sie unserer Zuneigung nicht würdig sind. Oder wir können die Schönheit und Pracht Gottes in Jesus demonstrieren und glücklich und freudig von einer konkurrierenden Zuneigung angezogen werden.

Ich bin für die zweite Alternative. Meine biblischen Überzeugungen und meine persönliche Erfahrung überzeugen mich: Ich kann so viel ich will von der Hässlichkeit der Sünde reden, aber ich werde sie niemals dauerhaft besiegen, bis mein Herz von einem vergleichsweise besseren Vergnügen bezaubert ist. Um es einfach auszudrücken:

> Das Herz kann nur auf eine Weise von seiner Knechtschaft unter die vergänglichen Genüsse der Sünde freigesetzt werden: wenn wir eine Leidenschaft für die Freude und das Entzücken über die Betrachtung der Schönheit Gottes im Angesicht Jesu kultivieren. Was die Macht der Sünde bricht, ist der Glaube an das Versprechen, dass die Vergnügen der Sünde befristet und giftig sind, dass es aber zu Gottes Rechten ewiglich Freude in Fülle und Wonne gibt (siehe Psalm 16,11; Luther 1984).

Man wird nicht einfach dadurch heilig, indem man eine Liste moralischer Tabus aufstellt und ihnen dann mit ganzem Willen widersteht. «Sag-Nein-zur-Sünde» reicht allein nicht aus. Wir siegen nur dann auf die Dauer, wenn es etwas Verlockendes gibt, zu dem wir Ja sagen können! Wenn wir versuchen, die Sünde lediglich durch Verbote und Drohungen zu bekämpfen, werden wir versagen.

Das Nein zur Sünde muss seine Kraft von der Zusicherung der Freude an einem alternativen Ja erhalten. Wir müssen die Sünde durch die massive Verheißung eines besseren Glückes bekämpfen. Die züngelnde Flamme des Vergnügens an der Sünde muss vom Waldbrand heiliger Genugtuung verschlungen werden. Nur eins bricht im Endeffekt die Macht der Sünde: die Leidenschaft für Jesus. Nur wenn ich von Jesus fasziniert bin, werde ich vor der Falle der Sünde bewahrt. Mit anderen Worten: Der Schlüssel zur Heiligkeit ist, sich in Jesus zu verlieben!

Vorschau auf die nächsten Kapitel

Hinter dieser Perspektive des christlichen Lebens stehen gewisse Annahmen über das Wesen des Menschen und seinen gottgegebenen Drang zum Genuss. Im Folgenden werde ich nicht nur für die Realität unserer Leidenschaft für Genüsse argumentieren, sondern auch dafür, dass sie zu Recht besteht. Zur Überraschung vieler werde ich nahelegen, dass wir alles um des Vergnügens willen tun, das es uns bringt. Das vermindert keinesfalls die Herrlichkeit Gottes, denn durch die Suche nach dem Vergnügen können wir ihn wahrlich ehren. In den nächsten zwei Kapiteln hoffe ich zu erklären, dass meine These über den heiligen Lebensstil die unausweichliche Frucht einer viel größeren Vision über das Wesen des Christentums ist. Wenn meine These einen Sinn ergeben soll, muss man gewisse Wahrheiten darüber verstehen, was unser Verhalten motiviert und was Gott wirklich verherrlicht.

Aber diese Perspektive der Jagd nach der Heiligkeit ist nicht weniger in gewissen Annahmen über das Wesen der göttlichen Natur begründet – das heißt darüber, wer Gott ist und was ihn in seinem Verhalten motiviert. Vielleicht noch überraschender wird mein Vorschlag in Kapitel 4 sein, dass Gott in allem vom Genuss motiviert ist, und dass wir das unbedingt wissen müssen, um in unserem Kampf gegen die Sünde erfolgreich zu sein. Lies also weiter!

KAPITEL 2

Die Macht des Vergnügens

Neulich hörte ich im Auto einen der berühmtesten Bibellehrer Amerikas etwas sagen, das mich so aufregte, dass ich am Straßenrand anhielt. Obwohl ich ihm normalerweise zustimme, kam mir seine Bemerkung äußerst unbiblisch vor. Sinngemäß sagte er:

> Meine wichtigste Entdeckung beim Studium der Bibel ist: Der Christ wurde dazu geschaffen, Gott zu verherrlichen und nicht, um glücklich zu sein.

Ich höre schon die meisten von euch sagen: «Sam, was soll denn daran nicht biblisch sein? Sag bloß nicht, dass du dagegen bist!» Tut mir leid, aber ich bin es. Meine wichtigste Entdeckung ist, dass der Christ dazu geschaffen wurde, dem Glück – in Gott – nachzujagen. Warum? Weil ich Gott nicht besser verherrlichen kann, als in ihm das Glück zu finden, nach dem sich meine Seele so verzweifelt sehnt.

Ich verstehe, warum der Bibellehrer so etwas sagt. Die arrogante Vergnügungssucht, die Gott ignoriert und andere Menschen als Sprungbretter für das persönliche Vorwärtskommen ansieht, stößt uns alle ab. Unsere Welt ist äußerst selbstsüchtig. Jeder denkt nur an sich selber, verlangt nach seinen «Rechten» und ist schnell dabei, jeden, der ihm im Weg steht, zu verklagen. Der Genuss um jeden Preis ist die dominierende Philosophie unseres Tages, die Vergnügungssucht unser nationaler Zeitvertreib. Diese Lebensperspektive haben die Philosophen *Hedonismus* genannt.

Daher haben dieser Aussage des Bibellehrers bestimmt zahllose Christen in Autos und Küchen mit einem lauten «Amen!» beigepflichtet und sich gesagt: «Es wird höchste Zeit, dass wir aufhören, an unser eigenes Glück zu denken. Wir müssen uns auf die Herrlichkeit Gottes konzentrieren!» Auch ich meine, dass Gottes Herrlichkeit die höchste Priorität haben muss. Aber das soll meines Erachtens nicht auf Kosten des menschlichen Glückes geschehen. Vielmehr bin ich davon überzeugt, dass man Gott nicht getrennt vom menschlichen Glück verherrlichen kann. Deshalb vertrete ich die Lebensphilosophie des so genannten *christlichen Hedonismus*. Das mag wie ein Widerspruch in sich klingen, etwa wie «gebratene Eiscreme». Wie kann man gleichzeitig Christ und Genießer sein? Ein Christ ist jemand, der Gottes Herrlichkeit über alles sucht, und ein Genießer oder Hedonist ist jemand, der den Genuss über alles sucht. Wie kann man Feuer und Benzin mischen, ohne eine ketzerische Explosion auszulösen? Was genau ist der christliche Hedonismus?

Gott genießen

Mitte der Siebzigerjahre war ich neben meinem theologischen Studium zeitweilig Pastor einer kleinen presbyterianischen Gemeinde in Dallas. Als ehemaliger Southern Baptist musste ich mich über das Erbe der Presbyterianer informieren, wozu der so genannte «Kürzere Katechismus» gehört. Seine erste Frage lautet: «Was ist der Hauptzweck des Menschen?» Die Antwort: «Der Hauptzweck des Menschen ist es, Gott zu verherrlichen und ihn für immer zu genießen.»

Alle von uns, ob Southern Baptist oder Lutheraner oder Vineyard, sind sich über die Priorität der Verherrlichung Gottes einig. Wir alle stimmen mit dem Apostel Paulus überein: «Mögen wir essen oder trinken oder sonst etwas tun, wir tun alles zur Verherrlichung Gottes» (siehe 1. Korinther 10,31). Aber darüber, wie wir Gott am besten verherrlichen, gehen unsere Meinungen auseinander. Der christliche Hedonismus besteht darauf, ein Wörtchen im Kürzeren Katechismus abzuändern: «Der Hauptzweck des Menschen ist es, Gott zu verherrlichen, indem er ihn für immer genießt.» Wir verherrlichen Gott am meisten, *indem* wir ihn ewiglich genießen und unser ewiges Glück in ihm finden.

Es ist eine einfache Tatsache, dass der Mensch immer handelt, weil er glücklich sein will. Über dieses Motiv solltest du dich nie schämen. Es ist so natürlich wie der Hunger. Manche tun sich mit dem Konzept des christlichen Hedonismus schwer, weil sie meinen, dass eine Handlung weniger wertvoll ist, wenn man gleichzeitig sein eigenes Glück sucht. Nur wenn sie sich zu einem Opfer zwingen, halten sie die Handlung für tugendhaft. Wenn sie dagegen etwas gern tun, ist ihre Tat in ihren Augen nicht mehr moralisch wertvoll. Das streitet der christliche Hedonismus entschieden ab. Blaise Pascal drückte diese Zentralthese des christlichen Hedonismus so aus:

> Alle Menschen suchen das Glück. Das gilt ohne Ausnahme. Egal welch unterschiedliche Methoden sie anwenden, sie alle wollen glücklich sein. Einige ziehen deshalb in den Krieg, andere verweigern die Wehrpflicht, aber alle haben trotz unterschiedlicher Einstellungen denselben Wunsch. Der kleinste Schritt des Willen geschieht nur auf dieses Ziel hin. Das ist das Motiv einer jeden Handlung eines jeden Menschen, selbst derer, die sich aufhängen.[9]

---

9 Blaise Pascal: *Pascal's Pensées*, ins Englische übersetzt von W. F. Trotter (New York, 1958), S. 113, Gedanke Nr. 425

Gewiss denkst du: «Aber bringt man sich nicht um, weil man unglücklich ist?» Ja, aber man entschließt sich gerade deswegen zum Selbstmord, weil man (natürlich irrtümlicherweise, aber nichtsdestoweniger fest) davon überzeugt ist, dass der Tod einem ein größeres Glück bringt als es das Leben je könnte. Anders ausgedrückt, man meint, der Tod befreie einen vom Elend des Lebens. Man tötet sich, weil man nicht länger elend und deprimiert sein will. Da man glaubt, dass das Leben einem nicht mehr das Glück geben kann, das man so verzweifelt sucht, bringt man sich um.

Wir alle wollen glücklich sein

Auch wenn du vom christlichen Hedonismus vielleicht noch nie gehört hast oder ihn für unbiblisch hältst, hat er ein reiches Erbe in der Kirchengeschichte. Kaum einer hat ihn so klar verstanden und ausgedrückt wie Jonathan Edwards. Die Seele jedes Menschen, sagt Edwards: «...begehrt notwendigerweise, glücklich zu sein. Das ist ein universeller Appetit der menschlichen Natur, den es genauso in den Guten wie den Bösen gibt.»[10] Zwei Wörter in diesem Satz stechen mir ins Auge: *notwendigerweise und universell*. Mit anderen Worten, wenn es ums Glück geht, muss *jeder* es suchen.

Dieser Wunsch, glücklich zu sein, ist «unüberwindbar, ... unveränderlich, ... kann auf keine Weise gemindert werden. Jung und Alt, Gute und Böse, Weise und Narren lieben das Glück gleichermaßen.»[11] Gewiss haben die Menschen verschiedene Ideen darüber, was das Glück ausmacht, und sie werden es entsprechend suchen, aber das ändert in keiner Weise die Tatsache, dass das Streben nach Glück universell ist.

10 Jonathan Edwards, «Safety, Fulness, and Sweet Refreshment, To Be Found in Christ,» (Sicherheit, Fülle und süße Erfrischung können in Christus gefunden werden) in *Jonathan Edwards on Knowing Christ* (Edinburgh, 1990), S. 166

11 Edwards, S. 167

Edwards war erst achtzehn Jahre alt, als er eine Predigt mit dem Titel «Das Glück des Christen» hielt. Dort bestätigte er zum ersten und sicher nicht letzten Mal die unausweichliche Sehnsucht nach dem Glück, sowohl unter den Gerechten wie den Bösen:

> Es sind gewiss die Weisesten, die jene Dinge tun, die am meisten zu ihrem Glück beitragen, und das wird im Prinzip von allen Menschen in der Welt bestätigt, denn es gibt niemanden auf Erden, der nicht ernsthaft nach dem Glück strebt. Dieses Glücksstreben zeigt sich auch in reichem Maß an der Vielzahl der Wege, wie man es so heftig sucht; man dreht und windet sich in alle Richtungen und versucht alles Mögliche, um glücklich zu werden. Einige ziehen durch die ganze Welt, um das Glück zu finden, sie suchen es zur See und auf Land, unter Wasser und in den Tiefen der Erde, und obwohl der wahre Weg zum Glück vor ihrer Nase liegt und sie leicht ein noch größeres Glück ergreifen könnten, als sie sich vorstellen könnten, weigern sie sich. Stattdessen versuchen sie alle falschen Wege; sie geben aus und werden verausgabt, arbeiten ihr ganzes Leben lang, setzen ihr Leben aufs Spiel, gehen über Berge und durch Täler, durch Feuer und Wasser auf der Suche nach dem Glück unter Nichtigkeiten, und sie werden immer enttäuscht. Sie finden nie das, wonach sie suchen, sondern wie Narren und Verrückte rennen sie wild immer weiter. Nicht so die Gerechten; sie allein haben die Weisheit, die rechten Wege zum Glück zu finden.[12]

Wegen dieser rücksichtslosen Entschlossenheit der bösen Menschen, in jedem nur vorstellbaren sündhaften oder perversen Erlebnis ihr Glück zu finden, haben die Gläubigen ihr Herz gegen ihren Drang zum Genuss verhärtet. Da sie nicht zu de-

12 Jonathan Edwards: «Christian Happiness», *The Works of Jonathan Edwards: Sermons and Discourses 1720-1723*, Band 10, Herausgeber Wilson H. Kimnach (New Haven, 1992), S. 303.

nen zählen wollen, die Jesus ablehnen, haben viele Christen fälschlicherweise angenommen, dass das Problem ihre Leidenschaft ist, und sie haben die notwendigen Schritte unternommen, diese Leidenschaft wirksam zu unterdrücken und abzuwürgen. Aber die Gerechten, sagt Edwards, sollten sich von den Verlorenen dadurch unterscheiden, dass sie die «rechten Wege zum Glück» wählen, nicht dadurch, dass sie den Wunsch töten. Das Problem liegt nicht bei der Leidenschaft, sondern bei den falschen Wegen.

Schwere Entschlüsse

Meine These klingt vielen unsinnig, weil sie nicht ihrer Erfahrung entspricht: «Wie kannst du behaupten, ich wolle Glück, Freude und Zufriedenheit, wenn ich immerzu schmerzhafte Entscheidungen treffe und Opfer bringe?» Meine Antwort: Letztendlich wählen wir immer das, was das persönliche Glück am meisten steigert und das persönliche Elend minimal macht. Falls du eine Entscheidung triffst, die zunächst schmerzhaft und unbequem ist, dann deswegen, weil du glaubst, dass sie dir langfristig einen höheren Gewinn bringt. Mit anderen Worten, du verzichtest gern auf gegenwärtige Genüsse, falls du glaubst, dass die langfristigen Vorteile größer sind als etwaige kurzfristige Unannehmlichkeiten oder Opfer. Umgekehrt wirst du die langfristigen Konsequenzen ignorieren, falls du glaubst, dass die unmittelbaren Vorzüge einer Entscheidung das Risiko wert sind.

So magst du dir den Genuss einer Torte versagen, weil du glaubst, dass die Freude an der späteren Gewichtsabnahme es wert ist. Dein Verlangen nach langfristiger Befriedigung (die Freude an einer schlankeren Taille) ist stärker als der jetzige Appell des Kuchens. Du wägst konkurrierende Genüsse miteinander ab. Dein Wille wird von deinem Glauben gestärkt, dass ein bestimmter Genuss (ob sofortig oder langfristig) besser als ein anderer ist. Aber in jedem Fall handelst du mit einem Blick auf vermehrte Freude und Vermeidung von Schmerz.

Dafür ist nicht Satan verantwortlich, sondern Gott. Er hat dich so geschaffen, damit du ihn und die seelenbefriedigenden Genüsse in ihm wählst anstatt der vorübergehenden Vergnügungen, die dich letzten Endes leer und elend zurücklassen. Die Alternative zum Widerstand gegen die vorübergehenden Genüsse der Sünde ist nicht religiöse Misere, sondern der Genuss der ewigen Vergnügen Gottes. Mehr dazu später.

Gott zu schätzen heißt Gott zu loben

Zurück zum ursprünglichen Punkt: Christen können Gott vor allem dadurch verherrlichen, indem sie das Glück suchen, das nur er geben kann. *Der Genuss zeigt, wie wertvoll unser Schatz ist.*[13]

Erlaube mir, diesen Satz zu erklären. Beginnen wir mit der Frage: «Wie misst oder beurteilt man den Wert einer Person oder Sache?» Ich meine, er hängt davon ab, wie sehr du sie genießt und von ihr begeistert bist. Ist eine Person nicht wertvoll, wenn du von ihrem Wesen und ihren Eigenschaften entzückt und fasziniert bist? Anders ausgedrückt: Der Maßstab, an dem die Herrlichkeit (der Wert und die Kostbarkeit) deines Schatzes gemessen wird, ist der Grad deiner Zufriedenheit mit ihm. Dein Genuss von Gott zeigt, wie wertvoll er, dein Schatz, dir ist. Er wird am meisten in dir und durch dich verherrlicht, wenn du dich am meisten für ihn begeisterst.

Als meine beiden Töchter klein waren, vermissten sie mich während meiner gelegentlichen längeren Reisen sehr. Wenn ich dann wiederkam, ließen sie alles stehen und liegen und rannten wie verrückt zur Tür, um ihren Papa zu begrüßen. Es machte wenig aus, ob gerade ihr Lieblingsprogramm im Fernsehen

13 Wortspiel im Englischen: *Pleasure is the measure of our treasure.* Dieser Satz befindet sich in einem Dokument mit dem Titel, «Christian Hedonism», erhältlich von *Desiring God Ministries*, www.desiringgod.org.

lief oder eine Freundin zu Besuch war; wenn ich nach Hause kam, konnten sie nur an eins denken – zu ihrem Papa zu rennen, der allein in diesem Augenblick die Sehnsüchte ihres Herzens stillen konnte.

Wie habe ich darauf reagiert? Ich fühlte mich geehrt und geschätzt; ihr großes Vergnügen, dass ich endlich wieder da war, zeigte, wie sehr sie mich als ihren Vater liebten und brauchten. In jenem Augenblick konnte ich allein, und niemand sonst in der Welt, ihr Herzensverlangen erfüllen. Ihr Glück hing völlig davon ab, wer ich war und was ich für sie tun konnte.

Es wäre mir nie eingefallen, sie für ihre Selbstsucht zu tadeln. Als sie auf mich zu rannten, um umarmt, geliebt und geküsst zu werden, hielt ich sie nicht mit den Worten auf: «Wie böse von euch, immer nur an euer persönliches Vergnügen zu denken!» Im Gegenteil, ich fühlte mich geehrt, und, wenn ich das sagen darf, verherrlicht, weil sie mich brauchten. Einen Augenblick lang stand ich im Mittelpunkt und war für sie wichtiger war als alle andere: wichtiger als das Fernsehen, als Freundinnen, als Spielzeug, als Essen. Es ehrte und verherrlichte mich, dass sie mich genossen.

Wenn wir zu unserem himmlischen Vater rennen und in seinen Armen den einzigen Trost finden, der wirklich tröstet, wird er geehrt. Wenn wir in ihm das schönste Wesen im Universum erkennen, wird er erhöht. Wenn wir bei ihm die Vergebung und den Segen finden, die allein der Seele dauerhaften Frieden geben, wird er gelobt. Wenn wir zu Gott der Freude wegen kommen, die wir nur in seiner Gegenwart erhalten, erhält er allen Lobpreis dafür, dass er allein die Quelle unseres Glückes ist.

Pflicht oder Freude?

Damit ist eine wichtige Frage verknüpft, mit der sich jeder auseinander setzen muss. Ist unsere Jagd nach der Herrlichkeit Gottes von Pflichtgefühl oder Freude motiviert? Ich möchte anhand meines Beispiels erklären, was ich meine. Stell dir noch einmal vor, wie meine Töchter auf mich zu rennen und mir lachend in die Arme springen, mich umarmen und küssen und sich an mich klammern, als ob sie mich nie wieder loslassen würden. Was wäre, wenn ich sie fragte: «He, Mädchen! Warum tut ihr das?», und sie antworteten schlicht: «Weil Mami es uns befohlen hat. Ehe du nach Hause kamst, hat sie uns beiseite genommen und uns an all das Spielzeug, die Kleidung, das Essen und das Haus erinnert, für die du bezahlst. Wir haben die Pflicht, dich bei deiner Rückkehr begeistert zu empfangen.»

Wie käme ich mir wohl vor? Was für ein Licht würde das auf mich als Vater werfen? Wäre ich durch ihre treue Pflichterfüllung geehrt? Vielleicht befriedigte mich ihr Gehorsam ein wenig, aber ich käme mir bestimmt nicht geschätzt und geehrt vor, sondern womöglich gebraucht.

Oder stell dir vor, ich schickte meiner Frau zwei Dutzend Rosen zum Hochzeitstag. Am Abend begrüßt sie mich mit Freudentränen und sagt: «O Sam, das sind die schönsten Rosen, die ich je gesehen habe! Danke! Ich liebe dich!» Ich wehre sie ab, um ihren Enthusiasmus zu dämpfen und sage: «Nichts zu danken. Es ist meine Pflicht als Ehemann.» Ich bezweifle ernsthaft, dass mein Hochzeitstag sehr festlich wäre! John Piper drückte es so aus:

> Pflichtgemäße Rosen sind ein Widerspruch in sich. Wenn ich keine spontane Zuneigung zu meiner Frau empfinde, gereichen ihr die Rosen nicht zur Ehre, sondern sie setzen sie herab. Sie sind ein sehr dünner Deckmantel für die Tatsache, dass meine Frau in meinen Augen nicht den Wert oder die Schönheit besitzt, um meine Zuneigung zu entfachen. Alles, was ich aufbringen kann, ist ein kalkulierter Ausdruck ehelicher Pflicht.[14]

14 John Piper: *Sehnsucht nach Gott* (Waldems, 2005), S. 92f

Auf unser Thema angewandt: *Eine Pflicht, die man ohne Freude ausübt, entehrt Gott.* Ist die Pflicht wichtig? Ganz bestimmt. Wir haben die Verantwortung, Gottes Geboten zu gehorchen und seinen Willen zu erfüllen. Aber falls wir nur von der Pflicht motiviert werden und nicht auch von der Freude, die den Gehorsam begleitet, wird Gott nicht geehrt.

Stell dir vor, ich führe meine Frau daraufhin in ein Restaurant aus und sie fragt mich argwöhnisch: «Warum tust du das?» Diesmal gebe ich ihr jedoch meine ehrliche, von Herzen kommende Antwort: «Ich habe dich heute Abend hierher gebracht, weil mich nichts in der Welt glücklicher macht, als mit dir zusammen zu sein. In deiner Gegenwart und Begleitung finde ich die größte Freude meines Lebens. Ich fragte mich: ‹Was könnte mich heute Abend am glücklichsten machen?› Die Antwort lag auf der Hand: Essengehen mit dir.» Nun, das verherrlicht und ehrt meine Frau!

Im Verlauf des Buches und durch die Untersuchung mehrerer biblischer Texte wird hoffentlich klar werden, dass dies in unserer Beziehung mit Gott ganz besonders zutrifft. Wenn wir ihn als Person samt seinen Gaben genießen, verherrlichen wir seine Güte, seine Hinlänglichkeit, seine Macht und alles andere an ihm, was uns die Freude bringt, die wir uns wünschen.

Ewige Freude

Ein Blick auf Psalm 16,11 mag uns helfen, das zu verstehen. David sagt hier, warum er nach Gott hungert und sich nach ihm sehnt: «Du weisest mir den Weg des Lebens: Bei dir sind Freuden in Fülle und Segensgaben in deiner Rechten ewiglich.» Dieser Vers stellt nicht nur eine Tatsache fest, sondern gibt uns einen Anreiz, Gott nachzujagen. Wir suchen ihn von ganzem Herzen (vergleiche Jeremia 29,13), weil unsere Freude in seiner Gegenwart erfüllt wird. Nichts und niemand sonst vermag das für uns zu tun: weder der Alkohol noch außerehelicher Sex noch irgendeine menschliche Beziehung. Geld kann diese Freude nicht erkaufen. Nur Gottes Gegenwart kann uns all die Freude geben, die wir je zu finden hoffen.

Gott bietet uns eine Freude an, die so stark ist, dass sie potenziell alle anderen Freuden zusammengenommen unendlich übertrifft. David redet von unvergleichbarer, einmaliger, unergründlicher geistlicher Ekstase. Und man findet sie nur an einem Ort: in der Gegenwart Gottes, zu seiner Rechten.

Es gibt eine stillschweigende Voraussetzung, ohne die diese Aussage von Psalm 16,11 keinen Sinn ergibt. Wir müssen glauben, dass wir uns die größtmögliche Freude und immerwährendes Vergnügen wünschen – und dass es gut so ist! Wir müssen mit der Tatsache zurande kommen, dass die Bibel schamlos an unser Verlangen nach Genuss und Glück appelliert, weil Gott uns einen unleugbaren, unablässigen, unentrinnbaren Hunger nach Freude, Genugtuung und Genuss gegeben hat.

Gott hat uns mit diesem Trieb geschaffen, fasziniert und überwältigt zu werden. Diesem Verlangen können wir nie entrinnen, es macht nie Pause oder Urlaub. Dieser Trieb ist kein oberflächlicher, flüchtiger Zeitvertreib, sondern eine grundlegende, instinktive Ausrichtung der menschlichen Seele. Man kann ihn ebenso wenig bekämpfen, wie man zu atmen aufhören kann: Das gelingt einem nur für etwa 45 Sekunden.

Als Christ ist es sogar deine Verantwortung, so glücklich wie irgend möglich zu sein. Du kannst unmöglich dem Glück zu begierig nachjagen. Du kannst das falsche Mittel benutzen, wenn du zum Beispiel die vergänglichen Genüsse der Sünde den hervorragenden Eigenschaften Gottes vorziehst. Aber das Verlangen selber kann nicht zu stark sein. Gottes schuf dich so, dass dein Riesenhunger aufs Vergnügen in ihm seine Erfüllung finde, denn nichts offenbart seine Herrlichkeit besser als die Freude, die das Geschöpf in seinem Schöpfer findet. Wie Piper sagt: «Die Quintessenz des Glückes ist: Uns wird geschenkt, die unendliche Schönheit Gottes zu sehen und ewiglich viel aus ihm zu machen.»[15]

Eine der schlimmsten Ungerechtigkeiten, die die Kirche an ihren Mitgliedern begangen hat, ist die Behauptung, es sei böse, glücklich sein zu wollen. Von Natur aus sehnen wir uns danach, entzückt und fasziniert zu sein. Trotzdem wird behauptet, Christen sollten sich nicht nach dem Glück sehnen, sondern den Wunsch ignorieren oder unterdrücken. Wenn das nicht gelingt, sollten sie sich zumindest dafür schämen. Dadurch wird die Leidenschaft lediglich in den Untergrund getrieben, aus dem sie dann in einem Augenblick der Schwäche hervorbricht, wenn eine Versuchung eine vorübergehende Erfüllung anbietet.

Die Idee, dass Heiligkeit mit dem Genuss unvereinbar ist und das Streben nach Reinheit die Unterdrückung des Verlangens nach Genüssen fordert, ist eine ernsthafte Verzerrung der christlichen Wahrheit. Man sagt uns, wir sollten das Verlangen nach Genuss kreuzigen oder zumindest betäuben und ihm abschwören. Notfalls sollten wir es austreiben, als sei es ein Dämon, oder einfach so tun, als existiere es nicht. Das hat dazu geführt, dass Christen über Generationen hinweg in Verdammung und Selbstverachtung gelebt haben, nicht weil sie sündigten, sondern lediglich, weil sie Sehnsüchte, Wünsche und Verlangen hatten.

Warum Boo Radley das Haus nicht verließ

Vor kurzem las ich wieder einmal Harper Lees klassisches Buch, *Wer die Nachtigall stört*. Es spielt in den Südstaaten der USA in der Zeit nach der Depression und wurde mit Gregory Peck als Atticus Finch, dem Rechtsanwalt, Witwer und Vater von Jem und Scout, verfilmt. Mittelpunkt der Geschichte ist ein zurück-

15 John Piper: *God's Passion for His Glory: Living the Vision of Jonathan Edwards* (Wheaton, 1998), S. 35

gezogen lebender Mann namens Boo Radley, dessen Widerwilligkeit, sein Haus zu verlassen, nicht nur die Kinder verblüffte, sondern auch den Zündstoff für zahllose Ängste und Spukgeschichten lieferte.

«Miss Maudie», sagte Scout eines Abends. «Glauben Sie, dass Boo Radley noch am Leben ist?»

«Er heißt Arthur und er ist am Leben», sagte sie. Sie schaukelte langsam in ihrem großen eichenen Stuhl. «Riechst du meine Mimose? Sie duftet heute Abend wie der Atem von Engeln.»

«Jawohl, Miss Maudie. Woher wissen Sie das?»

«Was meinst du, Kind?»

«Dass B... Mr. Arthur noch lebt?»

«Was für eine makabre Frage. Aber es ist wohl ein makabres Thema. Ich weiß, dass er lebt, Jean Louise, weil ich ihn noch nicht herausgetragen gesehen habe.»

«Vielleicht ist er gestorben, und man hat ihn in den Kamin gestopft.»

«Wie kommst du bloß auf diese Idee?»

«Jem hat das behauptet...»

«Arthur Radley bleibt einfach im Haus, das ist alles», sagte Miss Maudie.

«Ja, aber ich an seiner Stelle würde herauskommen wollen. Warum tut er es nicht?»

Miss Maudie kniff die Augen zusammen. «Du kennst die Geschichte genauso gut wie ich.»

«Ich habe nie gehört warum. Niemand hat mir je gesagt warum.»

Miss Maudie rückte ihr Gebiss gerade. «Du weißt, der alte Mr. Radley gehörte zu den fußwaschenden Baptisten –»

«Das sind Sie doch auch, nicht wahr?»

«Meine Schale ist nicht so hart, Kind. Ich bin einfach Baptistin.»

«Glaubt ihr nicht ans Fußwaschen?»

«Ja, schon – zu Hause in der Badewanne.»

«Aber wir können nicht das Abendmahl mit euch feiern ...»

Miss Maudie beschloss anscheinend, es sei einfacher, die fußwaschenden Baptisten zu definieren als die geschlossene Abendmahlfeier, und sagte: «Fußwaschende Baptisten glauben, dass alles, was Spaß macht, Sünde ist. Weißt du, einige von ihnen kamen eines Samstags aus dem Wald dort drüben und gingen an meinem Haus vorbei. Sie sagten, ich wäre zusammen mit meinen Blumen auf dem Weg in die Hölle.»

«Ihre Blumen auch?»

«Jawohl! Sie würden zusammen mit mir brennen. Sie sagten, ich verbringe zu viel Zeit in Gottes Natur und nicht genug Zeit im Haus beim Bibellesen.»[16]

Ich bezweifle, dass irgendwelche «fußwaschende Baptisten» dieses Buch lesen werden, aber wie Mr. Radley glauben einige von euch, dass *«alles, was Spaß macht, Sünde ist»*. Schon früh habt ihr gelernt, eure Wünsche abzustreiten, denn wenn ihr sie zu zeigen wagtet, hat man euch getadelt oder beschämt. Deshalb seid ihr sozusagen «im Haus geblieben», denn ihr habt geglaubt, es «sei Sünde», sich nach draußen zu wagen, um die Genüsse des Lebens zu genießen, oder es könnte zumindest zu einer Sünde führen.

Der leidenschaftliche, ehrliche Ausdruck der Gefühle ist für viele ein Zeichen geistlicher Schwäche. Selbst wenn du den Mut findest, die Realität deiner inneren Sehnsüchte zuzugeben, lehrt dich entweder die Erfahrung, ihnen nicht zu trauen, oder andere Leute, vor allem Autoritätsfiguren, legen es dir nahe.

Unsere Leidenschaften verschwinden aber nicht, wenn wir sie ignorieren. Wir können sie unterdrücken, sie verschließen oder durch Erinnerungen an vergangene Sünden mundtot machen, aber wie ein Strandball, der unters Wasser gedrückt wird, wer-

16 Harper Lee: *To Kill a Mockingbird* (New York, 1995), S. 48-49.

den sie letztendlich – oft in den ungelegensten Augenblicken – wieder hochschnellen.

In der Zwischenzeit ersetzen wir unsere Leidenschaften durch Leistung. Anstatt unsere Herzenswünsche ehrlich zu akzeptieren, bemühen wir uns, die Erwartungen anderer so gut wie möglich zu erfüllen. Falls wir tatsächlich den Mut aufbringen, jemandem von unserer Sehnsucht nach dem Glück und dem Drang nach tiefem und anhaltenden Vergnügen zu erzählen, wird häufig verächtlich behauptet, wir hätten dem «Fleisch» nachgegeben, und wir werden als selbstsüchtig und geistlich zweitklassig gebrandmarkt. Aber auch das lässt unser Verlangen nicht verschwinden. Denn es ist Gott, der uns weiterhin zu sich ruft, in eine Beziehung, in der sich die Leidenschaft frei und vollkommen in den Armen eines Liebhabers erschöpfen kann, der uns nie verlässt oder von uns weicht (Hebräer 13,5; Luther 1984). Gott ist der vollkommene Romantiker. Er wirbt und singt und lockt und flirtet mit der menschlichen Seele. Er sehnt sich danach, uns zu sich zu ziehen, in die Freude der innigen Verbindung, die er allein uns zu geben vermag.

Die Autoren Brent Curtis und John Eldridge haben sehr gut die Ängste identifiziert, die wir ausstehen, wenn wir unseren Leidenschaften folgen. Sie fordern uns auf, das, was Gott in uns gelegt hat, als Realität zu akzeptieren. Anstatt den Wunsch nach dem Vergnügen und engen Beziehungen zu verleugnen oder in Sinnlichkeit zu schwelgen, sollten wir feiern, wie Gott uns geschaffen hat, und in seiner Gegenwart unsere Befriedigung finden. Das heilige Liebeserlebnis, so erklären sie:

> ... ruft uns jeden Augenblick unseres Lebens. Es flüstert uns im Wind zu, lädt uns durch das Gelächter guter Freunde ein, erreicht uns durch die Berührung eines geliebten Menschen. Wir haben es in unserer Lieblingsmusik gehört, bei der Geburt unseres ersten Kindes gespürt und sind bei der Betrachtung des glänzenden Sonnenuntergangs über dem

> Ozean von ihm angezogen worden. Sogar in Zeiten des großen, persönlichen Leidens – die Krankheit eines Kindes, der Verlust einer Ehe, der Tod eines Freundes – spüren wir diese heilige Liebe. Etwas ruft uns durch solche Erlebnisse zu und erweckt tief im Herzen ein untröstliches Verlangen; es erweckt in uns die Sehnsucht nach inniger Nähe, Schönheit und Abenteuer. Diese Sehnsucht ist der mächtigste Teil der menschlichen Persönlichkeit. Sie schürt unsere Suche nach Bedeutung, nach Ganzheitlichkeit, nach dem Gefühl, wirklich zu leben. Wie immer wir dieses tiefe Verlangen beschreiben mögen, es ist das Wichtigste an uns, der Kern des Herzens, die Leidenschaft unseres Lebens. Und die Stimme, die uns an diesen Ort ruft, ist keine andere als die Stimme Gottes.[17]

Es ist der Buddhismus, nicht das Christentum, der das Verlangen verurteilt. Eine der vier «edlen Wahrheiten» der buddhistischen Philosophie behauptet, das Leiden werde vom Verlangen verursacht. Daher sei der Weg zur Beendigung des Leidens, das Begehren abzutöten. Anstatt dich zu bemühen, deine Befriedigung zu steigern, solltest du dein Verlangen vermindern. Reduziere deine Sehnsüchte auf ein Minimum und der Schmerz der Unzufriedenheit wird von selbst verschwinden. Solch eine Ansicht ist bestimmt nicht christlich.

«Dämonische» Weisheit

In dem christlichen Klassiker von C. S. Lewis, *Dienstanweisung für einen Unterteufel*, betreut der erfahrene Kämpfer Screwtape einen jüngeren Dämon namens Wormwood und gibt ihm in einem Briefwechsel den folgenden Rat:

---

17 Brent Curtis und John Eldridge: *Ganz leise wirbst du um mein Herz: Wie Gott unsere Sehnsucht stillt* (Gießen 2002).

> Vergiss nie: Wenn wir es mit dem Genuss in seiner normalen und befriedigenden Form zu tun haben, befinden wir uns gewissermaßen auf dem Gebiet des Feindes [Gott]. Ich weiß, wir haben manch eine Seele durch das Vergnügen gewonnen. Nichtsdestoweniger ist es seine Erfindung, nicht unsere. Er hat das Vergnügen gemacht; unserer Forschung ist es bisher nicht gelungen, auch nur eins herzustellen. Wir können nur eins tun: die Menschen zu ermutigen, die Vergnügen, die unser Feind [Gott] geschaffen hat, zu gewissen Zeiten oder auf bestimmte Weise oder in einem Grad, den er verboten hat, zu genießen... Eine ständig zunehmende Gier nach einem immer kleiner werdenden Vergnügen, das ist die Formel....Die Seele des Menschen zu erhalten und ihm dafür nichts geben zu müssen – das ist es, was das Herz unseres Vaters [Satan] wirklich froh macht.[18]

Der Dämon Screwtape weiß instinktiv, was wir Menschen abzustreiten versuchen: Gott, nicht der Teufel, ist für den «gesunden», «normalen» und «befriedigenden» Genuss verantwortlich. «Er ist seine Erfindung», bemerkt Screwtape, «nicht unsere.» Wie kann der Feind uns dann zerstören? Nicht, indem er das Verlangen schafft; das hat Gott schon getan. Vielmehr muss er das Herz verführen, es auf eine Weise zu befriedigen, die Gott verboten hat.

Screwtapes teuflische, aber scharfsinnige Formel, die Seele zu ruinieren, lautet: «Eine ständig zunehmende Gier nach einem immer kleiner werdenden Vergnügen». Liegt unser Problem nicht darin, dass wir immer größere «Gelüste» haben, die wie Parasiten an ständig schrumpfenden Vergnügungen kleben, die uns letzten Endes immer enttäuschen? Was ist die Lösung? Vergnügungen, die nie aufhören! Ewige Freuden! Kreuzige deine Begehren nicht, verteufle sie nicht, unterdrücke sie

18 C. S. Lewis: *The Screwtape Letters* (New York, 1982), S.41f

auch nicht; das führt nur zu Scham und Selbstverachtung. Danke Gott für sie und erlaube ihnen, dich zum «Strom seiner Wonnen» zu führen.

Du kannst deiner Leidenschaft für Genüsse nicht entrinnen. Sie wird dich mitten in der Nacht heimsuchen und dir am Tag zuflüstern. In allem, was du tust, denkst und sagst, spürst du ihren Antrieb. Das Problem liegt nicht in unseren Wünschen, sondern ihren Objekten, wenn wir Sünde anstatt Gott begehren. Wir sind vom Teufel hereingelegt worden und haben eine seiner schädlichsten Lügen geschluckt: Wir glauben, die Vergnügen und Freuden der Welt, des Fleisches und des Teufels seien genussvoller und befriedigender als Gott in Jesus.

Höre, was der Psalmist sagt: «Schmecket und sehet, wie freundlich der HERR ist» (Psalm 34,9). Hielt er den Wunsch nach Genüssen für böse? Im Gegenteil! Genieße die Güte des Herrn! Schmecke seine Gnade! Seine Barmherzigkeit und Freundlichkeit sind der Seele süß. Kurz, Gott ist wohlschmeckend!

Gleich im nächsten Vers erfolgt erstaunlicherweise noch ein weiterer Aufruf. Kaum hat er uns eingeladen, Gott zu genießen, als er uns auffordert, ihn zu fürchten! Im selben Atemzug und ohne Scheu vor Widerspruch oder Verwirrung sagt David: « Fürchtet den HERRN, ihr seine Heiligen!» (34,10). Du hast richtig gehört. Genau denselben Gott, den wir «schmecken» sollen, sollen wir zugleich «fürchten»! Ich will auf keinen Fall die Ehrfurcht durch sinnlose Leichtsinnigkeit ersetzen. Leider haben viele so gelebt und angebetet, als ob Freude und Furcht sich gegenseitig ausschlössen. Das führt unweigerlich dazu, dass man sich auf das eine unter Ausschluss des anderen fixiert.

Vielleicht das beste und gleichzeitig tragischste Beispiel dafür, was passiert, wenn Vertraulichkeit zu Leichtsinnigkeit führt, ist der Zwischenfall mit den Söhnen Aarons, Nadab und Abihu, wie er in 3. Mose 10,1-3 beschrieben wird. Nadab und Abihu waren die beiden ältesten der vier Söhne Aarons (2. Mose 6,23). Sie hatten Mose und Aaron auf den Berg Sinai begleitet (2. Mose 24,1) und waren zusammen mit ihren beiden jüngeren Brüdern Eleasar und Ithamar zu Priestern geweiht worden (3. Mose 8,30). Zweifellos war Aaron sehr stolz gewesen, als er sah, wie seine Söhne ihm im Dienst folgten.

Aber kaum war das himmlische Feuer gnädig herabgestiegen, um das Opfer zu verzehren (9,24), als es wieder herabfiel, diesmal in Zorn, um diejenigen zu verzehren, die das Opfer dargebracht hatten (10,1-3)! Sie hatten ein so genanntes «ungehöriges Feueropfer» (10,1) dargebracht. Was machte es ungehörig? Der Weihrauch wurde aus einer Mischung aromatischer Gewürze hergestellt und in einem Gefäß voll glühender Holzkohle verbrannt. Laut 3. Mose 16,12 musste diese Holzkohle vom Altar genommen werden. Hatten Nadab und Abihu sie von anderswo hergenommen? Vielleicht. Der Text schweigt darüber. Wichtig ist nur, dass sie ungehöriges Feuer darzubieten versuchten, «das er (der HERR) ihnen nicht geboten hatte» (10,1).

In ihrer Arroganz nahmen sie sich eine Freiheit in ihrer Beziehung mit Gott und ihrer Stellung als Priester heraus, die ihnen nicht zustand; sie dachten, sie könnten sich Gott auf ihre Weise anstatt zu seinen Bedingungen nähern. Gott lädt uns ein, ihm nahe zu kommen, aber zu seinen Bedingungen, aufgrund der Bestimmungen, die er in Übereinstimmung mit dem in der Heiligen Schrift festgelegten Muster festgesetzt hat. Es ist gefährlich, vielleicht sogar tödlich, zu denken, dass alles erlaubt ist, wenn es darum geht, sich Gott zu nähern.

Mit dieser wichtigen Warnung im Sinn beherzigen wir noch einmal die Aufforderung des Psalmisten, unsere «Lust am Herrn» zu haben (Psalm 37,4). Das ist uns nicht freigestellt, sondern ein Gebot. Wir sollen nicht einfach unsere «Lust haben», denn das wäre der weltliche Hedonismus. Man sagt uns, wir sollen «unsere Lust am Herrn» haben! Und noch einmal lesen wir: «Sie [du und ich] laben sich an den reichen Gütern deines Hauses, und du tränkst sie mit dem Strom deiner Wonnen» (Psalm 36,8).

Das Problem ist nicht, dass der Mensch genusssüchtig das Vergnügen sucht, sondern dass er sich rebellisch weigert, es an der einen Stelle zu suchen, wo er es echt und ewig findet – in Gottes Gegenwart. Hörst du die unglaubliche Einladung, die Gott uns hier gibt? Gott zu genießen ist die höchste Wonne, für die wir geschaffen wurden.

Wir wurden dazu geschaffen, ihn zu genießen. Gott schuf unseren Verstand, damit wir an ihn denken, seine Herrlichkeit und Schönheit betrachten und aufregende theologischer Entdeckungen machen können. Durch unsere Gefühle können wir seine Macht, seine Liebe und sein Verlangen nach uns spüren. Er gab uns den freien Willen, damit wir uns für seinen Willen und seine Wege entscheiden können. Unser Geist vermag die Ekstase der Gemeinschaft mit ihm erleben, und unser Körper ist der Tempel, in dem er wohnen möchte!

Hüte dich vor der Langeweile!

Das erklärt, warum eine der ernsthaftesten Bedrohungen des menschlichen Geistes die Langeweile ist. Die Langeweile ist der Nährboden für das Böse. Gelangweilte Menschen sind leichte Ziele für das Fleisch und den Teufel. Es ist, als ob du dir eine Zielscheibe auf die Brust aufmalst mit einem Schild: «Führe mich in Versuchung! Es wird dir leicht gelingen!» Warum? Weil die Langeweile das Gegenteil des natürlichen, gottgegebenen Impulses der Faszination, Aufregung, Vergnügen und Heiterkeit ist. Es gibt nur drei mögliche Reaktionen auf die Langeweile:

- Du verdorrst und stirbst gefühlsmäßig.
- Du verdorrst und stirbst körperlich (Selbstmord).
- Du verrennst dich wie verrückt in alle mögliche, extreme

> und extravagante Nervenkitzel, um dein Elend durch das Vergnügen zu ersetzen, sei es Pornografie, Ehebruch, Drogen oder Fantasien über Ruhm und Macht.

Das ist der Grund, warum die Menschen so leicht süchtig werden. Viele Süchtige sind Menschen, die einst aufs Äußerste gelangweilt waren. Süchte sind deshalb so mächtig, weil sie die Stelle im Herzen anzapfen, die für die Gemeinschaft mit Gott und die Liebesbeziehung mit ihm geschaffen worden ist. Entweder stumpfen oder töten diese süchtigen Gewohnheiten unsere Sehnsüchte nach einer Befriedigung ab, von der wir befürchten, dass wir sie nie finden werden. Oder sie bieten uns eine alternative, unechte Erfüllung an, von der wir glauben, dass sie uns langfristig glücklich macht: Kokain, übermäßiges Essen, heimliche Affären, Geschäftigkeit, Leistungsdrang, die Fixierung auf das Image oder körperliche Schönheit. Sie alle erhalten ihre Kraft von der unentrinnbaren Sehnsucht des menschlichen Herzens, fasziniert, befriedigt und bezaubert zu werden. Das Herz führt uns unweigerlich entweder zu den vergänglichen Vergnügungen der Sucht oder zu Gott.

Worlds of Fun

Vor kurzem kam ich auf meinem Weg zum Flughafen bei *Worlds of Fun* vorbei, einem populären Erlebnispark hier in Kansas City. Es war dreißig Grad im Schatten bei unglaublicher Schwüle, aber das hielt Hunderte von Menschen nicht davon ab, schwitzend und gereizt vor der neuesten Achterbahnfahrtsensation, *The Mamba*, Schlange zu stehen. Laut Fernsehwerbung war sie über 60 Meter hoch und erreichte Geschwindigkeiten bis zu 120 km/h nach dem Motto: «Besser leben durch die Schwerkraft!» Warum stehen wohl relativ normale Menschen stundenlang in glühender Hitze Schlange, um zwei Minuten lang auf der Mamba zu fahren, und bezahlen dafür sogar noch?! Weil das menschliche Herz von Gott für die Aufregung, Unterhaltung und Belustigung geschaffen worden ist. Weder Tiere noch Pflanzen reagieren auf diese Weise. Kein einziger Hund hatte sich angestellt, keine Melone brachte ein großes körperliches und emotionelles Opfer, um diesen zweiminütigen Angriff auf die Sinne zu erleben. Nur die Menschen, die in Gottes Ebenbild geschaffen sind, suchen solche Nervenkitzel.

Auch wenn dich die Achterbahn ziemlich kalt lässt, wünschst du dir genauso aufregende Erlebnisse wie die Leute, die bezahlen, um Schlange zu stehen. Und das ist so in Ordnung. Du brauchst dich dieses Wunsches nicht zu schämen oder ihn verstecken. *Sättige dich vielmehr an Gott!* Vertiefe dich in seine Segnungen, sauge dich in seiner Gegenwart voll. Versetz dich in die Lage, seine Stimme zu hören, sein Angesicht zu sehen, sein Wort zu hören, seine Güte zu schmecken und seine Gegenwart zu spüren. Akzeptiere, dass deine Leidenschaft für den Genuss echt ist und sättige dich an allem, was Gott für dich in Jesus ist.

Genießer leiden ebenfalls

Damit will ich nicht sagen, dass das Leben nicht schwer ist. Die Freude an Gott oder die Befriedigung, die wir an ihm finden, garantiert auf keine Weise weltliche Bequemlichkeit und körperlichen Komfort. Oft trifft genau das Gegenteil zu. Freude bedeutet nicht notwendigerweise die Abwesenheit von Leiden. Aber wenn das Leben zusammenzustürzen droht, kann nur der christliche Hedonismus die menschliche Seele erfolgreich aufrechterhalten.

Paulus sprach vom gleichzeitigen Verfall des äußeren Menschen und der Erneuerung des inwendigen Menschen (2. Korinther 4,16). Geistlich laben wir uns an Gott, während wir körperlich darben. Unser Körper mag hinschwinden, aber unser Geist schwingt sich mit unaussprechlicher Freude und voller Herrlichkeit auf. «Denn die augenblickliche, leicht wiegende Last unserer Leiden bringt uns in überschwänglicher Weise über alles Maß hinaus ein ewiges Vollgewicht von Herrlichkeit ein», erklärt Paulus in 2. Korinther 4,17. «Ein guter Mensch ist ein glücklicher Mensch», sagt Edwards, «egal, was seine äußeren Umstände sind.»[19]

Nach einer Predigt über den christlichen Hedonismus schrieb mir ein Mann in einem Brief: «Manchmal müssen wir einstweiligen Schmerz und vorübergehendes Leiden annehmen, um die größtmögliche Freude in der Ewigkeit zu erlangen. Für mich ist das eine Investition mit einer fantastisch hohen Ertragsrate.» Ich bin ganz seiner Meinung! Der Schlüssel ist der Zweck des Leidens. Um die größtmögliche ewige Freude zu gewinnen, müssen wir oft bereitwillig vorübergehende Unannehmlichkeiten ertragen. Niemand hat das besser veranschaulicht als Jesus, «der um den Preis der Freude, die ihn als Siegeslohn erwartete, den Kreuzestod erduldet und die Schmach für nichts geachtet, dann sich aber zur Rechten des Thrones Gottes gesetzt hat» (Hebräer 12,2).

Auf ihrem Weg zur Hölle ist die Welt wild entschlossen, sich zu vergnügen. Deshalb ist der Hedonismus die dominierende Philosophie aller Zeiten. Aber laut dem christlichen Hedonismus kann der wahre Genuss letztendlich nur in Gott gefunden werden. Die Vergnügungen dieser Welt dauern nur einen Augenblick an. Sie erregen uns schnell und lösen sich dann genauso schnell auf und enttäuschen uns. Aber der Genuss, in Gottes Gegenwart zu sein, seinen Willen zu tun und seinen Segen zu empfangen – der dauert für immer und ewig an!

Seine Schönheit betrachten

Wir können vielleicht Gott nicht besser genießen, als seine Schönheit zu betrachten, indem wir uns die objektiven Aussagen der Schrift über die Wunder seines Wesens und seiner Taten

19 Edwards, *«Christian Happiness»*, S. 297

verinnerlichen und zu eigen machen. Wenn wir über die herrlichen Wahrheiten über Gott nachsinnen und in ihnen schwelgen, werden wir von seiner auserlesenen Schönheit bezaubert.

Daran dachte David in Psalm 27,4: «Eines erbitte ich von dem Herrn, nach diesem will ich trachten: dass ich bleiben darf im Haus des Herrn mein ganzes Leben lang, um die Lieblichkeit [*Schönheit*] des Herrn zu schauen und [ihn] zu suchen in seinem Tempel» (Schlachter 2000). «Lieblichkeit» – in der englischen Übersetzung steht das Wort «Schönheit» – bringen wir normalerweise nicht mit Gott in Verbindung. Wir ziehen Wörter vor wie: souverän, gnädig, barmherzig und die «all» Wörter wie allwissend, allmächtig und allgegenwärtig. Aber ich möchte, dass wir über Gott im Hinblick auf seine Schönheit nachdenken.

Als Doktorand belegte ich mehrere Kurse in Ästhetik, das heißt, der Philosophie über die Schönheit. Das Frustrierende an diesen Kursen war, dass sich niemand darüber schien einigen zu können, was die Schönheit ausmacht. Aus dieser Zeit nahm ich vor allem eine Überzeugung mit: *Gott allein ist in einem absoluten und uneingeschränkten Sinn schön.*

In Gott allein bestehen vollkommene Proportion, Harmonie, Einheit und Vielfältigkeit, und das in ausgewogenem Gleichgewicht, überwältigendem Glanz und voller Integrität. Gott ist schön! Wenn wir uns Gott als Gemälde vorstellen könnten, würden wir sagen, dass es keine zufälligen Pinselstriche, keine sich beißenden Farben gibt. Gott ist ästhetisch ausgezeichnet. In ihm ist absolute Klarheit, alles ist integriert, kein einziges Element stört.

Gott hat sich sozusagen selbst in der Kunstgalerie des Universums ausgestellt. Er fordert dich und mich auf, voller Staunen und Ehrfurcht die Symmetrie seiner Eigenschaften, die Harmonie seiner Taten, die Herrlichkeit seiner Güte, die überwältigende und unergründliche Erhabenheit seiner Größe – kurz, seine *Schönheit* – zu betrachten. Gott ist unendlich brillant und lädt uns ein, uns in seiner Schönheit zu sonnen, damit wir ihn aufs Vollste genießen.

Angesichts der schmerzhaften und erschütternden Umstände in Davids Leben könnte man meinen, er würde sich nach Ruhe und körperlichen Komfort sehnen, nach Frieden, drei ordentlichen Mahlzeiten am Tag oder vielleicht nach einer dauerhaften, sicheren Wohnung weit entfernt von seinen Feinden. Aber Davids Herz hat eine höhere Sehnsucht und Verlangen. Man beachte, dass er in Psalm 27,4 ein glühendes Verlangen ausdrückt, das sich aus der Vergangenheit in die Zukunft erstreckt. Wonach verlangte er? Zu bleiben, zu schauen, zu suchen. Wer oder was ist das Ziel dieser Leidenschaft? Gott, in all seiner Schönheit als Schöpfer, in seinem unbeschreiblichen Glanz, seiner herrlichen Majestät, seiner unergründlichen, letztendlich unverständlichen Größe.

Kann man das auch von uns sagen? Im Gegensatz zu David sind wir keine Könige, wir haben keine Höflinge und Diener, die uns jeden Wunsch erfüllen und uns dadurch von der Mühsal des Alltags befreien, damit wir die Zeit haben, uns in Gottes Gegenwart zu sonnen. Wir müssen acht Stunden am Tag zur Arbeit gehen, Kinder erziehen, den Rasen mähen und Rechnungen bezahlen. Wie dem auch sei – Augustin hat einmal gesagt: «Gott dürstet es danach, dass wir nach ihm dürsten», und das gilt für dich und mich nicht weniger als für David (siehe Jeremia 29,13).

Davids Verlangen, *unser* Verlangen, ist es, in der Gegenwart Gottes zu bleiben, Gott zu schauen, über die Schönheit und Pracht Gottes nachzudenken, uns in dem stärkenden Licht und der Herrlichkeit von allem zu sonnen, was Gott zu einem Objekt unserer Zuneigung und Freude und Anbetung macht. Das ist unser höchster Herzenswunsch. Dafür wurden wir geschaffen: Gott und die Größe seines Wesens an sich und für uns zu genießen.

«Aber ich komme mir so aufdringlich vor», sagst du, «wenn ich Gott intensiv suche. Es kommt mir so vermessen vor. Bist du sicher, dass er das will?» Worauf wartest du, eine schriftliche Einladung? Die hat er dir schon in Psalm 27,8 gegeben! «Mein Herz hält dein Gebot dir vor: ‹Ihr sollt mein Angesicht suchen!› Darum suche ich, o HERR, dein Angesicht.» Gott «lädt uns ein», sein Angesucht zu suchen, in ihm zu bleiben, seine Schönheit zu sehen und darüber nachzudenken. Das ist sein Wunsch. Wie wirkt das auf dich? Vielleicht wirst du nur selten zu irgendetwas eingeladen: zum Mittagessen nach dem Gottesdienst oder zu einer Geburtstagsfeier oder einer Hochzeit, oder dazu, deine Meinung zu einem wichtigen Thema zu äußern. Aber Gott lädt dich zum größten Erlebnis von allen ein! Wohlgemerkt: Was Gott sich am meisten wünscht, sind nicht weitere Gemeindemitglieder, zusätzliche Programme, größere Opfergaben, mehr Einfluss in der Stadt, der Respekt einflussreicher Menschen, größere und bessere und immer weitere Dinge! Nein. Er möchte, dass wir, du und ich, sein Angesicht suchen!

Das Ergebnis dieser leidenschaftlichen Jagd nach Gott ist überwältigend. Nicht nur ist es unbeschreiblich angenehm, die Schönheit des Herrn zu schauen, sondern sie verändert uns auch zutiefst, denn, in den Worten Pipers: *«Das Schauen ist ein Weg, wie wir werden.»*[20] Der Apostel Paulus sagt in 2. Korinther 3,18: «Wir alle aber, die wir mit unverhülltem Angesicht die Herrlichkeit des Herrn widerspiegeln, werden dadurch in das gleiche Bild umgestaltet von Herrlichkeit zu Herrlichkeit...». Mit anderen Worten: Wir werden zu dem, was wir schauen. Bis wir lernen, seine Schönheit zu schauen, werden wir nie in das Ebenbild Gottes verwandelt oder dem Bild von Christus Jesus gleichgemacht werden. Ihn zu sehen heißt, so wie er zu sein. Als David die Schönheit des Herrn schaute und über die herrlichen Vollkommenheiten und Leidenschaften des Charakters Gottes nachdachte, wurde er Gott ähnlicher und verliebte sich außerdem immer mehr in ihn.

---

20 John Piper: *The Pleasures of God: Meditations on God's Delight in Being God* (Portland, 1991), S. 17. Übersetzung aus dem Englischen. Hervorhebung vom Autor.

Heilige Unzufriedenheit

Möchtest du Gott in allem, was du bist, tust und sagst, verherrlichen? Dann fange an, ihn zu genießen! Unser Gott ist ein unerschöpfliches Reservoir an unendlich befriedigenden, geistlichen Genüssen. Gott wird es nie an dem mangeln, was dich fasziniert, neugierig macht und begeistert. Wenn du dich der Erkenntnis Gottes widmest, wirst du nie eines Tages sagen: «Jetzt weiß ich alles». Nein! Es gibt immer mehr. Genauso wenig wirst du sagen: «Es reicht». Warum? Weil Gott auf eine Weise befriedigt, die ständig tiefere Unzufriedenheit hervorbringt.

Wenn du Wasser trinkst, um deinen Durst zu stillen, erreichst du den Punkt, an dem dir das Wasser nicht mehr verlockend vorkommt. Obwohl du furchtbar durstig warst, sagst du dann: «Genug!», weil du nichts mehr aufnehmen kannst und voll befriedigt bist. Es würde sogar wehtun, mehr Wasser zu trinken, und du würdest dich erbrechen. So gern wir unseren Hunger mit Essen stillen, es verliert seine Anziehungskraft, wenn wir einmal satt sind. Selbst die Menschen, die sich wiederholt anstellen, um immer wieder auf der Mamba zu fahren, haben schließlich genug und gehen nach Hause.

Gott allein ist die Ausnahme. Wenn du dich an ihm labst, vermag er allein dich so zu befriedigen, dass du nie sagst: «Halt! Genug!». Er liebt es, seine Kinder zu berühren, sie zu füllen, zu begeistern, ihnen selbst inmitten schmerzhafter Anfechtungen und verwirrender Tragödien Entzücken, Freude, Aufregung, Frieden und ein sinnvolles Leben zu schenken. Gott macht es Freude, uns bis an den Sättigungspunkt zu bringen, wo wir denken, wir hätten alles gesehen, alles gehört, alles geschmeckt, alles gespürt. Aber gerade, wenn wir sagen: «Jetzt reicht's; es ist Zeit, etwas Neues und Frisches und Aufregenderes zu erleben», zeigt er uns etwas Unerwartetes, das wir nie zuvor gesehen haben: einen frischen Geschmack, einen neuen Klang, etwas über ihn, das noch herrlicher und aufregender ist, als wir uns je hätten vorstellen können.

Wie überwinden wir den Genuss der Sünde? Durch den Genuss Gottes! Wir reduzieren unsere Freude an den Vergnügungen des Fleisches auf ein Minimum, indem wir unsere Freude an den Vergnügungen unseres Schöpfers so groß wie möglich werden lassen. O, schmeckt und seht, dass der Herr gut ist!

KAPITEL 3

Wenn der Dienst an Gott Sünde ist

Ein richtiges Verständnis des Charakters Gottes ist entscheidend für die Vision der Heiligkeit, die ich in diesem Buch vertrete. Ich bin davon überzeugt, dass viele Christen Gott vor allem in zwei Bereichen äußerst verzerrt sehen. Obwohl sie es nicht in genau diesen Worten ausdrücken würden, spiegelt ihr Leben ihre Meinung wieder, Gott brauche ihre Dienste. Wenn sie Gott nicht genug Gehorsam, Geld oder Zeit gäben, würde er einen Verlust erleiden und womöglich seine Wut an ihnen auslassen. Sie stellen sich Gott als strengen Zuchtmeister vor, der seinen Kindern mit größtem Vergnügen untragbare Lasten aufbürdet und gleichzeitig mit der Peitsche knallt, wenn sie es versäumen, zu seiner deswegen immer wieder schrumpfenden Herrlichkeit beizutragen. Diese Fehleinschätzung möchte ich in diesem Kapitel behandeln und dann im darauffolgenden Kapitel eine weitere ansprechen.

Ist Gott hilfsbedürftig?

In Wirklichkeit braucht uns Gott überhaupt nicht. Ich weiß, das verletzt das Gefühl unserer Bedeutsamkeit zutiefst, aber wie schon Paulus zu den Philosophen in Athen sagte: «[Gott] lässt sich auch nicht von Menschenhänden bedienen, als ob er etwas bedürfte, während er doch selbst allen Wesen Leben und Odem und alles andere gibt» (Apostelgeschichte 17,25). Im Römerbrief verherrlicht Paulus Gott gerade deshalb: «Denn von ihm und durch ihn und zu ihm sind alle Dinge» (Römer 11,36). Wenn Gott alles besitzt und in sich völlig vollständig ist, was könnten wir seinem schon unermesslich selbstgenügsamen Wesen hinzufügen? *Tatsächlich ist es die größte Freude unseres Gottes, keine Anforderungen zu stellen, sondern Bedürfnisse zu stillen.*

Dennoch reiben sich tragischerweise viele Christen bei dem Versuch auf, das zu stärken, was sie für einen Mangelzustand Gottes halten. Sie meinen, Gott das geben zu müssen, was er scheinbar nicht hat. Aber Gott fordert uns nicht auf, seinen angeblich schwindenden Vorrat aufzufüllen. Er wird am meisten geehrt, wenn wir demütig zu ihm kommen, um von seiner Barmherzigkeit und Güte das zu empfangen, was nur er geben kann. Der christliche Hedonismus stellt trotz seiner Betonung der Suche nach dem Vergnügen und dem Glück nicht den Menschen, sondern Gott in den Mittelpunkt. Das soll im Folgenden gezeigt werden.

Die Herabwürdigung Gottes

Man kann Gott auf eine Art und Weise «dienen», die ihn herabsetzt und beleidigt und daher seiner Herrlichkeit beraubt. Wir müssen uns davor hüten, ihm auf eine Weise zu dienen, die ihm einen Mangel unterstellt oder auf unsere Unentbehrlichkeit pocht. Gott braucht unseren Dienst oder unsere Hilfe nicht. Wir brauchen seine. Seine Absichten auf Erden werden nicht durch unsere Kraft verwirklicht; vielmehr werden wir durch seine Kraft aufrechterhalten und gestärkt. Wir besitzen nichts von Wert, das ihm nicht schon von Rechts wegen gehört.

Jesus selbst hat gesagt: «Denn auch der Menschensohn ist nicht dazu gekommen, um sich bedienen zu lassen, sondern um selbst zu dienen und sein Leben als Lösegeld für viele hinzugeben» (Markus 10,45; Matthäus 20,28). Hier stellt Jesus eine Behauptung auf, die kein anderer religiöser Leiter oder Lehrer gemacht hat. Jesus ist kein Moralphilosoph oder religiöser Eiferer, der versucht, ein Gefolge von Männern und Frauen zusammenzutrommeln, die ihn von vorne bis hinten bedienen. Jesus sagt zu seinen Jüngern: «Ich bin nicht auf die Erde gekommen, damit ihr mir dienen könnt! Ich bin gekommen, um euch zu dienen.»

Hör noch einmal Apostelgeschichte 17,24-25: «Der Gott, der die Welt und alles, was in ihr ist, geschaffen hat, er, der Herr des Himmels und der Erde, wohnt nicht in Tempeln, die von Menschenhand erbaut sind, *lässt sich auch nicht von Menschenhänden bedienen, als ob er etwas bedürfte, während er doch selbst allen Wesen Leben und Odem und alles andere gibt*». Ein paar Verse später verkündigt Paulus: «In [Gott] leben wir und bewegen wir uns und sind wir» (Apostelgeschichte 17,28). Wir atmen geborgte Luft! Jede Bewegung, ja, unser ganzes Wesen, ist die Frucht seiner göttlichen Barmherzigkeit. Ein Mensch, der versucht, Gott zu dienen, als ob er bedürftig sei, gibt Gott lediglich, was dieser ihm schon gegeben hat. Wie Piper hervorhebt: «Niemand kann daher Gott bestechen oder ihn auf irgendwelche Weise zwingen. Was immer wir auch Gott anbieten, ist nur ein Zurückspiegeln von dem, was er schon gegeben oder getan hat. Er, die Quelle aller Dinge, kann weder durch den Dienst von Engeln noch durch Menschen bereichert oder versucht werden.»[21]

Diese Tatsache – dass Gott nicht bedient werden kann – ist keine frohe Botschaft für Menschen, die fest entschlossen sind, eine Aura der Selbstgenügsamkeit und Unabhängigkeit aufrechtzuerhalten. Wenn du davon überzeugt bist (oder vielmehr, wenn du dir selbst vorgaukelst), dass du mit Gott um Anerkennung und Belohnung verhandeln kannst, wird dich die Aussage des Paulus in Apostelgeschichte 17,24-25 überraschen. Wenn

21 John Piper: *The Pleasures of God: Meditations on God's Delight in Being God* (Portland, 1991), S. 49.

du zu denen gehörst, die meinen, sie könnten für Gott etwas tun oder ihm etwas geben, damit er in ihrer Schuld steht, wird dieses Prinzip deine Seele schmerzhaft erschüttern. Aber wenn du schwach und verzweifelt bist und dir geistlich unfähig vorkommst, unabhängig von der Gnade Gottes irgendetwas zu tun, dann wirst du die Verkündigung des Paulus jubelnd begrüßen. Diese Wahrheit zeigt sich am klarsten an unserem Geld.

Gott ermöglicht uns das Geben

Betrachten wir die geistliche Dynamik, die am Werk war, als David das vielleicht größte Bauprojekt der Geschichte unternahm. In 1. Chronik 29,1-20 lesen wir von dem Reichtum, der für den Bau des Tempels zusammengetragen wurde. Rein menschlich gesehen erscheint es, dass man David und den Israeliten zu ihren großzügigen Spenden für das Werk des Herrn gratulieren sollte. Aber wir müssen über das Sichtbare hinaus die Hand Gottes erkennen.

Es ist wirklich eine bemerkenswerte Geschichte. «Mit allen Kräften» (29,2) und «infolge meines Eifers» (29,3), sagt David, «will ich [mein] eigenes Gut ... für das Haus meines Gottes hingeben» (29,3). Auch die Stämme Israels «bewiesen ... ihre Bereitwilligkeit» (29,6), und mit «ungeteiltem Herzen» (29,9) brachten sie die notwendigen Materialien für dieses massive Projekt herbei. Wiederum sagt David: «Ich habe dies alles mit aufrichtigem Herzen freiwillig gespendet» (29,17). Niemand gab aus Zwang, Angst oder Schuldgefühlen. Man freute sich über die Freiheit und Gelegenheit, an dem Projekt teilzunehmen.

Aber an dieser Geschichte ist mehr dran, als man auf den ersten Blick sieht. Hinter den Kulissen von Davids Gebet mit seinen frohen, bereitwilligen, menschlichen Bemühungen wirkt die Hand eines allgenügsamen Gottes, dessen Reichtum zugunsten seines Volkes überströmt.

Diesen Überfluss sehen wir zunächst daran, dass David als

Erstes Gott segnet (Verse 10-16). Auf diesen gewaltigen Zustrom des irdischen Reichtums für den Tempelbau reagiert er, indem er Gott, nicht Männer und Frauen, segnet! Sein Segen besteht aus zwölf Bekenntnissen, wer Gott ist und was er tut; alle wurden in der Bereitschaft seines Volkes offenbar, so viel zum Bau des Tempels beizutragen.

Gehen wir gleich zur sechsten der zwölf Aussagen über Gott. In Vers 11 sagt David: «Dein ist alles im Himmel und auf Erden». Das ist der Grund, warum es beim Spenden immer um Gott geht. Er besitzt schon alles! Er besitzt deine Kleidung, dein Auto, dein Bankkonto, deinen Körper, dein Haus, deine Bücher, deinen Schmuck, deinen Fernseher und deinen Computer – er besitzt sie alle! Er besitzt deinen Verstand und deine Gefühle und deinen Geist und deine Augen und deine Ohren und dein Haar und dein Blut und deine Zehennägel. In seiner Gnade hat er uns freizügig diese Dinge gegeben, damit wir sie gebrauchen und zu seiner Herrlichkeit genießen, und er kann sie jederzeit, wenn er will, zurücknehmen. Wir sind Treuhänder oder Verwalter von dem, was Gott besitzt. Auch besitzt er jeden Euro (oder Schekel), den wir ihm gerne und voller Freude geben.

Die neunte dieser zwölf Aussagen ist nicht weniger überwältigend in ihren Auswirkungen. In Vers 12 sagt David über Gott: «Reichtum und Ehre kommen von dir». Gott maßt sich nichts an, was ihm nicht rechtmäßig gehört. Aus rein menschlicher Sicht scheinen das Geld und der Reichtum, die für den Tempelbau gespendet wurden, von der Arbeitskraft, den Ersparnissen und den Investitionen der Menschen herzurühren. Vielleicht hatten einige von ihnen von geschickten Geschäften profitiert oder einen Riesengewinn beim Verkauf eines Grundstückes erzielt. Wie dem auch sei, sagt David, aller Reichtum kommt von Gott! Was immer man sich erarbeitet, verdient, investiert oder verkauft und dann gespendet hat, man hat es zunächst von Gott erhalten.

In Vers 12 behauptet David noch einmal: «In deiner [Gottes] Hand steht es, jedermann groß und stark zu machen». Jede menschliche Arbeitskraft oder Errungenschaft, die eine Spende ermöglicht, kommt letzten Endes von Gott. Macht, Einfluss, Kreativität, Erfolg oder Hingabe sind alle auf das gnädige und freundliche Wirken eines gutwilligen und großzügigen Gottes zurückzuführen, der in und durch sein Volk zu ihrem Wohl und für seine Herrlichkeit wirkt.

Die elfte Aussage Davids ist eine Frage: «Wer bin ich, und was ist mein Volk, dass wir imstande sein sollten, freiwillige Gaben in solcher Weise darzubringen?» Gott befähigt uns zu geben, obwohl wir eigentlich keine Hilfe erwarten könnten. Wer sind wir, fragt David, dass wir die Hilfe Gottes erhalten, die uns antreibt, diesen Reichtum hervorzubringen und dann unsere Herzen anrührt, ihn wegzugeben? Wir verdienen nichts als Gericht.

Vielleicht die aufschlussreichste Aussage Davids steht in Vers 14: «Nein, von dir kommt dies alles, und aus deiner Hand haben wir dir gespendet». Er sagt nicht: «in deine Hand», als ob der Reichtum von uns hervorginge und bei ihm endete. Vielmehr heißt es: «aus deiner Hand». Mit anderen Worten, was auch immer sie spendeten, hatten sie zuerst von ihm erhalten. In Vers 16 sagt er Ähnliches: «HERR, unser Gott, dieser ganze Reichtum, den wir bereitgestellt haben, um dir ein Haus für deinen heiligen Namen zu bauen, – aus deiner Hand kommt er, und dein ist das alles!» Wir bieten Gott nicht etwas an, was er braucht. Durch unsere Spenden vermehren wir weder seine Ressourcen noch die Bilanz seines Bankkontos. Wie kann man den Reichtum einer Person vermehren, die schon alles besitzt? Unser Geben spiegelt nur die Großzügigkeit Gottes wieder.

Schließlich betet David: «Erhalte solche Gesinnung und Denkweise immerdar im Herzen deines Volkes und richte ihr Herz auf dich hin!» (Vers 18). Gott ermächtigt unser Spenden nicht nur, indem er es uns ermöglicht, schwer zu arbeiten, oder indem er dem, den er sich ausgesucht hat, Reichtümer gewährt, sondern indem er uns auch die Bereitschaft zum Geben gibt!

Ja, es war das Volk, das spendete (Vers 9) – willig, unaufgefordert und freudig. Es war echtes Geben. Sie brachten echte Opfer dar und ihre Entscheidungen waren wichtig, denn ohne sie hätte der Tempel nicht gebaut werden können. Aber auf mysteriöse, uns unverständliche Weise stand hinter diesen Entscheidungen das gnädige, ermächtigende Werk Gottes.

Unser Gott ist ein Gott des unendlichen, unermesslichen Reichtums. Er besitzt alles, was es gibt. Er braucht keine Geschenke, Opfer oder Beiträge, als ob er arm, hilflos und abhängig sei. Wir sind die Armen, die Hilflosen, die Abhängigen. Gott ist immer der Gebende. Wir sind immer die Empfänger! Das müssen wir einfach verstehen, wenn wir in unserem christlichen Leben und in unserem Streben nach Heiligkeit wachsen wollen.

Von der Chronik zum Korintherbrief

Überspringen wir mehrere Jahrhunderte von der 1. Chronik zum 2. Korintherbrief. Es fällt auf, dass Gott auch im Laufe der Zeit und im Neuen Testament seinem Volk nicht weniger dient.

Der leidenschaftliche Appell des Apostel Paulus in 2. Korinther 8-9, großzügig zu geben, erwuchs aus der Armut der Gemeinde in Jerusalem (1. Korinther 16,1-4; Römer 15,25-27). Es gab zahlreiche Gründe für diese Krise: Überbevölkerung, soziale und wirtschaftliche Ächtung, Enterbung nach der Bekehrung, Zerrüttung des Familienstandes, Verfolgung und die anhaltenden Auswirkungen der Hungersnot von 46 n. Chr. (Apostelgeschichte 11,27-30). Paulus' Bemühungen, Geld zu sammeln, um den Heiligen in Jerusalem zu helfen, waren offensichtlich gerechtfertigt. Sie waren ein konkreter Ausdruck seiner Entschlossenheit, die er in Galater 2,10 (Schlachter 2000) ausdrückte: «Nur sollten wir an die Armen (in Jerusalem) gedenken, und ich habe mich auch eifrig bemüht, dies zu tun». Mit seinem Hinweis auf die aufopfernden Spenden der Mazedonier (das heißt, der Christen in Philippi, Thessaloniki und Beröa) hofft Paulus, die Korinther zur Vollendung ihrer Bemühungen anzuspornen, ihren von der Armut heimgesuchten Geschwistern in Jerusalem zu helfen (2. Korinther 8,10-11).

Ja, Paulus beruft sich auf das, was die Gläubigen in Mazedonien getan haben. Aber wie David in 1. Chronik fügt er schnell hinzu, dass ihr Dienst an ihren Geschwistern die Frucht des Dienstes Gottes an ihnen ist! Wenn sich die Mazedonier in diesem Dienst «geradezu selbst ... dem Herrn ... hingegeben» haben (Vers 5), dann deswegen, weil Gott ihnen zuerst seine Gnade verliehen hat (Vers 1). Welche ihrer Errungenschaften auch gelobt wird, sie wird letztendlich dem vorherigen Wirken der göttlichen Gnade zugeschrieben. Hier sehen wir die Harmonie zwischen der vorrangigen Gegenwart der göttlichen Gnade und der moralischen Verantwortungspflicht menschlicher Entscheidungen. In Vers 3 sagt Paulus, sie hätten «aus eigenem Antrieb gespendet», während ihre Bereitwilligkeit in Vers 1 auf eine Gabe Gottes zurückgeführt wird: die Gnade. Dasselbe Prinzip findet man in den Versen 16-17, wo Paulus sagt, dass Gott dem Titus «Eifer» ins Herz gelegt hat, der dann wiederum «aus freiem Entschluss» die Korinther besuchte.

Sie gaben nicht, weil Gott ihnen finanziellen Wohlstand geschenkt hatte. Sie waren arm! Nicht ihr finanzieller Segen führte zur Freude, sondern ihre Freude führte zu einem finanziellen Segen (für die Heiligen in Jerusalem). Ihre Freude war deshalb nicht am Geld, sondern an Gott und seiner Gnade. Piper erklärt:

> Wie kam ein solches Verhalten zustande, das der Kultur und der Natur entgegengesetzt ist? Wie wurden die Christen von der natürlichen Liebe zum Geld und Komfort befreit? Eine Teilantwort ist die überschwängliche Fülle ihrer Freude in Vers 2. Ihre Freude an etwas anderem hatte die Wurzel der Freude an Geld abgeschnitten. Sie waren durch die Freude freigesetzt worden, den Armen zu geben. Aber woher kam diese mächtige, außerirdische Freude? Von der Gnade Got-

> tes ... Was die Korinther [und auch wir] aus dieser Geschichte lernen sollen: Dieselbe Gnade, die in Mazedonien gegeben wurde, steht jetzt in Korinth [und in deiner Stadt oder deiner Gemeinde] zur Verfügung.[22]

Man beachte die geistliche Dynamik: Die Gnade kommt herab, Freude steigt auf, Großzügigkeit fließt hervor. Die göttliche Gnade gab ihnen die Freude, und aus diesem Erlebnis der Gnade und Freude gaben sie so großzügig.

Als sie sich fragten, wie viel sie spenden konnten, berücksichtigten sie zweifellos ihre gegenwärtige Situation und ihre zukünftigen Bedürfnisse und Verpflichtungen. Und dann ließen sie beides völlig außer Acht! Nicht weil sie Dummköpfe waren, denn sie kannten sicher die Konsequenzen und akzeptierten sie. In aller Wahrscheinlichkeit legten sie erst fest, was sie vernünftigerweise geben konnten und gingen dann weit über diesen Betrag hinaus. Sie konnten so handeln, weil die Gnade in ihrem Herzen am Werk war. Gott diente ihnen, damit sie anderen mit Freude dienen konnten! Das allein kann diese bemerkenswerte Bekundung der Liebe und des Eifers erklären.

Gottes Gnade vermindert auf keinerlei Weise den moralischen Wert ihrer Taten, denn Paulus sagt ausdrücklich, dass sie nicht gaben, weil sie sich gezwungen oder genötigt fühlten, sondern aus eigenem Antrieb, das heißt, großzügig und freiwillig (2. Korinther 8,3). Ihr Motiv war weder Habsucht (die Idee, sie würden letzten Endes mehr zurückerhalten, wenn sie gäben) noch Schuldgefühle, Angst oder ein apostolischer Befehl. Paulus weigerte sich sogar, sie um Geld für die Sammlung zu bitten, da er ihre finanzielle Lage ganz genau kannte. Im Gegenteil, sie mussten Paulus geradezu um die Gelegenheit anbetteln, an diesem Dienst teilzunehmen! Erstaunlich! Die meisten Menschen betteln, um Geld zu erhalten; die Mazedonier bettelten, Geld zu geben! Piper erklärt diese Situation so:

22 John Piper: *Future Grace* (Sisters, 1995), S. 71-72

> Wenn die in Armut lebenden Mazedonier den Apostel Paulus ernstlich um das Vorrecht bitten, anderen armen Heiligen Geld geben zu können, dann können wir annehmen, dass das nicht etwas ist, was sie tun sollten oder müssen, sondern etwas, wonach sie wirklich verlangten. Es ist ihre Freude – eine Erweiterung ihrer Freude an Gott. Natürlich «versagen sie sich» jene Vergnügungen oder Wohltaten, die sie sich von dem Geld, das sie weggaben, hätten leisten können, aber die Freude, die Gnade Gottes auf andere ausdehnen zu können, ist eine weitaus bessere Belohnung als alles, was man mit Geld kaufen kann. Die Mazedonier haben die harte Arbeit des christlichen Genießers entdeckt, nämlich die Liebe! Es ist das Überfließen der Freude an Gott, das freudig die Bedürfnisse anderer stillt.[23]

In 2. Korinther 9 ordnet Paulus das alles mit zwei Aussagen ein, die für unsere Diskussion relevant sind. Erstens sagt er: «Einen fröhlichen Geber hat Gott lieb» (Vers 7; Luther 1984). Aber wenn Gott einen fröhlichen Geber liebt, heißt das, er ist nicht erfreut, wenn man zwar gibt, es aber nicht gern tut, selbst wenn man großzügig gibt. Piper sagt: «Wenn Menschen bei den Diensten, die sie anderen erweisen, keine Freude (Paulus wählt das Wort *Fröhlichkeit*) finden, kann Gott sich nicht an ihnen erfreuen.»[24] Heißt das, dass wir überhaupt nicht geben sollen, wenn wir keine Freude haben? Nein, denn wie Piper fortfährt: «Obwohl freudlose Liebe nicht unser Ziel ist, ist es dennoch besser, freudlos eine Pflicht zu erfüllen, als gar nichts zu tun, vorausgesetzt, es geschieht in einem Geist der Reue über die Gefühllosigkeit im Herzen.[25]»

Zweitens beachte man die Verheißung des Überflusses in den Versen 8-11, einem Abschnitt, der von vielen Vertretern einer

---

23 John Piper: *Sehnsucht nach Gott*, 3. Auflage (Waldems, 2010), S. 121
24 Ibid, S. 121
25 Ibid, S. 320

krassen Form des Wohlstandsevangeliums sehr missbraucht worden ist. Im Prinzip sagt Gott zu denen, die gern und großzügig spenden: «Gut, ich sehe, dass ihr das Geben ernst nehmt. Das tue ich auch. Daher gebe ich euch ein Versprechen: Solange ihr bereit seid zu geben (wozu euch die Gnade Gottes ermächtigt hat, wie es sowohl in 1. Chronik als auch 2. Korinther 8 steht), werde ich euch niemals ohne die notwendige Provision lassen. Ich werde es nie zulassen, dass ihr euch durch das Spenden arm macht. Das ist meine Verheißung.»

Es ist klar: Gott verspricht, denen, die großzügig geben, Versorgung im Überfluss. Paulus möchte die Korinther von der Furcht befreien, dass großzügiges Geben zur Verarmung führt. Aber welches Ziel verfolgt Gott, wenn er dem großzügigen christlichen Verwalter Überfluss gibt? Warum verspricht Gott denen finanziellen Überfluss, die fröhlich und reichlich anderen geben?

In 2. Korinther 9,8 gebraucht Paulus, ohne sich zu genieren, viele Superlative: «Gott hat aber die Macht, euch mit *jeglicher* Gnadengabe *reichlich* zu segnen, auf dass ihr *allezeit* in jeder Hinsicht *vollauf* genug habt und außerdem noch *reiche* Mittel besitzt zu guten Werken *jeder* Art.» Man könnte fast meinen, dass Paulus versuchte, auf etwas Wichtiges hinzuweisen!

Warum verspricht Gott dir also finanziellen Überfluss, falls du fröhlich und großzügig in deinem Geben bist? Der Text nennt drei Gründe. Gott verspricht, dir weiterhin finanziell zu dienen, damit du «reiche Mittel besitzt *zu guten Werken jeder Art*» (9,8), damit du «die *Mittel zur Aussaat*» besitzt (9,10) und schließlich: «Er wird dich in jeder Hinsicht so reich beschenken, dass du jederzeit großzügig und uneigennützig geben kannst» (9,11; NGÜ). Paulus behauptet, Gott werde nie dein Herz zum Geben bewegen und es dann versäumen, dich mit den notwendigen Mitteln zu versorgen. Aber die Idee des Wohlstandsevangeliums, dass wir geben sollen, damit Gott uns daraufhin persönlich bereichert, um unseren Komfort, unsere Bequemlichkeit und unsere Kaufkraft zu erhöhen, ist der Lehre des Paulus fremd. Persönlicher Reichtum wird hier nicht als Selbstzweck gesehen, sondern als Mittel zu einem höheren Zweck – der Großzügigkeit gegenüber den Bedürftigen.

In Vers 9 malt Paulus ein Bild von der Treue Gottes. Er gibt, damit andere seine Gerechtigkeit sehen. Wenn Gott uns nicht diente, indem er uns das reichlich gibt, was wir brauchen, um uns an der guten Tat des Gebens zu beteiligen, wäre sein Ruf beeinträchtigt. Er wäre nicht gerecht. Mit anderen Worten, bei der Verheißung in Vers 8 geht es um seine Integrität. Sein Name steht auf dem Spiel. Daher wissen wir zuversichtlich, dass er nie aufhören wird, seine Versprechen in Vers 8 zu erfüllen.

Die Verse 12-13 räumen jeglichen Zweifel darüber aus, dass die großzügigen Spenden der Mazedonier auf den Dienst Gottes an seinem Volk zurückzuführen sind. Dort sagt Paulus, dass ihr Dienst des Gebens an Gott gerichtete Dankgebete hervorruft, denn alles Geben hat seinen Ursprung in Gottes Gnade (Vers 12). In Vers 13 sagt Paulus wiederum, wenn die Empfänger an unsere Spenden denken, werden sie Gott verherrlichen. Das ist nur dann sinnvoll, wenn es Gott ist, der uns letztendlich dient, indem er uns die Mittel gibt, die wir spenden.

Wenn Gott hungrig wäre

In einem Bibelabschnitt, der geradezu von göttlichem Sarkasmus trieft, verabreicht Gott unserer Arroganz eine Ohrfeige, als er sagt: «Hätte ich Hunger: ich brauchte es dir nicht zu sagen, denn mein ist der Erdkreis und all seine Fülle ... Und rufe mich an am Tage der Not, so will ich dich retten, und du sollst mich preisen!» (Psalm 50,12.15) Wenn wir zu Gott kommen, um gerettet und befreit zu werden und Hilfe in der Zeit unserer Not zu erhalten, gewinnt jeder. Wir werden gerettet und Gott wird gepriesen! Piper erinnert uns an einige Tatsachen, die Christen nicht vergessen sollten: «Weder das Evangelium noch die Berufung in den christlichen Dienst ist eine Anzeige mit der Überschrift: ‹Hilfe gesucht›. Im Gegenteil: Das Evangelium befiehlt uns aufzugeben und ein Schild mit der Aufschrift: ‹Hilfe gesucht› aufzuhängen»[26]. Rekruten, die ihm aushelfen wollen, verherrlichen ihn nicht. Unser Gott ist so vollkommen vollständig und selbstgenügsam und fließt so an Macht, Leben und Freude über, dass er sich durch den Dienst an uns selbst verherrlicht. Aus diesem Grund ist es so demütigend, Christ zu werden. Es ist unser Eingeständnis, dass wir Gottes Hilfe brauchen, und kein Angebot, ihm zu helfen. Einer der Gründe, warum viele Christen weiterhin so oft scheitern, liegt darin, dass sie die Heiligkeit mit dem «Aufdrehen» ihres moralischen und willensmäßigen Motors gleichsetzen und in Gedanken Gott zur Mitfahrt einladen.

Lasse deine vorgefassten Meinungen über Gott und das, was ihn erfreut, fallen und bedenke: Niemand «hat ihm zuerst etwas gegeben, wofür ihm Vergeltung zuteilwerden müsste. Denn von ihm und durch ihn und zu ihm sind alle Dinge: Ihm gebührt die Ehre in Ewigkeit! Amen» (Römer 11,35-36). Diese großartige Wahrheit illustriert John Piper bestens im folgenden Beispiel. Es lohnt sich sehr, es sorgfältig zu lesen und darüber nachzudenken.

> Gott hat keine Bedürfnisse, die ich (oder irgendjemand anders) je werde erfüllen müssen. Gott hat keinen Mangel, den ich decken muss. Er ist in sich vollständig. In der Gemeinschaft der Dreieinigkeit fließt er vor Glückseligkeit über. Anders ausgedrückt, Gott ist wie eine Bergquelle und nicht wie ein Wassertrog. Eine Bergquelle füllt sich selber wieder auf; sie fließt ständig über und gibt an andere weiter. Ein Wassertrog hingegen muss durch eine Pumpe oder eine Eimerkette gefüllt werden. Willst du daher den Wert eines Wassertrogs verherrlichen, musst du schwer arbei-

26 27 Ibid, S. 176

ten, damit er voll und nützlich bleibt. Aber den Wert einer Quelle verherrlichst du, indem du dich niederkniest und nach Herzenslust trinkst, bis du erfrischt wieder die Kraft hast, ins Tal zurückzugehen und den Menschen zu erzählen, was du gefunden hast. Du verherrlichst eine Bergquelle nicht, indem du pflichtgemäß aus dem Fluss unten im Tal Wasser nach oben schleppst und es in die Quelle schüttest. Wir haben gesehen, dass Gott einer Bergquelle gleicht, nicht einem Wassertrog. Und deshalb sind wir nicht überrascht, aus der Schrift zu lernen – was gleichzeitig unseren Glauben zum Durchhalten stärkt – dass wir Gott gefallen, wenn wir zu ihm kommen und von ihm empfangen anstatt ihm zu geben, von ihm trinken anstatt ihn zu bewässern. Er wird am meisten in uns verherrlicht, wenn wir am zufriedensten in ihm sind.

Meine Hoffnung als verzweifelter Sünder, der in der Wüste des Todestals der Ungerechtigkeit lebt, hängt von dieser biblischen Wahrheit ab: Gott ist ein solcher Gott, der mit dem einen zufrieden ist, das ich ihm anbieten kann – meinen Durst. Das ist der Grund, warum die souveräne Freiheit und Selbstgenügsamkeit Gottes mir so kostbar sind. Sie sind die Grundlage meiner Hoffnung, dass Gott sich nicht über den Einfallsreichtum von Eimerketten freut, sondern über zerbrochene Sünder, die sich bücken, um vom Brunnen der Gnade zu trinken.

Mit anderen Worten, diese unsagbare frohe Botschaft für hilflose Sünder – dass Gott sich nicht freut, wenn wir ihm unsere Kraft anbieten, sondern wenn wir auf seine warten – diese frohe Botschaft, die ich so dringend immer wieder hören muss, beruht fest auf einer Vision von Gott als souverän, selbstgenügsam und frei.[27]

27 Piper, *The Pleasure of God*, S 215-216

Gott, der Diener

So merkwürdig es auch klingt: Gott ist unser Diener. Es lohnt es sich, sorgfältig darüber nachzudenken. Wenn wir seinem Gebot gehorchen, anderen zu dienen, dient er uns, indem er alle seine göttlichen Mittel einsetzt, um uns zu helfen, zu stärken und zu unterstützen und unsere Bedürfnisse zu erfüllen. Jesus sagte in einem seiner Gleichnisse: «Lasst eure Hüften gegürtet sein und eure Lampen brennen! Denn ihr sollt Leuten gleichen, die auf ihren Herrn warten, wann er vom Hochzeitsmahl heimkehren werde, um ihm, wenn er kommt und anklopft, sogleich zu öffnen. Selig zu preisen sind solche Knechte, die der Herr bei seiner Rückkehr wachend antrifft! Wahrlich ich sage euch: Er wird sich das Gewand hochschürzen, wird sie sich zu Tische setzen lassen und herantreten, um sie zu bedienen» (Lukas 12,35-37). Selbst im nächsten Zeitalter, wenn der Herr auf herrliche Weise «mit den Engeln seiner Macht in loderndem Feuer» erscheint (2. Thessalonicher 1,7-8), besteht er darauf zu dienen. Warum? Weil das eigentliche Wesen seiner Herrlichkeit in der Fülle seiner Gnade besteht, die in Güte zu bedürftigen Menschen überfließt.

Jesaja hat geweissagt: *«Denn von Ewigkeit her hat man nie gehört, nie vernommen, hat kein Auge es gesehen, dass außer dir ein Gott tätig war für die, welche auf ihn harren»* (Jesaja 64,3 Schlachter 2000). Gott wirkt und handelt zu unseren Gunsten! Die frohe Botschaft ist, dass er niemals *müde* wird, *ermattet* oder *schläft*! Gott sagt nie: «Langsam! Lass mich mal verschnaufen! Ich bin schon seit Tagen auf und ich bin total fertig. Ich muss mich ausruhen.» Nach Psalm 121,3 schläft Gott niemals: «Der Hüter Israels schläft und schlummert nicht» (Luther 1984). Warum? «Ein ewiger Gott ist der HERR, der Schöpfer der Erde. Er wird nicht müde und wird nicht matt» (Jesaja 40,28). Er schläft nie, weil er nie müde ist. Wie könnte auch ein Wesen, dessen Macht unbegrenzt ist, erschöpft sein?

Er ist nicht deswegen nicht müde, weil er nicht arbeitet. Im Gegenteil, Gott arbeitet die ganze Zeit. Er regiert über die Völker (Offenbarung 15,3), erhält das Weltall jeden Augenblick durch sein allmächtiges Wort aufrecht (Hebräer 1,3) und versorgt die Tiere der Erde (Matthäus 10,29; Psalm 104,21). Nach der 2. Chronik 16,9 ist Gott ständig «auf der Pirsch» und hält Ausschau, wie er für diejenigen arbeiten kann, die ihre Hoffnung auf ihn setzen. Er wünscht sich mehr Arbeit, weil das mehr Gelegenheiten für ihn bedeutet, seine Macht und Weisheit und Liebe und Barmherzigkeit unter Beweis zu stellen. Wenn wir meinen, wir hätten genügend Mittel, um seine Last zu mindern oder seine verbrauchte Energie aufzustocken, schwärzen wir seinen unendlich selbstgenügsamen Charakter an. Sollte Gott irgendetwas brauchen, spricht er es einfach aus dem Nichts ins Dasein!

Das unterscheidet den Gott Israels von allen so genannten «Göttern» der Antike. Alle anderen «Götter» erwarteten von den Menschen, dass sie zu ihren Gunsten handelten. Gott hingegen freut sich am meisten, wenn er für uns handeln kann. «Denn die Augen des HERRN überschauen die ganze Erde, damit er seine Macht zum Heil für die erweise, deren Herz ungeteilt auf ihn gerichtet ist» (2. Chronik 16,9). In unserem falschen Eifer sagen wir: «O Gott, was kann ich für dich tun?» Daraufhin antwortet Gott: «Nein, nein, die Frage lautet umgekehrt: ‹Was kann ich für dich tun? Du bist nicht meine Stütze. Ich bin Gott! Ich bin deine starke Stütze.›» Wir dürfen nie vergessen, dass Gott immer der Gebende ist und wir die Empfänger.

Wiederum lesen wir: «Siehe, wie die Augen der Knechte auf die Hand ihrer Herren, wie die Augen der Magd auf ihrer Gebieterin Hand: So blicken unsre Augen hin auf den HERRN, unsern Gott, bis er sich unser erbarmt» (Psalm 123,2). Und noch einmal sagt Jesus: «Ich bin der Weinstock, ihr seid die Reben: Wer in mir bleibt und in wem ich bleibe, der bringt reichlich Frucht; dagegen ohne mich könnt ihr nichts vollbringen» (Johannes 15,5). In 1. Petrus 4,11 heißt es: «Übt jemand einen praktischen Dienst aus, soll er die Kraft in Anspruch nehmen, die Gott ihm dafür gibt. Jede einzelne Gabe soll mit der Hilfe von Jesus Christus so eingesetzt werden, dass Gott geehrt wird» (NGÜ). Petrus unterstreicht hier, dass unser Dienst an anderen durch Gottes Dienst an uns hervorgebracht wird. Betrachte auch das Folgende:

> 18 Denn ich werde mich nicht erkühnen, von irgendwelchen Erfolgen zu reden, die nicht Christus durch mich gewirkt hat, um Heidenvölker zum Gehorsam zu bringen durch Wort und Tat (Römer 15,18; vergleiche 2. Timotheus 4,17).

> 20 Der Gott des Friedens aber, der den großen Hirten der Schafe, unsern Herrn Jesus, von den Toten heraufgeführt hat durch das Blut des ewigen Bundes, 21 der möge euch in allem Guten zur Ausrichtung seines Willens ausrüsten und in uns das wirken, was ihm wohlgefällig ist, durch Jesus Christus, dem die Herrlichkeit gebührt in alle Ewigkeit! Amen. (Hebräer 13,20-21)

Der Gott, der vorangeht

Zahllose Texte heben diesen Punkt hervor, insbesondere Philipper 2,12-13.[28] Paulus ermutigt die Gläubigen in Philippi (und uns): «Verwirklicht eure Rettung mit Furcht und Zittern...» (Schlachter). Hätte er es darauf beruhen lassen, würde man meine Vision der heiligen Lebensführung völlig umgestalten müssen. Aber er fährt mit der beruhigenden Verheißung fort: «...denn Gott ist es, der beides, das Wollen und das Vollbringen, in euch wirkt, damit

28 Sam Storms: «*Prayer and Evangelism Under God's Sovereignty*». In *The Grace of God, The Bondage of the Will*, Band 1, herausgegeben von Thomas R. Schreiner und Bruce A. Ware (Grand Rapids, 1995), S. 215-231. Dieser Aufsatz enthält eine ausführliche Abhandlung über diese Verse.

ihr ihm wohlgefallt». In diesen Versen beteuert Paulus zweierlei: die Dringlichkeit des verantwortungsvollen menschlichen Verhaltens aufgrund der Verheißung der *vorhergehenden göttlichen Aktivität.* Einfach ausgedrückt: *Gott ist schon vorangegangen!*

Paulus verkündigt ungeniert, dass die vorausgegangene Gegenwart der ermächtigenden Kraft Gottes die Grundlage ist, auf der wir, du und ich, aktiv und gehorsam die Dinge tun, die in seiner Sicht wohlgefällig sind. Er sichert uns zu, dass sich unsere Bemühungen nicht als vergeblich herausstellen werden, wenn wir sie in der Kraft des Heiligen Geistes unternehmen. Wir haben echte Hoffnung auf die Verwirklichung unserer Rettung in all ihren unterschiedlichen Dimensionen, weil Gott schon in uns am Werk ist, um die Reaktion unseres Willens anzurühren, zu stimulieren und aufrechtzuerhalten. Wie ich an anderer Stelle geschrieben habe: «Jeder Impuls und jede Handlung des menschlichen Herzens kann auf das vorherige Wirken der göttlichen Kraft zurückgeführt werden, ohne auf irgendwelche Weise ihren moralischen Wert zu mindern. Der dringende Ruf nach verantwortlichem menschlichen ‹Tun› folgt und fließt aus der Zusicherung eines göttlichen ‹Getan›»[29] Niemand weiß genau, wie Gott es vollbringt, aber J. I. Packer erinnert uns daran:

> Normalerweise wirkt der Heilige Geist in uns durch unseren Verstand und Willen. Er regt uns zum Handeln an, indem er uns die Gründe sehen lässt, die uns motivieren. Daher wird unser bewusstes, rationales Ego nicht nur nicht ausgelöscht, sondern gestärkt, und in ehrfürchtigem, entschlossenem Gehorsam verwirklichen wir unsere Rettung in dem Bewusstsein, dass Gott in uns am Werk ist, um «beides, das Wollen und das Vollbringen, in [uns zu] wirken, damit [wir] ihm wohl gefallen».[30]

29 Storms, S. 218

30 J. I. Packer: *Keep in Step with the Spirit* (Bleibe im Einvernehmen mit dem Geist) (Old Tappan, 1984), S. 156

Paulus sagt also in meiner Umschreibung: «Dient in dem Bewusstsein, dass es Gott ist, der euch dient, indem er es euch ermöglicht, ihm und anderen zu dienen.»

Solche biblischen Texte lassen mich schließen, dass der radikale Ruf zur aufopfernden Nachfolge und Heiligkeit des Lebens nicht grundsätzlich ein Aufruf ist, Jesus zu dienen. Vielmehr werden wir aufgefordert, uns von Jesus dienen zu lassen, damit wir daraufhin anderen dienen können. Viele halten Gott fälschlicherweise für einen unsicheren Tyrann, der gern mit seinen himmlischen Muskeln protzt, indem er die klein macht, die schwächer sind als er. Aber Gott liebt es, seine Größe und Herrlichkeit zur Schau zu stellen, indem er eine unerschöpfliche Quelle der Kraft für die Stärkung schwacher Menschen wie dich und mich ist.[31] Wir ehren Gott nicht dadurch, dass wir geben, wenn wir in unserer Arroganz meinen, er brauche etwas; sondern indem wir um alles, das er für uns in Jesus ist und beschaffen hat, beten und es dann demütig empfangen. Warum? Weil der Kern der Herrlichkeit Gottes die Fülle und der Überfluss der Gnade ist, die in Liebenswürdigkeit zu bedürftigen Menschen wie dich und mich überfließt. Gott wird von uns nur das freudig in Empfang nehmen, was unsere Abhängigkeit und seine Allgenügsamkeit offenbart.

Viele Leute werden von Psalm 119 völlig verwirrt. Sie können einfach nicht begreifen, wie der Psalmist mit einem Lächeln vom «Gesetz», den «Befehlen», «Anordnungen» und «Satzungen» Gottes sprechen konnte. Welchen Gefallen kann man wohl an einer scheinbar endlosen Liste von Geboten und Verboten finden? Diese Frage ist leicht zu beantworten, wenn man erkennt, dass die Güte und Großzügigkeit und Gnade Gottes nirgendwo größer glänzt als in seinen Geboten. Edwards erklärt:

31 Piper: *The Pleasures of God*, S. 192-194

> Was mehr hätte das barmherzigste Wesen zu unserer Ermutigung tun können? Was er von uns möchte ist nur, dass wir nicht elend sind, dass wir keine Richtungen verfolgen, die notgedrungen im Unglück enden, und dass wir glücklich sind.[32]

Halt! Einen Augenblick mal! Hast du das mitgekriegt? Lies es noch einmal. Gott möchte nur eins von uns: «dass wir nicht elend sind ... und dass wir glücklich sind». Klingt das wie der Gott, dem du all diese Jahre gedient hast? Das sollte es. Machen wir nun mit der Erklärung von Edwards weiter, wie Gott vorgeht, diesen großen Wunsch zu erfüllen:

> Da Gott sozusagen den großen Wunsch hat – menschlich ausgedrückt – dass wir nicht elend, sondern glücklich sein sollen, gebietet er uns in seiner Barmherzigkeit und Güte, jene Dinge zu tun, die uns glücklich machen. Sollten wir ihn nicht für einen Herrscher außergewöhnlicher Gnade halten, für einen Meister außergewöhnlicher Güte, für einen Vater großer Zärtlichkeit, der seinen Untertanen, seinen Dienern oder seinen Kindern nie etwas befiehlt, das nicht zu ihrem Gut und Vorteil ist? Aber solch ein König, solch ein Herr, solch ein Vater ist Gott für uns.[33]

Jede Silbe jeder Satzung, jede Bestimmung jedes Gebotes, die je aus dem Mund Gottes hervorging, ist von ihm so gestaltet, dass die Menschen, die ihnen gehorchen, in die größte vorstellbare Glückseligkeit des Herzens gebracht werden. Nimm Gottes Gesetz nicht wie Rizinusöl ein, denn wenn du seine Absicht verstehst, wird es dir wie Honig auf den Lippen und Süße deiner Seele sein.

---

32 Jonathan Edwards: *«Christian Happiness», The Works of Jonathan Edwards: Sermons and Discourses* 1720-1723, Band 10, herausgegeben von Wilson H. Kimnach (New Haven, 1992), S. 304

33 Edwards, S. 304

Unsere Pflicht zum Gehorsam

Wie «dienen» wir dann also Gott angemessen? Man kann der Tatsache nicht entgehen, dass wir in gewissem Sinn Gottes «Diener» und «Dienerinnen» sind. Paulus nannte sich einen «Knecht» Christi Jesu (Römer 1,1) und hielt die Gemeinde in Rom dazu an, «dem Herrn zu dienen» (Römer 12,11). Wir müssen zuerst definieren, was es bedeutet, Gottes «Diener» zu sein, ohne ihn herabzusetzen, indem wir so tun, als brauche er uns.

Erst einmal: Wir werden zu Recht als Gottes «Diener» oder «Knechte» oder auch «Sklaven» (Neue evangelistische Übersetzung) bezeichnet, weil er uns besitzt – durch das Blut Christi sind wir «teuer erkauft worden» (1. Korinther 6,20). Wir gehören ihm. In einem Eintrag in seinem persönlichen Tagebuch mit dem Datum vom 12. Januar 1723 gab Jonathan Edwards dieser Wahrheit Ausdruck:

> An diesem Tag habe ich meinen Taufbund und meine Selbstweihung feierlich erneuert. Und diese hatte ich erneuert, als ich in der Gemeinde zum Abendmahl zugelassen wurde. Ich bin vor Gott gegangen, und ich habe mich selber, alles, was ich bin und besitze, Gott hingegeben, damit ich auf keinerlei Weise mir selbst gehöre. Ich kann kein Recht auf mich selbst beanspruchen, kein Recht auf diesen Verstand, diesen Willen, diese Gefühle in mir. Auch habe ich keinerlei Recht auf diesen Körper oder irgendeins seiner Glieder: kein Recht auf diese Zunge, diese Hände oder Füße; kein Recht auf diese Sinne, diese Augen, diese Ohren, diesen Geruchs- oder Geschmackssinn. Ich habe mich völlig weggegeben und habe nichts als mein Eigentum zurückbehalten. An diesem Morgen bin ich vor Gott getreten und habe ihm gesagt, dass ich mich ihm vollkommen hingebe. Ich habe ihm alle Macht gege-

ben, damit ich in Zukunft auf keinerlei Weise ein Recht auf mich beanspruche.[34]

Durch diese «Hingabe» an Gott erkannte Edwards ganz klar an, dass Gott sein ganzes Wesen absolut besitzt. Gleichzeitig fügte er sich bereitwillig dem Anspruch Gottes auf sein gesamtes Leben.

Weiter werden wir insofern zu Recht Gottes «Diener» genannt, als wir uns seiner Autorität fügen und sein Recht anerkennen, uns zu sagen, was wir tun sollen. Aber wir haben fälschlicherweise Gottes Gebote als Anweisungen interpretiert, wie wir ihm dienen sollen, wenn Gott vielmehr auf diese Weise definiert, wie er uns dienen möchte. Immer wenn die Schrift nach meinem Gehorsam verlangt, wende ich mich sofort an den Sohn Gottes, der versprochen hat, meine Last zu tragen und mich mit seiner Kraft, seinen Willen zu tun, zu erfüllen. Jesus braucht meine Hilfe nicht. Er gebietet mir zu gehorchen und bietet mir dann erstaunlicherweise seine Hilfe an. Das ist der Grund, warum Gehorsam nicht schwierig ist (siehe 5. Mose 30,11; Matthäus 11,28-30 [im Gegensatz zu Matthäus 23,4]; 1. Johannes 5,3). Christi «Joch» ist sanft und seine «Last» ist leicht, weil Gott uns immer das gibt, was er von uns verlangt! Der Gott, der gebietet, ist derselbe Gott, der alle seine unerschöpflichen Mittel und göttliche Kraft zugunsten derer, die auf ihn warten, aufbietet.

Der radikale Aufruf zur Hingabe und zum Gehorsam zu allem, was in der Schrift gefordert wird, ist nicht etwas, was wir für ihn tun, sondern er befähigt uns, diese Dinge für andere zu tun. Wir können uns deshalb zuversichtlich im Dienst an anderen aufopfern, weil Jesus sich aufopfert, uns zu dienen. Er hat versprochen, mir zu dienen, indem er meinen Willen stärkt, wenn ich es riskiere, diejenigen zu lieben, die meine Liebe viel-

34 Jonathan Edwards: «Extractions from his Private Diary», *Jonathan Edwards: A Profile*, herausgegeben von David Levin (New York, 1969), S. 12-13

leicht nicht erwidern. In allem, zu dem er mich beruft, verspricht er gern und mit unbeirrbarer Konsistenz, mir das Nötige zur Erfüllung zu geben.

Um eine andere Metapher zu gebrauchen: Gott ist wie ein Arzt und du bist der Patient. Der Patient geht nicht zum Arzt mit einem Rezept in der Hand oder mit einer Diagnose im Sinn. Er geht zum Arzt, weil dieser allein das Problem kennt und eine Abhilfe verschreiben kann. Wenn der Patient wegen der Linderung seiner Schmerzen zum Arzt geht, anerkennt er ihn? Der Patient erhebt sich nicht über den Doktor, wenn er seine Hilfe sucht. Die Herrlichkeit des Arztes wird offenbart, indem er seinem Patienten dient und all sein Wissen und seine Mittel anwendet, um seine Beschwerden zu lindern oder seine Krankheit zu heilen. Auf dieselbe Weise wird Gott am meisten geehrt, wenn wir von ihm die Heilung und Wiederherstellung und Freude und Erfüllung suchen, die er uns so freudig und gern gibt. Wir sind die Patienten, die Hilfe brauchen. Gott ist der Arzt, der Heilung verschafft. Piper sagt: «Patienten dienen ihren Ärzten nicht. Die Bergpredigt und die Zehn Gebote sind die vom göttlichen Arzt verschriebene Therapie und keine Stellenbeschreibung für einen Angestellten.»[35] Daher ehren wir Gott am meisten, wenn wir ihm vertrauen, uns so zu dienen, wie ein Arzt seinen Patienten dient.

Eine solche Ehrung Gottes steht bei der Anbetung in direktem Zusammenhang mit unseren Motiven, ein Thema, das ich in einem späteren Kapitel ausführlicher ansprechen werde. Jahrelang sah ich die Anbetung als eine Zeit an, in der ich mich Gott hingab. Aber die Anbetung ist in erster Linie eine starke Sehnsucht nach Gott. In der Anbetung sage ich der Welt, dass Gott mein Ein und Alles ist, dass er allein den Durst meiner Seele stillen und den Hunger meines Herzens sättigen kann.

Daran dachte David, als er seine Sehnsucht nach Gott mit dem anschaulichen Bild eines Hirsches in einer Wüste verglich,

35 Piper: *Sehnsucht nach Gott*, S. 177

der nach lebensspendendem Wasser lechzt: «Wie der Hirsch lechzt nach Wasserbächen, so lechzt meine Seele nach dir, o Gott! Meine Seele dürstet nach Gott, dem lebendigen Gott» (Psalm 42,2-3). Der Mittelpunkt in diesem Bild ist nicht der Hirsch, sondern das Wasser. Alle Augen sind auf die kühlen, erfrischenden, stärkenden Eigenschaften des Baches in der Wüste gerichtet. Der Hirsch bringt nichts zum Wasser außer seiner Verzweiflung und seinem Durst. So müssen wir zu Gott kommen, wenn wir ihn anbeten: verzweifelt, durstig, hungrig, sehnsüchtig und abhängig.

- Du bist der durstige Hirsch und Gott ist die überfließende Quelle.
- Du bist das verlorene Schaf und Gott ist der gute Hirte.
- Du bist der bankrotte Bettler und Gott ist der großzügige Wohltäter.

Wer wird in jeder dieser Beziehungen verherrlicht? Um es zusammenzufassen: *In allem, was Gott uns durch seinen Dienst an uns tun hilft, möchte er vor allem eins – dass wir so zufrieden wie möglich in und mit ihm sind.* In seiner Gnade hat Gott sich verpflichtet, durch seinen Dienst an uns alles Nötige zu tun, damit wir zu unserer Freude in seinem Sohn den größtmöglichen Genuss und das Vergnügen und die Befriedigung unserer Seele finden.

Die beiden mächtigsten Leidenschaften der Welt

In einem faszinierenden Satz vereint John Piper die beiden mächtigsten Kräfte im Weltall, nämlich *Gottes Leidenschaft, verherrlicht zu werden und deine Leidenschaft, befriedigt zu werden*: «Gott wird am meisten in uns verherrlicht, wenn wir am zufriedensten in ihm sind[36]».

36 Piper: *The Pleasures of God*, S. 9

Die herrliche Freudenbotschaft ist, dass sich diese Leidenschaften nicht gegenseitig ausschließen – obwohl die Kirche das jahrhundertelang behauptet hat. Die Herrlichkeit Gottes und die Freude deines Herzens gehören zusammen wie Liebe und Ehe, wie Brot und Butter!

Wenn das zutrifft, *muss mein Leben in der Hauptsache davon motiviert sein, dass mein Genuss von Gott zunimmt.* Tatsächlich bete ich täglich: «O Gott, mobilisiere alle deine Macht für mich, damit ich dich so gut wie möglich genieße und mich an dir erfreue.» Verstehe mich bitte nicht falsch. Ich will damit nicht sagen, dass der Genuss über Gott stehen soll und auch nicht, das der Genuss Gott ist. Ich behaupte, dass unser Vergnügen in Gott sein muss. Gott selber ist der Genuss, er ist die Befriedigung, die wir suchen. Gott ist nicht das Mittel, um Vergnügen zu finden; er ist nicht die Schaufel, mit der wir nach vergrabenen Juwelen graben. Gott selber ist der Schatz. Das Streben des Christen nach dem Glück wird erfüllt, wenn wir in Gott unser Ein und Alles finden. Er und er allein ist unsere außergewöhnlich große Belohnung. Er ist nicht das Mittel zu einem höheren Ziel; er ist das Ziel und Ende.

Daher erlaube es mir, es noch einmal zu sagen: Gott wird am meisten verherrlicht, wenn wir am zufriedensten in ihm sind. Aus diesem Grund sind wir verpflichtet, alles uns nur Mögliche zu tun, um unser Vergnügen an ihm zu steigern und unser Glück in Gott zu vertiefen.

Diese Vision des christlichen Lebens ist weder passiv noch still; sie ist aktiv in der Kraft, die Gott gibt. Wende dich von der Sünde ab und vertraue fest auf Gottes Verheißung, dass das, was er dir in Christus anbietet, unendlich köstlicher und befriedigender ist. Warte nicht passiv darauf, dass Gott dich unter großem Protest in ein gottgefälliges Leben zerrt. Vielmehr beschließe Folgendes: (1) «Ich vertraue auf Gottes Verheißungen», (dass die Vergnügen, die er anbietet, dem vorübergehenden Genuss der Sünde überlegen sind). (2) «Ich wähle Gottes

Weg». (Ich will Nein zur Sünde sagen und vor ihr davonrennen.) Und (3) «Ich verlasse mich auf Gottes Macht», (mir die Kraft zu geben, ihm und seinen Wegen nachzujagen).

Zusammenfassung

Zum Abschluss noch eine kurze Zusammenfassung des Gesagten. Piper hat die fünf Überzeugungen artikuliert, die diesem Ansatz der Jagd nach dem Glück zugrunde liegen:

1. Die Sehnsucht, glücklich zu sein, haben alle Menschen gemeinsam, und sie ist gut, nicht sündig.
2. Wir sollten nie versuchen, diese Sehnsucht nach dem Glück zu verleugnen oder ihr zu widerstreben, als ob sie ein böser Impuls sei. Stattdessen sollten wir versuchen, diese Sehnsucht zu vergrößern und sie mit dem zu nähren, das die tiefste und dauerhafteste Befriedigung gibt.
3. Das tiefste und dauerhafteste Glück findet man nur in Gott. Nicht von Gott, sondern in Gott.
4. Das Glück, das wir in Gott finden, erreicht seine Vollendung, wenn es mit anderen auf vielfältige Weise in Liebe geteilt wird.
5. In dem Maße, in dem wir versuchen, das Streben nach unserem Vergnügen aufzugeben, hören wir auf, Gott zu ehren und die Menschen zu lieben. Oder um es positiv auszudrücken: Das Streben nach Genuss ist ein notwendiger Teil aller Anbetung und Tugend. Das heißt, der Hauptzweck des Menschen ist es, Gott zu verherrlichen, indem er ihn für immer genießt.[37]

37 Piper, S. 23

KAPITEL 4

Gottes Leidenschaft für Gott

Der Schlüssel zur Heiligkeit ist, wie gesagt, sich in Jesus zu verlieben. Damit meine ich keinen sentimentalen Schmalz. Ich verstehe darunter, dass mein Verstand sich voller Leidenschaft an den unendlichen, vorzüglichen Charaktereigenschaften Gottes in Christus erfreut. Wenn ich in Jesus verliebt bin, sind mein Herz und mein Sinn von seiner hervorragenden Schönheit und Lieblichkeit bezaubert, betört und fasziniert.

Dieses Erlebnis beginnt mit der Bekehrung. Nach Edwards ist es das Wesen der Wiedergeburt: «... dem Herzen den Geschmack oder Sinn für das Göttliche zu geben; sie bewirkt in ihm eine Vorliebe für die Schönheit und Anmut der hervorragenden Eigenschaften der göttlichen Natur».[38] Das ist kein einmaliger, lebloser Transfer, sondern ein lebendiger Same, der im Laufe eines Lebens in Christus zur vollen Blüte kommt. Man könnte diesen Samen als glühende Kohle bezeichnen, die der Heilige Geist in seiner Gnade anfacht und zur Weißglut bringt. Wenn dieser neue Geschmack für die Anmut des Erlösers entwickelt und gepflegt wird, versauert er der Seele nur die Sünde. Das ist der Grund, warum die Liebe zu Jesus der Schlüssel zur Heiligkeit ist.

38 Jonathan Edwards: *Treatise on Grace and Other Posthumously Published Writings Including Observations on the Trinity*. Herausgegeben von Paul Helm (Greenwood, 1971), S. 49

Man könnte auch sagen, dass unser Kampf gegen die Sünde von unserem Kampf um Glück in Gott angetrieben werden muss. Nur die Freude an Gott vertreibt die Sünde aus unserem Herzen. Daher ist das Ziel all unserer Gedanken, Bemühungen und Begehren, Freude an Gott zu haben. Nur so wird unser Gefallen an der Sünde langfristig untergraben. Mit anderen Worten: Dieses Buch beschäftigt sich vor allem mit der Hauptleidenschaft unseres Herzens, nämlich der Freude an Gott und der Faszination mit ihm. Wenn uns diese Leidenschaft für Gott nicht verzehrt, wird es die Sünde tun.

An dieser Stelle möchte ich folgende These zur Diskussion stellen: Unsere freudige Herzensleidenschaft für Gott wird nur von Gottes freudiger Herzensleidenschaft für sich selbst übertroffen. Ferner ist Gottes Leidenschaft für sich die Grundlage für unsere Leidenschaft für ihn. Ich möchte das zunächst als Frage formulieren.

Was ist Gottes größte Leidenschaft? Sein größtes Vergnügen? Woran offenbart sich, dass Gott glücklich ist? Worüber entzückt sich Gott am meisten? Ich meine: *Die größte Leidenschaft in Gottes Herz ist seine Herrlichkeit.* Gott steht im Mittelpunkt seiner Liebe – er ist die größte Liebe seines Lebens. Seine wichtigste Priorität ist die Berühmtheit seines Namens. Er hat die Welt um seinetwillen erschaffen. Noch konkreter: Gott tut alles in erster Linie um seiner Herrlichkeit willen.

So wirkt Gott entschlossen und unaufhörlich, um bekannt zu machen, wer er ist; er schafft, herrscht, befiehlt, leitet, spricht, richtet, rettet, zerstört und befreit, um vom ganzen Weltall den Lobpreis, die Ehre und die Herrlichkeit zu erlangen, die er und er allein letztlich und unendlich verdient.

Nach dem *Westminster* Bekenntnis ist es, wie wir schon gesehen haben: «...der Hauptzweck des Menschen, Gott zu verherrlichen und ihn für immer zu genießen». Dem zugrunde liegt etwas anderes, das ich von Edwards und Piper gelernt habe: «Der Hauptzweck Gottes ist, *Gott* zu verherrlichen und *sich selbst (Gott)* für immer zu genießen». Wenn wir diese ausgesprochen gottzentrierte Sicht des Universums nicht teilen, werden alle unsere Bemühungen, selber in der Gnade Gottes heilig zu sein, bei weitem das Ziel verfehlen.

Gegen diese Behauptung werden häufig zwei Einwände gemacht. Zum einen klingt sie fürchterlich selbstsüchtig und egozentrisch. Zum anderen, wie kann Gott mich überhaupt lieben, wenn er sich über alles liebt? Wie kann Gott für uns sein und unser Glück wünschen, wenn er in erster Linie auf sich und seine Herrlichkeit bedacht ist? Ich behaupte, dass Gott dich gerade deshalb liebt, weil er sich selbst liebt. Gerade weil er sein eigenes Glück sucht, sucht er deines. Diese These möchte ich anhand der Bibel mit ein wenig Hilfe von Jonathan Edwards beweisen.[39]

Warum?

J. I. Packer half mir in seinem Buch *Hot Tub Religion*, dieses Prinzip zu verstehen, als er sagte: «Die einzige Antwort, die die Bibel auf Fragen gibt, die mit: ‹Warum hat Gott ...?› anfangen, ist: ‹Zu seiner Herrlichkeit›»[40]. Alles, was Gott tut, geschieht zu seiner Herrlichkeit, alles, was er zulässt, geschieht zu seiner Herrlichkeit, alles, was er anstrebt, geschieht zu seiner Herrlichkeit. Wenn Gott handelt, geschieht es um seines Namens willen. Und weil er voller Gnade ist, gereicht uns glücklicherweise alles zum Nutzen! *Gottes Ziel in der Schöpfung und Erlösung ist seine Freude an unserer Freude über ihn!*

Das möchte ich anhand einer Anzahl wichtiger biblischer Texte zeigen. Widersteh der Versuchung, sie zu überschlagen,

---

39 Alle Zitate von Edwards stammen aus seiner «Dissertation Concerning the End for which God Created the World», *The Works of Jonathan Edwards, Ethical Writings*. Band 8 (New Haven, 1989), S. 405-536. Eine äußerst hilfreiche Einführung und Interpretation dieses Werkes befindet sich in Pipers Buch: God's Passion for His Glory (Wheaton, 1998).

40 J. I. Packer: Hot Tub Religion (Wheaton, 1987), S. 42

sondern denke über jeden dieser Verse und meine Anmerkungen nach.

Gott: «Der Erste und der Letzte», das A und O

1. Jesaja 44,6: «So hat der HERR gesprochen, der König Israels, und sein Erlöser, der HERR der Heerscharen: ‹Ich bin der Erste und ich der Letzte, und außer mir gibt es keinen Gott.›»
2. Jesaja 48,12: «Ich bin derselbe, ich der Erste und ich auch der Letzte.»
3. Offenbarung 1,8: «Ich bin das A und das O, spricht Gott der Herr, der da ist und der da war und der da kommt, der Allmächtige.»
4. Kolosser 1,16: «Denn in ihm ist alles geschaffen worden ... alles ist durch ihn und für ihn geschaffen worden.»
5. Hebräer 2,10: «Denn es geziemte ihm, um dessen willen alles ist und durch den alles ist ...»

Gott tut letztlich alles um seiner Herrlichkeit willen

Der Ausdruck «Herrlichkeit» bezieht sich auf die Pracht oder moralische Schönheit der mannigfachen Vollkommenheiten Gottes. Die «Herrlichkeit» Gottes ist die Zurschaustellung seiner innewohnenden, hervorragenden Eigenschaften; sie ist die äußere Manifestation seiner inneren Majestät. «Gott zu verherrlichen» heißt seine Herrlichkeit zu verkünden, die Aufmerksamkeit darauf zu lenken oder sie öffentlich zu verkünden und verbreiten. Piper erklärt:

> Ein anderer Ausdruck, der ziemlich dasselbe ausdrücken kann, ist «der Name Gottes». Wenn die Schrift davon spricht,

> etwas «um des Namen Gottes willen zu tun», bedeutet es praktisch dasselbe, wie es «zu seiner Herrlichkeit» zu tun. Der «Name» Gottes ist nicht lediglich sein Eigenname, sondern ein Hinweis auf seinen Charakter. Das Wort «Herrlichkeit» drückt einfach aus, dass Gottes Charakter in der Tat prachtvoll und vorzüglich ist. Das ist im «Namen» inbegriffen, wenn sich das Wort auf Gott bezieht.[41]

Wiederum gibt es zahlreiche Schriftstellen, die diese Behauptung unterstützen:

1. Römer 11,36: «Denn von ihm und durch ihn und zu ihm sind alle Dinge: Ihm gebührt die Ehre (Herrlichkeit) in Ewigkeit! Amen.»

Nach Edwards existieren «... alle Dinge ... zur Herrlichkeit Gottes».[42] In seiner Doxologie[43] am Ende des Verses «drückt Paulus seine freudige Zustimmung zu Gottes vorzüglichem Plan aus, sich in allem zu verherrlichen, indem er sagt: ‹Ihm gebührt die Herrlichkeit in Ewigkeit›; so als wolle er damit sagen: Insofern alles so wunderbar zu seiner Ehre geordnet ist, lasst ihn in Ewigkeit die Ehre aller haben.»[44]

2. Jesaja 43,6-7: «[6] Ich will dem Norden gebieten: ‹Gib sie heraus!› und dem Süden: ‹Halte sie nicht zurück! Bringe meine Söhne aus der Ferne heim und meine Töchter vom Ende der Erde, [7] alle, die nach meinem Namen genannt

41 Dieses Zitat stammt aus einer früheren Ausgabe von Pipers Buch: *Desiring God*, S. 227. Es ist in der deutschen Ausgabe von «Sehnsucht nach Gott» nicht enthalten. Übersetzt aus dem englischen Original.

42 Edwards: *Dissertation*, S. 475

43 *Doxologie* ist ein Fachwort der Liturgie eines Gottesdienstes. Es bezeichnet das feierliche, oft gebetsabschließende Rühmen der Herrlichkeit Gottes. (Quelle: Wikipedia)

44 Edwards, S. 476

sind und die ich zu meiner Ehre (Herrlichkeit) geschaffen, alle, die ich gebildet und hervorgebracht habe!›»

Hier, schreibt Edwards, «sehen wir, dass die Herrlichkeit Gottes als der Grund genannt wird, warum Gott die Heiligen geschaffen hat ... Gott [hat] sie ‹gebildet› und ‹hervorgebracht›, damit sie zu seiner Herrlichkeit seine Söhne und Töchter sind, die Bäume seiner Pflanzung, das Werk seiner Hände, die Bäume der Gerechtigkeit, damit er verherrlicht werde.»[45]

Ferner bedeutet dieser Text nicht, dass Gott seine Herrlichkeit lediglich als Mittel zur Verwirklichung eines noch höheren Zieles sucht, nämlich dem Glück seines Volkes. Vielmehr verspricht Gott seinem Volk in diesen Texten (zum Beispiel in Vers 1-2 und 4-7) Glück, damit er verherrlicht wird.

3. Jesaja 60,21: «Dann wird dein Volk in seiner Gesamtheit aus Gerechten bestehen; ewiglich werden sie das Land besitzen als der Spross der von mir angelegten Pflanzung, als das Werk meiner Hände, zu meiner Verherrlichung.»

Nachdem Edwards noch einmal festgestellt hat, dass die Verse 19-20 vom Segen für das Volk Gottes sprechen, weist er darauf hin, dass «alle vorangegangenen Verheißungen einfach als Bestandteile des beträchtlichen und außerordentlichen Glücks des Volkes Gottes erwähnt werden. Gottes Ziel – die Summe seiner Absichten für dieses Glück – ist Gottes Herrlichkeit, nicht dagegen das Glück der Heiligen.»[46]

4. Jesaja 61,3: «...den um Zion Trauernden als Gnadengeschenk zu verleihen Kopfschmuck statt der schmutzigen Asche, Freudenöl statt des Trauergewandes, Lobge-

45 Edwards, S. 476
46 Edwards, S. 477

sang statt eines verzagten Geistes, damit man sie nenne ‹Eichen der Gerechtigkeit›, ‹die Pflanzung des HERRN ihm zur Verherrlichung›».

Edwards schreibt: «Das Werk Gottes, das er zu bewirken verspricht, beruht ganz klar auf der Freude, Fröhlichkeit und Glückseligkeit seines Volkes und nicht auf seiner Trauer und seinem Kummer; und das Ziel dieses Werkes ist Gottes Herrlichkeit. Das beweist, dass der Zweck der Schöpfung Gottes Herrlichkeit ist.»[47]

Die folgenden Texte zeigen ebenfalls, dass Gott um seiner Herrlichkeit willen handelt:

1. Epheser 1,5-6: «[Gott] hat uns in Liebe durch Jesus Christus zu Söhnen, die ihm angehören sollten, vorherbestimmt nach dem Wohlgefallen seines Willens, 6 zum Lobpreis der Herrlichkeit seiner Gnade, die er uns in dem Geliebten erwiesen hat.»
2. Zweiter Thessalonicher 1,9-12 (Schlachter): 9 «Diese werden Strafe erleiden, ewiges Verderben, vom Angesicht des Herrn und von der Herrlichkeit seiner Kraft, 10 an jenem Tag, wenn er kommen wird, um verherrlicht zu werden in seinen Heiligen und bewundert in denen, die glauben – denn unser Zeugnis hat bei euch Glauben gefunden. 11 Deshalb beten wir auch allezeit für euch, dass unser Gott euch der Berufung würdig mache und alles Wohlgefallen der Güte und das Werk des Glaubens in Kraft zur Erfüllung bringe, 12 damit der Name unseres Herrn Jesus Christus in euch verherrlicht werde und ihr in ihm, gemäß der Gnade unseres Gottes und des Herrn Jesus Christus.» (Siehe auch Jesaja 44,23; 49,3; Johannes 17,10)

47 Edwards, S. 477

Der Zweck des moralischen Charakters des Menschen und seiner guten Taten

Nach zahlreichen Schriftstellen gereichen der moralische Charakter und die guten Taten des Menschen letztendlich Gott zur Herrlichkeit:

1. Matthäus 5,16: «Ebenso soll auch euer Licht vor den Menschen leuchten, damit sie eure guten Werke sehen und euren Vater, der im Himmel ist, preisen.»
2. Philipper 1,10-11: «...zur Prüfung dessen, was in jedem Fall das Richtige sei, damit ihr auf den Tag Christi lauter und ohne Tadel dasteht, 11 voll ausgestattet mit der Frucht der Gerechtigkeit, die durch Jesus Christus erwächst, zur Ehre und zum Lobpreis Gottes.»
3. Johannes 15,8: «Dadurch ist mein Vater verherrlicht, dass ihr reichlich Frucht bringt und euch als meine Jünger erweist.»
4. Römer 15,5-6: «Der Gott aber, von dem standhaftes Ausharren und Trost kommen, möge euch dazu verhelfen, einen einträchtigen Sinn untereinander nach der Weise Christi Jesu zu besitzen, 6 damit ihr einmütig mit einem Munde den Gott und Vater unsers Herrn Jesus Christus preisen könnt.»
5. Erster Petrus 2,12: «Führt einen guten Wandel unter den Heiden, damit sie in allem, worin sie euch jetzt als Übeltäter verlästern, bei genauer Prüfung auf Grund eurer guten Werke Gott preisen am ‹Tage der Gnadenheimsuchung›».
6. Siehe auch Psalm 22,23-24; Jesaja 24,14-16; 25,3; 66,19; Offenbarung 11,13; 14,6-7;16,9.

Gottes Herrlichkeit ist auch das Endziel bestimmter Tugenden wie Glauben (Römer 4,20; Philipper 2,11), Buße (Josua 7,19), Großzügigkeit (2. Korinther 8,19), Danksagung (Lukas 17,18) und Lobpreis (Psalm 50,23). Und schließlich fordern uns 1. Korinther 6,19-20 und 10,31 auf, Gottes Herrlichkeit (oder Ehre) in allem, was wir sind und tun, zu suchen.

Weiterhin gibt es diese spontanen Erklärungen der Doxologie, die «den tugendhaften und frommen Gefühlen [des gläubigen Herzens] Ausdruck geben»:[48]

1. Römer 16,27:«Ihm, dem allein weisen Gott, sei durch Jesus Christus die Herrlichkeit in alle Ewigkeit! Amen.»
2. Galater 1,5: «Diesem sei die Ehre in alle Ewigkeit. Amen.»
3. Epheser 3,21: «Ihm gebührt die Ehre in der Gemeinde und in Christus Jesus bis hinaus auf alle Geschlechter aller Zeiten der Ewigkeit! Amen.»
4. Philipper 4,20: «Unserm Gott und Vater aber sei die Ehre in alle Ewigkeit!»
5. Zweiter Timotheus 4,18: «Der Herr wird mich auch fernerhin vor allen Anschlägen der Bosheit behüten und mich hinüberretten in sein himmlisches Reich: Ihm sei die Ehre in alle Ewigkeit! Amen.»
6. Hebräer 13,21:«...durch Jesus Christus, dem die Herrlichkeit gebührt in alle Ewigkeit! Amen.»
7. Zweiter Petrus 3,18: «Wachst vielmehr in der Gnade und Erkenntnis unsers Herrn und Erretters Jesus Christus! Ihm gebührt die Herrlichkeit sowohl jetzt als auch für den Tag der Ewigkeit!»

48 Edwards, S. 482

8. Judas 25: «Ihm, dem alleinigen Gott, der durch unsern Herrn Jesus Christus unser Retter ist – ihm gebührt Herrlichkeit und Erhabenheit, Macht und Gewalt wie vor aller Weltzeit, so auch jetzt und in alle Ewigkeit! Amen.»
9. Offenbarung 1,6: «Sein ist die Herrlichkeit und die Macht in alle Ewigkeit! Amen.»
10. Siehe auch 1. Chronik 16,28-29; Psalm 29,1-2; 89,18-19; 57,6; 72,18-19; 115,1; Jesaja 42,10-12.

Wir könnten auch auf Beschreibungen der himmlischen Heerscharen hinweisen, die immer mit der Doxologie beschäftigt scheinen: Jesaja 6,2-3; Lukas 2,13-14; Offenbarung 4,9; 4,11; 5,11-14; 7,12.

Dazu meint Edwards: «Dadurch, dass diese heiligen Personen im Himmel und auf Erden auf diese Weise ihr Verlangen nach der Verherrlichung und Ehre Gottes ausdrücken, wird offensichtlich, dass sie dieser Herrlichkeit nicht nur nebenbei Respekt zollen, sondern sie in höchstem Grad als wertvoll in sich selbst betrachten.»[49]

Edwards äußerte sich besonders zum Lobgesang der Engel bei der Geburt Jesu. Sie verkündeten den Hirten: «Ehre sei Gott in Himmelshöhen und Friede auf Erden in den Menschen des göttlichen Wohlgefallens!» (Lukas 2,14). «Man muss annehmen», sagt Edwards, «dass sie Gottes höchstes Ziel kannten, als er Christus in die Welt sandte, und dass sie sich bei seiner Menschwerdung am meisten darüber freuten, was am wertvollsten und herrlichsten daran war.»[50]

49 Edwards, S. 483
50 Edwards, S. 486

Jesus selber sucht Gottes Herrlichkeit oder Ehre als höchstes Ziel

1. Johannes 7,18: «Wer von sich selbst aus redet, sucht seine eigene Ehre; wer aber die Ehre dessen sucht, der ihn gesandt hat, der ist wahrhaftig, und bei dem findet sich keine Ungerechtigkeit.»
2. Johannes 12,27-28: «‹Jetzt ist meine Seele erschüttert, und was soll ich sagen? Soll ich bitten: ‹Vater, errette mich aus dieser Stunde!›? Nein, gerade deshalb bin ich ja in diese Stunde gekommen: 28 Vater, verherrliche deinen Namen!› Da erscholl eine Stimme aus dem Himmel: ‹Ich habe ihn schon verherrlicht und werde ihn noch weiter verherrlichen!›»
3. Johannes 17,1: «So redete Jesus; dann richtete er seine Augen zum Himmel empor und betete: ‹Vater, die Stunde ist gekommen: Verherrliche deinen Sohn, damit der Sohn dich verherrliche!›»

«Da dies seine erste Bitte [in dem großartigen Gebet von Johannes 17] ist», bemerkt Edwards, «dürfen wir annehmen, dass es um seine vornehmlichste Bitte und dringendsten Wunsch handelt. Darauf hat er letztlich abgezielt. Das restliche Gebet scheint nur eine Erweiterung dieser großen Bitte zu sein.»[51]

4. Johannes 17,4-5: «Ich habe dich hier auf der Erde verherrlicht und habe das Werk vollendet, dessen Vollführung du mir aufgetragen hast. 5 Und jetzt verherrliche du mich, Vater, bei dir selbst mit der Herrlichkeit, die ich bei dir besaß, ehe die Welt war.»

51 Edwards, S. 484

5. Johannes 13,31-32: «Nach seinem Weggange nun sagte Jesus: ‹Jetzt ist der Menschensohn verherrlicht, und Gott ist in ihm verherrlicht worden! 32 Wenn Gott in ihm verherrlicht ist, so wird Gott auch ihn in sich selbst verherrlichen, und zwar wird er ihn sofort verherrlichen.›»

Gottes Ehre ist Zweck und Ziel seines Erlösungswerks in Christus

1. Psalm 79,9 (vergleiche Jesaja 44,23): «Hilf uns, du Gott unsers Heils, um der Ehre deines Namens willen! Errette uns und vergib uns unsere Sünden um deines Namens willen!»
2. Epheser 1,6.12.14: «...zum Lobpreis der Herrlichkeit seiner Gnade ...zum Lobpreis seiner Herrlichkeit ... zum Lobpreis seiner Herrlichkeit».
3. Philipper 2,11: «... zur Ehre Gottes, des Vaters».

Gottes letztendliches Ziel bei seiner Herrschaft über das Weltall

Der Grund für die Einführung des öffentlichen Gottesdienstes und die Anordnungen des mosaischen Gesetzes war die Verherrlichung Gottes: «Geht auf das Bergland und holt Holz und baut das Haus! Dann werde ich Wohlgefallen daran haben und verherrlicht werden, spricht der Herr» (Haggai 1,8; Schlachter).

Der Grund für die Erfüllung aller Verheißungen in Christus ist die Verherrlichung Gottes, wie es in 2. Korinther 1,20 heißt: «Denn für alle Verheißungen Gottes liegt in ihm das ‹Ja›; daher ist durch ihn auch das ‹Amen› erfolgt, Gott zur Verherrlichung durch uns.»

Der Grund für die Vollstreckung des göttlichen Gerichts an den Bösen und Ungläubigen ist die Verherrlichung Gottes. Zweiter Mose 14,17: «Ich aber will dann das Herz der Ägypter verhärten, dass sie hinter ihnen herziehen, und will mich am Pharao und an seiner ganzen Heeresmacht, an seinen Wagen und Reitern, verherrlichen.» Ebenso Hesekiel 28,22 (Neues Leben): «Sag zu ihr: ‹So spricht Gott, der Herr: Ich werde gegen dich vorgehen, Sidon, und meine Herrlichkeit in deiner Mitte offenbaren. Und sie werden erkennen, dass ich der Herr bin, wenn ich das Strafgericht an der Stadt vollstrecke und mich in ihr als der Heilige erweise›». Und Hesekiel 39,13: «Und die gesamte Bevölkerung des Landes wird sich an dem Begräbnis beteiligen; und das wird ihnen zum Ruhm gereichen an dem Tage, wo ich mich verherrlichen werde – so lautet der Ausspruch Gottes des HERRN.»

Die Herrlichkeit Gottes ist der Grund, warum die Natur geschaffen wurde

1. Psalm 8,2: «HERR, unser Herrscher, wie herrlich ist dein Name auf der ganzen Erde, du, dessen Hoheit am Himmel sich kundtut!»
2. Psalm 104,31: «Ewig bleibe die Ehre des HERRN bestehn, es freue der HERR sich seiner Werke!»
3. Psalm 148,13: «Sie alle [das heißt, alle Aspekte der Schöpfung] sollen loben den Namen des HERRN, denn sein Name allein ist erhaben; seine Majestät überragt die Erde und den Himmel.»

Der Zweck von allem was Gott tut, ist seine Erhöhung und sein Lobpreis

1. Erster Samuel 12,22: «Der HERR dagegen wird um seines großen Namens willen sein Volk nicht verstoßen, weil es dem HERRN gefallen hat, euch zu seinem Volke zu machen.»

Samuels Verkündigung erfolgt unmittelbar auf Israels böse und ungläubige Forderung nach einem König. Samuel warnt sie vor den verheerenden Folgen, wenn sie sich nicht mit Gott als ihrem König zufriedengeben.

Trotz ihrer Sturheit erklärt Gott durch Samuel, dass er sie nicht verlassen wird (1. Samuel 12,20-21). Israel soll keine Angst haben, sagt Samuel, weil Gott sie nicht verwerfen wird. Aber warum wird Gott sie nicht verwerfen? Die Antwort ist: «Um seines großen Namens willen». Gott ist seinem Volk aus *einem* fundamentalen Grund verpflichtet: wegen seiner länger bestehenden Verpflichtung gegenüber seinem Namen. Wo ist hier der Zusammenhang? Schau dir noch einmal Vers 22 an. Es geht darum, dass bei deinem Schicksal Gottes Name auf dem Spiel steht. Dein Schicksal kann den herrlichen Ruf Gottes beschädigen. Aus diesem Grund wird er dich nicht verwerfen.

2. Psalm 23,3: «Er leitet mich auf rechten Pfaden um seines Namens willen.»
3. Psalm 31,4: «Du bist ja doch mein Fels und meine Burg, um deines Namens willen wirst du mich führen und leiten.»
4. Psalm 109,21: «Du aber, HERR, mein Gott, tritt für mich ein um deines Namens willen!»

In mehreren Bibelstellen werden der Lobpreis und die Herrlichkeit seines Namens als der Grund genannt, warum Gott uns vergeben hat.

1. Psalm 25,7: «Gedenke nicht der Sünden meiner Jugend und meiner Vergehen: Nein, nach deiner Gnade gedenke meiner um deiner Güte willen!»
2. Psalm 25,11: «Um deines Namens willen, o HERR, vergib mir meine Schuld, denn sie ist groß!»
3. Psalm 79,9: «Hilf uns, du Gott unsers Heils, um der Ehre deines Namens willen! Errette uns und vergib uns unsere Sünden um deines Namens willen!»
4. Jeremia 14,7: «Wenn unsere Sünden uns anklagen, HERR, so handle du uns zugut um deines Namens willen!»
5. Erster Johannes 2,12: «Ich schreibe euch, ihr Kindlein, weil euch die Sünden um seines Namens willen vergeben sind.»

«Dies scheint zu zeigen», beobachtet Edwards, «dass die Errettung durch Christus um des Namens Gottes willen geschieht. Die Führung auf dem Weg der Sicherheit und des Glücks, die Wiederherstellung der Seele, die Vergebung der Sünde und die darauffolgende Hilfe, Befreiung und Rettung geschehen um des Namens Gottes willen.»[52]

Wahrscheinlich sind die Erlösung und Befreiung Israels von der Sklaverei in Ägypten und später in Babylon Prototypen unserer Erlösung und Befreiung von der Sünde. Wenn das stimmt, sollten wir zahlreiche Texte zur Kenntnis nehmen, nach denen die Befreiung um des Namens Gottes beziehungsweise seiner Herrlichkeit oder Ehre willen geschah.

52 Edwards, S. 493

1. Zweiter Samuel 7,23 (Schlachter): «Und wer ist wie dein Volk, wie Israel, die einzige Nation auf Erden, um derentwillen Gott hingegangen ist, sie als Volk für sich zu erlösen und sich einen Namen zu machen?»
2. Psalm 106,8: «Dennoch half er ihnen um seines Namens willen, um seine Heldenkraft zu erweisen.»
3. Jesaja 63,12: «[Wo ist der,]... welcher seinen gewaltigen Arm zur Rechten Moses einhergehen ließ? Welcher die Wasser ihretwegen zerteilte, um sich einen ewigen Namen zu schaffen?»
4. Hesekiel 20,9.14.22: «9 Aber ich nahm Rücksicht auf meinen Namen, damit dieser nicht entehrt würde vor den Augen der Heidenvölker, unter denen sie wohnten und vor deren Augen ich mich ihnen geoffenbart hatte, um sie aus dem Lande Ägypten wegzuführen. ... 14 Aber ich nahm Rücksicht auf meinen Namen, damit er nicht entehrt würde vor den Augen der Heidenvölker, vor deren Augen ich sie weggeführt hatte. ... 22 Aber ich zog meine Hand wieder zurück und nahm Rücksicht auf meinen Namen.»
5. Jesaja 48,9.11: «Um meines Namens willen halte ich meinen Zorn zurück, und um meiner Ehre willen übe ich Schonung dir zugute, dass ich dich nicht ausrotte. ... Um meinetwillen, um meinetwillen vollführe ich es – denn wie dürfte mein Name entweiht werden! –, und meine Ehre gebe ich keinem andern!»
6. Hesekiel 36,21-23: «21 Da tat es mir leid um meinen heiligen Namen, weil das Haus Israel ihn unter den Heidenvölkern überall, wohin sie kamen, in Unehre brachte. 22 Darum sage zum Hause Israel: ‹So hat Gott der HERR gesprochen: Nicht um euretwillen, Haus Israel, greife ich ein, sondern um meines heiligen Namens willen, den ihr

unter den Heidenvölkern überall entehrt habt, wohin ihr gekommen seid. 23 So will ich denn meinen großen Namen ... wieder zu Ehren bringen, damit die Heiden erkennen, dass ich der HERR bin› – so lautet der Ausspruch Gottes des HERRN –, ‹wenn ich mich vor ihren Augen an euch als den Heiligen erweise.›»

7. Hesekiel 39,25: «Darum hat Gott der HERR so gesprochen: ‹Nunmehr will ich das Geschick Jakobs wenden und mich des gesamten Hauses Israel erbarmen und für meinen heiligen Namen eifern.›»

8. Daniel 9,19: «O Herr, höre! Herr, vergib! Herr, merke auf und handle ohne Verzug um deiner selbst willen, du mein Gott! Denn deine Stadt und dein Volk tragen deinen Namen.»

Mehrere Texte stellen den Zweck der menschlichen Tugend und Heiligkeit als die Verherrlichung und den Lobpreis des Namens Gottes dar.

1. Matthäus 19,29: «Und jeder, der um meines Namens willen Brüder oder Schwestern, Vater oder Mutter, Weib oder Kinder, Äcker oder Häuser verlassen hat, wird vielmal Wertvolleres empfangen und ewiges Leben erben.»

2. Römer 1,5: «[Durch Jesus] haben wir Gnade und das Apostelamt empfangen, um Glaubensgehorsam zu seines Namens Ehre unter allen Heidenvölkern zu wirken.»

3. Dritter Johannes 7: «...denn um seines Namens willen sind sie ausgezogen...»

4. Offenbarung 2,3: «Auch standhaftes Ausharren besitzest du und hast um meines Namens willen schwere Lasten getragen und bist nicht müde geworden.»

Verdammung der Bösen um des Namens Gottes willen

1. Zweiter Mose 9,16: «Aber ich habe dich absichtlich leben lassen, um an dir meine Kraft zu erweisen und damit mein Name auf der ganzen Erde gepriesen wird.»
2. Nehemia 9,10: «[Dann] hast du Zeichen und Wunder am Pharao, an allen seinen Dienern und an dem ganzen Volke seines Landes getan; denn du hattest erkannt, dass jene in Vermessenheit gegen sie gehandelt hatten, und du hast dir einen Namen gemacht, wie er heute noch groß dasteht.»

Gott strebt in allem, was er tut seine Herrlichkeit, seine Ehre und seinen Lobpreis an

Wie wir im Folgenden sehen werden, handelt Gott auf verschiedene Weise, um sich als den Gott und Herrn zu verkünden, der allein solch mächtige Taten vollbringt. Gott handelt, damit alle wissen, dass er Gott ist; anders ausgedrückt, er handelt zur Ehre und zum Lobpreis seines Wesens. Allein in Hesekiel heben über 65 Verse diesen Punkt hervor. Erlaube mir, nur ein einige davon zu zitieren.

1. Hesekiel 6,7: «Und Durchbohrte sollen in eurer Mitte zu Boden fallen, damit ihr erkennt, dass ich der HERR bin.»
2. Hesekiel 7,4: «Mein Auge soll nicht mehr mitleidig nach dir blicken, und ich werde keine Schonung mehr üben, sondern ich will dich für dein ganzes Tun büßen lassen, und die Folgen deiner Gräuel sollen sich bei dir fühlbar machen, damit ihr erkennt, dass ich der HERR bin!»
3. Hesekiel 11,10: «Durch das Schwert sollt ihr fallen: An der Grenze Israels will ich Gericht über euch halten, damit ihr erkennt, dass ich der HERR bin!»

4. Hesekiel 12,15: «Dann werden sie erkennen, dass ich der HERR bin, wenn ich sie unter die Heidenvölker zerstreue und sie in die Länder versprenge.»

5. Hesekiel 13,9: «Ja, meine Hand will ich ausstrecken gegen die Propheten, die Trug prophezeien und Lügen wahrsagen! Sie sollen mit meinem Volk in keiner Gemeinschaft mehr stehen und nicht in die Bürgerliste des Hauses Israel eingeschrieben werden, auch nicht mehr in das Land Israel zurückkommen, damit ihr erkennt, dass ich Gott der HERR bin.»

6. Hesekiel 14,8: «Und zwar will ich gegen den betreffenden Mann vorgehen und ihn zu einem warnenden Beispiel und zu einem Sprichwort machen: Ich will ihn aus der Mitte meines Volkes ausrotten, damit ihr erkennet, dass ich der HERR bin.»

7. Hesekiel 15,7: «Ich will gegen sie vorgehen: Aus dem Feuer sind sie zwar herausgekommen, doch das Feuer soll sie verzehren, damit ihr erkennt, dass ich der HERR bin, wenn ich gegen sie vorgehe.»

8. Hesekiel 16,62: «Sondern ich will meinerseits einen Bund mit dir schließen, und du sollst erkennen, dass ich der HERR bin.»

Ich hoffe, diese Texte im Buch von Hesekiel reichen aus, diese Idee zu vermitteln. Eins ist klar: In allen seinen Werken ist Gottes Motivation vor allem, sein Wesen in all seiner Herrlichkeit hervorzuheben und bekanntzumachen.

Zur weiteren Bestätigung dieser Wahrheit lies die folgenden Stellen in Hesekiel: 6,10.13-14; 7,9.27; 11,12; 12,16.20.25; 13,14.21.23; 20,5.7.12.19.20.26.38.42.44; 22,16; 23,49; 24,24.27; 25,5.7.11.17; 26,6; 28,22-24.26; 29,6.9.16.21; 30,8.19.25-26; 32,15; 33,29; 34,27; 35,4.9.15; 36,11,23,38; 37,6.13; 38,23 und 39,6-7.22.28. Gott ist fest entschlossen, uns seine Idee zu vermitteln!

Warum Gott uns liebt[53]

Was will ich damit sagen? Wenn Gott in seiner Liebe unser ewiges Glück und Wohlbefinden suchen soll, muss er zuerst und vor allem seiner Herrlichkeit und der Ehre seines Namens verpflichtet sein.

Diese Wahrheit wird von der gerade angeführten, ausführlichen Liste der biblischen Texte bestätigt. Ich schließe daraus, dass Gott uns nur dann leidenschaftlich lieben kann, wenn er sich selbst zuerst am meisten liebt. Da diese Aussage jedoch viele Leute stört, will ich sie näher erklären.

Die echte Liebe muss ihr Objekt unbedingt als wertvoll behandeln. Um jemanden zu lieben, musst du ihn hoch schätzen und ihm Gutes tun, auch wenn es für dich ein Opfer bedeutet. Obwohl wir vorsichtig dabei sein sollten zu sagen, dass Gott dies oder jenes tun muss, bin ich mir einer Sache sicher: *Gott muss lieben und sich selber deshalb am meisten lieben.*

Viele finden das anstößig, und ich kann verstehen warum. Es kommt ihnen arrogant und egoistisch vor, dass Gott so mit seinem Ruhm beschäftigt ist. Intuitiv schrecken wir vor Menschen zurück, die immer ihre eigene Ehre und Herrlichkeit suchen und andere ausnutzen, um ihren Ruf oder ihre Position zu verbessern. Wir schätzen die Selbstlosigkeit und verachten engstirnige Selbstsucht – und das zu Recht.

Wie entgeht Gott dann unserer Verachtung? Wie kann man von uns verlangen, dass wir Gott für etwas bewundern, das wir in anderen verurteilen?

Die Antwort liegt im *Wesen der Moral*. Die höchste Moral fordert, dass wir das schätzen, was am wertvollsten ist und das ehren, was am ehrwürdigsten ist. Sowohl die Bibel als auch der gesunde Menschenverstand sagen uns, dass wir die morali-

---

53 Ein Großteil dieses Abschnittes erschien zuerst als Anhang zu meinem Buch *The Singing God* (Orlando, 1998), S. 195-202. Ich habe den Text leicht verändert, um seine Relevanz für unser Thema zu vergrößern.

sche Pflicht haben, das wertzuschätzen, was am würdigsten ist.

Gott ist zweifellos das wertvollste Wesen im Universum. Seine Majestät übersteigt die aller anderer. Seine Heiligkeit ist unvergleichlich und seine Schönheit auf transzendente Weise attraktiv. Gott ist das würdigste und ehrenvollste Wesen, das es gibt. Deshalb beten wir nur ihn an und schreiben alle Herrlichkeit seinem Namen zu (2. Mose 20,3-4). Jetzt folge sorgfältig, was Packer sagt:

> Wenn es für den Menschen richtig ist, die Herrlichkeit (Ehre) Gottes in den Mittelpunkt zu stellen, kann es dann falsch sein, wenn Gott dasselbe Ziel hat? Wenn der Mensch kein höheres Ziel haben kann als Gottes Herrlichkeit, wie kann es dann Gott? Wenn es falsch ist, wenn der Mensch ein geringeres Ziel als Gottes Herrlichkeit verfolgt, dann muss es auch für Gott falsch sein. Der Grund, warum es für den Menschen nicht richtig ist, für sich zu leben, als ob er Gott sei, ist einfach: weil er nicht Gott ist. Für Gott jedoch kann es nicht falsch sein, seine Herrlichkeit zu suchen, da er Gott ist. Wer darauf besteht, dass Gott seine Herrlichkeit nicht in allen Dingen suchen sollte, verlangt von ihm in Wirklichkeit, aufzuhören, Gott zu sein. Und es gibt keine größere Gotteslästerung, als Gott seine Existenzberechtigung abzustreiten.[54]

Wie könnten wir Gott als gerecht und gut beschreiben, wenn er es je versäumte, das Wertvollste aller Dinge zu suchen und zu bewahren? Nein, dann wäre er ungerecht. Das ist der Grund, warum Gott seine größte Freude letztendlich an seiner eigenen Herrlichkeit finden muss. Jeder hat die Pflicht, sich an einer Person im Verhältnis zur Vorzüglichkeit ihrer Herrlichkeit zu erfreuen. Wessen Herrlichkeit kann sich mit der Herrlichkeit Gottes vergleichen? Wenn sich Gott nicht

54 Packer: *Hot Tub Religion*, S. 38

aufs Höchste an Gott freuen würde, wäre er nicht Gott, oder zumindest wäre er ein ungerechter Gott und daher unserer Freude an ihm unwürdig.

Wenn Gott sich nicht als Höchstes schätzte oder sich weigerte, es zu tun, könnte man ihn der Sünde der Götzenverehrung bezichtigen. Die Götzenverehrung verehrt irgendetwas oder irgendwen anderes als Gott. Sollte Gott jemals auf eine Weise handeln, dass er nicht seine eigene Herrlichkeit suchte, würde er damit sagen, dass es etwas Wertvolleres als ihn gäbe, und das ist eine Lüge. Noch schlimmer, es wäre abgöttisch.

Der Grund, warum es für uns Sünde ist, unsere eigene Herrlichkeit zu suchen, liegt darin, weil es etwas Wertvolleres und Wichtigeres als uns gibt: Gott. Wir sind lediglich Geschöpfe. Aus demselben Grund ist es gerecht für Gott, seine Herrlichkeit zu suchen, weil nichts wichtiger oder würdiger ist als Gott. Er ist der Schöpfer.

Daraus folgt, dass alles, was Gott tut, darauf angelegt ist, von seinem Volk für seine Herrlichkeit gelobt zu werden. Piper sagt:

> Die verschiedenen Wege, die Gott gewählt hat, um seine Herrlichkeit in der Schöpfung und Erlösung zur Schau zu stellen, scheinen ihren Höhepunkt im Lobpreis seiner Erlösten zu erreichen. Gott beherrscht die Welt mit Herrlichkeit, damit er bewundert, bestaunt, verherrlicht und gepriesen wird. Der Höhepunkt seines Glücks ist die Freude, die er empfindet, wenn er das Echo seiner Vollkommenheit im Lobpreis der Heiligen hört.[55]

Wie kann Gott dann ein Gott der Liebe sein? Wenn Gott sich über alles liebt, wie kann er andere überhaupt lieben? Wenn er leidenschaftlich darauf aus ist, alles um seiner selbst willen zu tun, wie kann er uns leidenschaftlich verpflichtet sein? Wenn Gott für sich ist, wie kann er für uns sein?

55 Piper: *Sehnsucht nach Gott*, S. 44

Hier ist meine Antwort. Wenn Gott aufhörte, sich selber am meisten zu lieben, würde er aufhören, Gott zu sein, denn er wäre ungerecht und abgöttisch. Wir wären die größten Verlierer. Wen sollten wir dann anbeten? Auf wen sollten wir uns verlassen? An wen würden wir uns um Kraft, Nahrung, Freude und Leben wenden?

Hier zwei weitere Fragen. Erstens: Was ist das Liebenswürdigste, das Gott für uns tun kann? Piper drückt es so aus: «Womit könnte Gott uns erfreuen und uns zeigen, dass er die vollkommene Liebe ist? Darauf gibt es nur eine mögliche Antwort: *Sich selbst!* Wenn er sich unserem Nachsinnen über ihn und der Gemeinschaft mit ihm vorenthält, dann ist er nicht die Liebe, was auch immer er uns sonst noch gibt.»[56]

Jetzt zur zweiten Frage. Was tun wir alle, wenn man uns etwas Schönes oder Hervorragendes gibt oder zeigt? Wir loben es! Tatsächlich ist unsere Freude an dem Geschenk unvollständig, bis wir es loben. Unser Lob krönt und vollendet den Genuss.

Das bedeutet: Da Gott uns liebt, wird er zweierlei tun. Erstens wird er uns sich selbst geben. Er selber ist das größte Geschenk. Zweitens wird er darauf hinwirken, unsere Herzen zum Rühmen seiner Herrlichkeit zu gewinnen. Wie Piper erklärt, geschieht das nicht, «weil er bei sich selbst eine Schwäche überspielen oder ein Defizit ausgleichen muss, sondern weil er uns liebt und die Fülle unserer Freude will, die nur gefunden werden kann, wenn man ihn, das Erhabenste aller Wesen, erkennt und rühmt.»[57] Das ist der Grund, warum Gott für sich sein muss, wenn er für uns sein soll. Mit anderen Worten:

> Gott ist das einzige Wesen im ganzen Universum, für welches das Streben nach seinem eigenen Lobpreis letzten Endes ein Akt der Liebe ist. Für ihn ist die Selbsterhöhung die höchste Tugend. Wenn er alle Dinge «zum Preise seiner Herr-

56 Piper, S. 46f (Aus dem Englischen neu übersetzt)
57 Piper, S. 48

> lichkeit» tut, dann bietet er uns damit das Einzige an, das in dieser Welt unsere Sehnsüchte stillen kann. Gott ist für uns! Und das Fundament dieser Liebe ist, dass Gott für sich selbst war, ist und immer sein wird.[58]

Wie würde es ein solcher Gott dann anstellen, uns zu lieben? Würde er uns nicht mit dem Bestmöglichen versorgen? Ist das nicht Gott selber? Wenn Gott uns wirklich liebt, muss er daher darauf hinarbeiten, uns in den Genuss dessen zu bringen, wer er ist (was uns glücklich macht) und dadurch unseren Herzen den Ruhm für sich abzugewinnen (das verherrlicht ihn). Er muss alles in seiner unendlichen Macht tun, uns in den Lobpreis und die Ehre seines Namens zu führen. Wenn er unsere Anbetung als den Gott aller Herrlichkeit für sich gewinnt, erleben wir die größtmögliche Befriedigung, nämlich, Gott zu genießen. Hier ist wieder unser Glück. Und Gott wird am meisten durch unseren Genuss an ihm verherrlicht. Oder wie wir schon gesagt haben, Gott ist am meisten in uns verherrlicht, wenn wir am zufriedensten in ihm sind.

Daher sind es keine verschiedenen oder widersprüchlichen Unterfangen, wenn Gott seine eigene Herrlichkeit und unser Glück sucht. Unsere Suche nach dem eigenen Glück ist vollkommen vereinbar mit unserem Streben nach Gottes Herrlichkeit, weil Gott am meisten in uns verherrlicht wird (darin liegt seine Herrlichkeit), wenn wir am zufriedensten in ihm sind (dort liegt unser Glück). Wäre Gott daher nicht zuerst seiner eigenen Herrlichkeit verpflichtet, wäre er unserem Guten gar nicht verpflichtet.

Unser höchstes Gut (das heißt, unser Glück) liegt in unserem Genuss von Gott. Gottes höchstes Gut ist es, genossen zu werden. Wenn Gott daher (aus Liebe zu dir) bewirkt, dass du ihn genießt und er gleichzeitig seine Herrlichkeit (aus Liebe zu sich selbst) genießt, ist das nicht unvereinbar, wie ich früher meinte. Diese Ideen bewegen sich nicht mit Lichtgeschwindigkeit auf zwei verschiedenen Gleisen in entgegengesetzte Richtungen, sondern

58 Piper, S. 48f

sind auf herrliche Weise untrennbar. Das ist die frohe Botschaft des christlichen Hedonismus. Und es ist unsere einzige Hoffnung, heilig zu sein. Daher sage ich es noch einmal: Das Ziel Gottes in allem, was er tut, ist seine Freude an unserer Freude an ihm.

Schlussfolgerung

Welche Schlussfolgerung können wir daraus für unser Streben nach Heiligkeit ziehen? Packer sagt:

> Es ist unmöglich, dass jemand dem Glück mit zu viel Leidenschaft, Eifer und Intensität nachjagen kann. Dieses Streben ist keine Sünde. Die Sünde besteht darin, dem Glück nachzujagen, wo es nicht auf dauerhafte Weise gefunden werden kann (Jeremia 2,12ff) oder ihm zwar in die richtige Richtung, aber lauwarm und halbherzig nachzugehen (Offenbarung 3,16). Tugend bedeutet andererseits, das, was wir tun, mit ganzer Kraft zu tun, indem wir nach dem Genuss von allem streben, was Gott für uns in Jesus ist.[59]

Das bricht wahrhaft die Kraft der zurückgewiesenen Sünde.

Hier ist es also: Tu alles, was du tust, mit ganzer Kraft in der Jagd nach allem, was Gott für dich in Jesus ist. Auf diese Weise, und nur auf diese Weise, wird die Sünde ihren Halt in unseren Herzen verlieren.

---

59 John Piper: *Future Grace* (Sisters, 1995), S. 398

KAPITEL 5

Oh!

Was haben wir bisher gelernt? *Erstens*: Gottes Ziel in allem, was er tut, ist seine Freude an unserer Freude an ihm. Gott erschuf uns zu «Menschen der Freude». Wir sind Genießer. Wir sehnen uns nach Vergnügen und Genuss und wurden geschaffen, von etwas begeistert zu sein. In unseren Herzen steckt ein unbändiger Drang nach Faszination. Unsere Leidenschaft für Freude und Erfüllung ist unaufhörlich und unentrinnbar. Und das ist gut.

Zweitens: Obwohl diese Leidenschaft für das Vergnügen nicht an und für sich sündig ist, ist sie doch der Grund, warum wir sündigen. Wir sagen Ja zur Versuchung, weil sie sich gut anfühlt. Die Sünde, zu der sie uns einlädt, spritzt in unsere geistlichen Venen einen sofortigen Rausch, den wir in unserer Dummheit für zufriedenstellender halten als jedes Geschenk Gottes.

Drittens finden wir nur auf eine Weise die Kraft, Nein zu sagen: Wir müssen Gottes Verheißung eines überlegenen Vergnügens glauben, das nur in den Armen Jesu gefunden werden kann; darauf müssen wir uns verlassen, davon zehren und trinken. Weder Drohungen noch Angst können den Kreislauf der Sünde brechen, in dem so viele von uns täglich leben. Weder Beschämung noch die Aussicht auf schmerzhafte Strafe reichen aus, das innerliche Aufwallen des sündigen Verlangens zu unterdrücken.

Willensmäßige Zurückhaltung und Abstinenz bekämpfen nur dann die Sünde wirksam, wenn sich die Seele ein größeres Vergnügen zu eigen macht als das, was ihr versagt wird. Unsere Heiligung wird nur wenig gefördert, wenn wir der Seele fleischliche Belustigungen vorenthalten und gleichzeitig keine Schritte unternehmen, uns an all dem zu laben, was Gott für uns in Jesus ist. Unterdrücktes Verlangen wird in seiner Verzweiflung nach Befriedigung immer zum Vorschein treten. Nur eins dient dazu, unsere eigensinnigen Herzen von der Macht der Welt, des Fleisches und des Teufels wegzulocken: die Fülle der Freude und ewiges Vergnügen in Gottes Gegenwart allein zu finden. Daher ist es der Schlüssel zur Heiligkeit, sich in den Sohn Gottes zu verlieben.

Nein zum Sirenengesang

Die meisten von euch werden sich an die Geschichte des Odysseus (oder Ulysses) aus der griechischen Mythologie erinnern. Nachdem er seine tränenreiche Frau Penelope zum Abschied geküsst hatte, segelte er von seinem geliebten Ithaka in Richtung Troja los. Der Grund für seine Reise war die Entführung von Helena, der Frau des Königs Menelaos von Griechenland, durch Paris von Troja. Menelaos hatte seinen Bruder Agamemnon, Ulysses und eine große griechische Armee einberufen, um Helena zu befreien und die Würde Griechenlands wiederherzustellen. Versteckt im Inneren eines hölzernen Pferdes erlangten Ulysses und seine Männer Zugang zu der Stadt, ermordeten ihre Einwohner und retteten die gefangene Helena (deren Gesicht «eintausend Schiffe segeln ließ»). Die Rückreise nach Ithaka stellte sich jedoch als erschreckender heraus.

Über die Begegnung des Ulysses mit der Hexe Circe und seine sorgfältige Navigation zwischen der trügerischen Scylla und Charybdis ließe sich viel sagen. Hollywood hat die Abenteuer unseres griechischen Helden bewundernswert dargestellt. Mich persönlich haben jedoch immer die berüchtigten Sirenen fasziniert. Zahllose Seeleute kamen ahnungslos an ihrer Insel vorbei und erlagen ihrer äußerlichen Schönheit und ihren unwiderstehlichen, verführerischen Gesängen. Wenn sie erst einmal nahe ans Ufer gelockt worden waren, zerbrachen ihre Schiffe an den verborgenen Felsen, die unter der Oberfläche des Meeres lauerten. Die dämonischen Kannibalen, deren verlockende Tarnung und hypnotische Melodien sie angezogen hatten, verschwendeten wenig Zeit, ihr Fleisch brutal zu verschlingen.

Ulysses war gebührend vor den Sirenen und ihrer tödlichen Heuchelei gewarnt worden. In der Nähe ihrer Insel befahl er seiner Mannschaft, sich die Ohren mit Wachs zu verstopfen, damit sie nicht in ihren Untergang gelockt würden. «Schaut weder nach links noch nach rechts», befahl er ihnen. «Und rudert um euer Leben.» Für sich hatte Ulysses einen anderen Plan. Er ordnete an, dass seine Männer ihn ohne verstopfte Ohren an den Mast des Schiffes binden sollten. «Ich möchte ihr Lied hören», sagte ihr neugieriger, aber törichter Anführer. «Egal, was ich sage oder tue, bindet mich nicht los, bis wir in sicherem Abstand von der Insel sind.»

Ulysses wurde von den Liedern der Sirenen völlig betört. Wenn ihn nicht die Seile fest an den Mast gebunden hätten, hätte er ihrer Einladung nachgegeben. Obwohl seine Hände gebunden waren, wurde sein Herz von ihrer Schönheit gefangengenommen. Innerlich sagte er Ja, obwohl die Seile sein Nachgeben äußerlich verhinderten. Sein Nein war nicht die Frucht einer spontanen Abscheu, sondern das Produkt einer äußerlichen Fessel.

Viele christliche Männer und Frauen leben ähnlich. Ihre Herzen japsen nach den vorübergehenden Vergnügungen der Sünde. Ihr Leben lang kämpfen sie damit, Nein zur Sünde zu sagen, nicht weil ihre Herzen so geneigt sind, sondern weil ihre Hände von den Gesetzen, Regeln, Tabus und Verboten ihrer religiösen Umgebung gefesselt worden sind. *Ihr Gehorsam ist nicht die frohe Frucht einer verwandelten Natur, sondern eine widerwillige Fügsamkeit, die aus Furcht und Scham geboren ist.* Möchtest du wirklich so leben? Wie erklärst du deinen «Gehorsam»? Bist du fest an den Mast der religiösen Erwartungen gebunden, während du im Grunde immer genau das Gegenteil tun möchtest? Gibt es keinen besseren Weg, zu den sündigen Gesängen der Sirenen Nein zu sagen?

Wie Ulysses war auch Iason eine Figur der antiken Mythologie. Auch er war der Versuchung durch die Klänge der Sirenen ausgesetzt. Aber Iason löste das Problem anders. Er brachte einen gewissen Orpheus mit sich, einen unvergleichbaren Musiker der Leier und Flöte. Als die Zeit kam, weigerte sich Iason, die Ohren seiner Mannschaft zu verstopfen. Auch band er sich nicht an den Mast, um sein lüsternes Verlangen nach den Vergnügungen, von denen die Sirenen sangen, zu unterbinden. Vielmehr befahl er Orpheus, seine schönsten, verlockendsten Lieder zu spielen. Die Sirenen hatten keine Chance! Egal, wie verlockend die Sirenen waren, Iason und seine Männer beachteten sie nicht. Sie waren nicht im Geringsten geneigt, ihnen zu verfallen. Warum? Weil sie von einem viel höheren Klang fasziniert waren. Die Musik des Orpheus war anderer Art. Iason und seine Männer wiesen die Sirenen zurück, weil sie etwas weitaus Lieblicheres, weitaus Edleres, weitaus Beruhigenderes gehört hatten.

Die Wahl ist eindeutig: Wirst du weiterhin gegen den einschränkenden Einfluss der gesetzlichen Seile und die bindende Macht von Furcht, Strafe und Schuld kämpfen, während sich dein Herz nach dem sehnt, was deiner Hand vorenthalten ist? Oder sehnst du dich danach, den Sirenen ein spontanes, von Herzen kommendes «Nein!» zuzurufen, weil du einen lieblicheren Klang gehört hast? Nur du kannst diese Frage beantworten.

Persönlich wünsche ich mir, dass mein Nein zur Sünde aus meinem vorangegangenen Ja zum Sohn Gottes hervorgeht. Ich möchte das lieben, was Gott liebt und hassen, was er hasst, nicht nur, weil ich es soll, sondern weil ich es möchte. Wenn ich darauf schaue, was Gott anwidert, möchte ich dasselbe Ärgernis, denselben Widerwillen in meinem Herzen verspüren. Mein Herz schmerzt am meisten, wenn ich mich von denjenigen Dingen angezogen fühle, die Gott abstoßen, und von jenen Dingen abgestoßen werde, die ihn anziehen. Dagegen freut sich mein Herz am meisten, wenn ich mich von dem angezogen fühle, das Gott anzieht, und mich von dem abgestoßen fühle, das ihn abstößt. Ich möchte auf der Wellenlänge seines Herzens sein, ein Sinn, ein Geist, ein Gemüt mit ihm.

Das wird nur geschehen, wenn wir von allem fasziniert sind, was Gott in sich selbst und für uns in Jesus ist. Jene sündige Angewohnheit, mit der du täglich ringst, die geringfügigeren Abhängigkeiten, die dir immer wieder ein schlechtes Gewissen geben, deine Unfähigkeit, ständig so zu leben, wie es Gott gefällt – sie werden letztlich nur dann besiegt, wenn dich die Majestät, die Gnade, die Pracht, die Schönheit und die Herrlichkeit des Wesens Gottes und seiner vergangenen und zukünftigen Handlungen in Herz, Seele, Verstand, Geist und Willen faszinieren. Um zu beschreiben, was Gott vorschwebte, als er dein Herz nach seinem unveränderlichen Ebenbild gestaltete, habe ich das Wörterbuch nach Wörtern durchsucht, die beschreiben, was Verliebtsein in Jesus bedeutet. Und so stellt sich Gott dich, mich, uns vor: von ihm *bezaubert*, in ihn *verliebt* und von ihm *vereinnahmt*; von ihm *begeistert*, *entrückt* und *gebannt*; *entzückt*, *erregt* und *verlockt*; *erstaunt*, *verblüfft* und *voller Ehrfurcht*; *sehr überrascht*, *ganz mit ihm beschäftigt*, *erfüllt* mit Gott; *betört* und *geblendet*, *erschrocken* und *sprachlos*, *ergriffen* und *fassungslos*, *wie vor den Kopf geschlagen* und *hingerissen*, *in den Bann genommen* und *verzehrt*; *vor Freude aus dem Häuschen* und *wie vom Blitz getroffen*, *besessen* und *in Gedanken verloren*, *gespannt* und *leidenschaftlich bewegt*, *überwältigt* und *überreizt*, *gepackt* und *andachtsvoll*, *enthusiastisch* und *mitgerissen*, *angereizt*, *hypnotisiert* und *in Beschlag genommen*, *fasziniert*, *gefesselt* und *beschwingt*, *betrunken* und *vernarrt in Gott*!

Beschreibt das dein Leben? Möchtest du das? Oder kannst du dein Gähnen kaum verstecken, weil dein christliches Leben so langweilig und leblos ist? Ist dir klar, wie schwierig es wäre zu sündigen, wenn diese Beschreibungen auf dich zuträfen? Dazu hat Gott dich geschaffen. Dein Geist besitzt einen ewigen, unaufhaltsamen Trieb, genau auf diese Weise die Fülle Gottes zu erleben – und Gott hat ihn in dich gelegt! Hab deshalb kein schlechtes Gewissen. Sättige dich nach Herzenslust!

Ich bin völlig davon überzeugt: Wenn sich das öffentliche Gesicht des Christentums ändern soll, dann muss sich Gottes Volk (du und ich) ändern. Das geschieht nur, wenn Gott selber die Flamme der Faszination im Herzen wieder entfacht und uns wieder darüber staunen und wundern lässt, wer er ist, was er getan hat und was er tun wird. Gott muss in seinem Volk das Geheimnis und die Aufregung der Erkenntnis von allem, was er für uns in Jesus ist, wiederherstellen. Nur so können wir im Kampf gegen die Sünde siegen.

Ein apostolisches „Oh!"

Der Römerbrief ist das tiefsinnigste Buch des Neuen Testaments, unübertroffen in seinem historischen Einfluss. Das großartige Panorama des ewigen Ziels Gottes und die bemerkenswerte Tiefe seiner Erklärung der göttlichen Gnade machen es zum größten Brief im neutestamentlichen Kanon.

Kein Wunder, dass der Apostel Paulus zum Abschluss seiner theologischen Grübeleien in eine Doxologie ausbricht:

> 33 Oh welch eine Tiefe des Reichtums und der Weisheit und
> der Erkenntnis Gottes! Wie unbegreiflich sind seine Gerichte
> und unerforschlich seine Wege! 34 «Denn wer hat den Sinn
> des Herrn erkannt, oder wer ist sein Ratgeber gewesen?»
> 35 Oder «wer hat ihm zuerst etwas gegeben, wofür ihm Ver-
> geltung zuteilwerden müsste?» 36 Denn von ihm und durch

ihn und zu ihm sind alle Dinge: ihm gebührt die Ehre in Ewigkeit! Amen. (Römer 11,33-36)

Es täte uns gut, aus diesem Brunnen der Offenbarung tief zu trinken. Aber hier möchte ich deine Aufmerksamkeit vor allem auf ein unwahrscheinliches Wort ziehen, das dennoch reich, mächtig und lebensändernd ist: «Oh!» Jawohl: «Oh!» Das ist kein unbedeutendes Partikel, kein bloßer Übergang. Hier verkündet der Apostel leidenschaftlich, welche Wirkung all das, was er bisher behandelt hat, auf seine eigene Seele gehabt hat.

Wo ist das «Oh!» in unserer Erwiderung auf Gott? Wo ist die intensive Ehrfurcht, wo das Erstaunen, das eine wahre Erkenntnis des Heiligen Gottes Israels hervorrufen sollte? In ihrem Umgang mit Gott hat ein Großteil der Kirche das «Oh!» verloren. Warum wursteln sich wohl so viele Gläubige durchs Christenleben, nur darauf bedacht, der Hölle zu entgehen und so bequem und risikolos wie möglich über die Runden zu kommen? Liegt das daran, dass ihre Reaktion beim Gedanken an Gott anstatt eines «Oh!»s ein «Wer?» der Ignoranz oder ein «Hä?» des mangelnden Interesses oder ein «Na und?» der Gleichgültigkeit ist? Hört man nicht von so vielen in der Gemeinde heutzutage statt des aufgeregten Ausrufs lediglich ein religiöses Schnarchen, wenn es um den Charakter Gottes geht?

Es betrübt mich, es zu sagen, aber *der Hauptgrund, warum die Menschen der Sünde verfallen, liegt darin, dass sie von Gott gelangweilt sind.* Eine der effektivsten Taktiken Satans besteht darin, uns davon zu überzeugen, dass Gott ein Langweiler ist. Und die Kirche hat auf ihre Weise zu diesem tristen Gottesbild beigetragen. So haben einige Gott menschenähnlicher gemacht, indem sie sein Vorauswissen zukünftiger Ereignisse abgestritten haben. Andere haben ihn seiner Macht entleert oder seine Heiligkeit ignoriert oder sich seine Gnade angemaßt. Wenn wir bedenken, wie viele Leute Gott ins Ebenbild des Menschen umgestaltet haben, ist es nicht verwunderlich, dass uns die

Aussicht, seinen Charakter zu erforschen, langweilt. Wir haben Gott moralisch unbedeutend und damit trivial gemacht. Gott erscheint nicht nur unergründlich; für viele ist er ziemlich überflüssig.

Wie unterscheidet sich das von dem Psalmisten, der nur noch ausrufen konnte, als er keine Adjektive mehr fand: «*Wie groß ist deine Güte*, die du vorbehältst denen, die dich fürchten, die du denen erzeigst, die ihre Zuflucht offen vor aller Welt zu dir nehmen!» (Psalm 31,20)! Wenn er es könnte, würde David uns sagen, wie großartig Gott ist, aber er vermag es nicht. «Es gibt keinerlei Maßstäbe», sagt C. H. Spurgeon, «die die unmessbare Größe Jahwes, der die Güte selbst ist, messen könnten.... Ausrufe helfen uns, wenn Erklärungen nichts nützen. Wenn wir nicht messen können, können wir staunen; und obwohl wir nicht genau berechnen können, können wir mit Leidenschaft anbeten.»[60]

R-«Oh!»-mans (dt.: Römerbrief)

Woher kam also dieses apostolische «Oh!», und warum ist es so wichtig, dass wir, du und ich, es tief in unseren geistlichen Knochen spüren? Ganz gewiss ist es den Überlegungen und Meditationen des Paulus über die Wahrheiten in Römer 1-11 entsprungen. Elf Kapitel lang hat es sich in Paulus angestaut und ist schließlich in diesem Lied der Anbetung hervorgebrochen. Nach dem Nachsinnen über die Herrlichkeit der göttlichen Gnade, dem Urbrunnen, aus dem aller Segen fließt, konnte er sich nicht länger beherrschen. Als er die Freude der Vergebung und der Rechtfertigung und der Adoption und die Gabe des Geistes und die Geheimnisse der Erwählung und die Absichten Gottes für Israel betrachtete, verlor sich Paulus in bewunderndem Lobpreis.

60 Charles H. Spurgeon: *The Treasures of David*, Band 1 (Peabody, 1997), S. 63

Dieses «Oh!», das aus der Tiefe seiner Seele hervorgebrochen ist, mag sehr wohl von einer Anzahl von Leidenschaften ausgelöst worden sein – das «Oh!» der Verzauberung, geboren aus seiner Erkenntnis, dass er, wie wir, die Braut Christi ist, oder das «Oh!» reiner Entzückung oder vielleicht staunender Fassungslosigkeit («Kann all das, was ich geschrieben habe, wirklich wahr sein?»). Für uns mag es das «Oh!» der Verwirrung sein. Wie vereinbart man Gottes Vorsehung und seine souveränen Absichten für zerbrochene, sündige Menschen? Verstehen wir Römer 9 wirklich? Oder es mag das «Oh!» der Überraschung sein («Wow, ich hatte keine Ahnung!»). Es mag das «Oh!» des Erstaunens, Wunderns und der Faszination sein. Es mag das «Oh!» der Sehnsucht sein nach mehr Gegenwart, Frieden und Freude Gottes. Vielleicht ist es das «Oh!» des Hungers und Durstes oder ein «Oh!» der Vordringlichkeit («O Gott! Ich muss dich klarer sehen. Wo kann ich dich finden? Was muss ich tun?»).

Vielleicht ist es das «Oh!» der Ehrfurcht und der Anbetung oder das «Oh!» der Ehrfurcht («Wie wage ich es, gegen einen solchen Gott zu sündigen?»). Es mag das «Oh!» der Hingabe sein («Ich werde gern tun, was immer er von mir verlangt.») oder das «Oh!» der Freude und Zufriedenheit («Wie könnte ich je zu jemandem oder zu etwas anderem schauen, wenn ich diesen Gott zu meinem Gott habe?»). Es mag das «Oh!» des Vergleichs und des Kontrasts sein («Er ist wahrlich unvergleichlich. Nichts kann mit ihm vergleichen oder konkurrieren.»). Vielleicht ist es das «Oh!» der schmerzhaften Erkenntnis des Paulus, wie völlig entgegengesetzt er von Gott ist, wenn es um die Heiligkeit geht («Und doch liebt er mich!»). Auf jeden Fall treibt uns dieses «Oh!» in Demut auf die Knie. Es beflügelt uns, vor Freude zu tanzen.

Daran dachte Edwards, als er sagte: «Glück und Freude der Seele entspringen immer der Sicht oder Erkenntnis einer Sache, die uns als ausgezeichnet erscheint.»[61] Wenn das wahr ist, dann freut sich Gott am meisten, wenn er «in den Spiegel guckt»! Nichts gefällt Gott mehr, als sich an seiner Schönheit zu erfreuen. Gott sieht sich an und ruft: «Oh!» Aber verbleiben wir bei unserem «Oh!» gegenüber Gott und lassen wir Gottes «Oh!» für Gott für eine andere Zeit. Edwards sagt:

> Der Christ genießt eine sehr große Freude, wenn er die Herrlichkeit und Vorzüglichkeit Gottes sieht. Wie viele Künste und Erfindungen haben die Menschen, um die Augen des Körpers zu erfreuen! Sie erfreuen sich an der Ansicht großartiger Städte, herrlicher Gebäude und prächtiger Paläste. Und welch Entzücken ruft die Ansicht eines schönen Gesichts oft hervor! Dürfen wir nicht durchaus schließen, dass das geistige Auge nicht ebenfalls sehr entzückt werden kann, wenn es das schönste, herrlichste, wunderbarste Wesen in der Welt sieht?[62]

Schön und gut, sagst du. Aber was hat das mit Heiligkeit zu tun? Was hat das mit meinem Kampf gegen die Sünde zu tun? Was macht die Tatsache, dass «das geistige Auge ... sehr entzückt werden kann, wenn es das schönste, herrlichste, wunderbarste Wesen in der Welt sieht», für meinen Kampf gegen die Versuchung aus? Warum soll ich Zeit und Energie auf den Charakter und die Schönheit Gottes und Jesu verwenden? Die Antwort ist einfach: damit du geistlich wie von Sinnen bist, den Mund weit offen hast und deine Augen voll Erstaunen sind. Warum? Weil geistlich fassungslose Menschen nicht leicht von der Sünde verführt werden. Menschen, die in Ehrfurcht vor Gott stehen, finden die Sünde weniger attraktiv. Wenn du von Gott geblendet

---

61 Jonathan Edwards: «The Pleasantness of Religion», *The Works of Jonathan Edwards: Sermons and Discourses,* 1723-1729, Band 14, herausgegeben von Kenneth P. Minkema (New Haven, 1997), S. 107

62 Edwards, S. 108f

bist, wirst du kaum von der Sünde an der Nase herumgeführt werden. Wenn du von Gottes Schönheit begeistert bist, kann dich die Ungerechtigkeit nur schwer versklaven. Menschen, deren Aufmerksamkeit von der Schönheit Christi in Beschlag genommen worden ist, finden wenig Reiz am Glitzern der Welt. Wenn ihre Herzen von der Offenbarung der Großartigkeit Gottes begeistert worden sind, haben sie ein taubes Ohr für die Klänge der Sirenen. Sie haben ein lieblicheres Lied vernommen.

Sarah Edwards' «Oh!»

Während der Großen Erweckung in Neuengland (1740-42) wurden zahllose Menschen von der erneuten Ausgießung des Heiligen Geistes beeinflusst. Obwohl manche skeptisch blieben, wurde das Leben vieler auf herrliche Weise verwandelt, darunter auch das von Sarah Edwards, der Frau von Jonathan und Mutter von elf Kindern. Sie war erst dreizehn Jahre alt, als sie den zwanzigjährigen Jonathan kennenlernte. Jahre später suchte Gott Sarah während der Großen Erweckung mit großer Macht und Leidenschaft heim. Jonathan war so erstaunt und beeindruckt von Gottes Wirken an seiner Frau, dass er sie überredete, es aufzuschreiben. Ich glaube, Sarah hätte ihr Erlebnis in dem Wörtchen «Oh!» zusammenfassen können, wie diese Auszüge aus ihrem Zeugnis zeigen:[63]

> Im freudigen Gefühl der unmittelbaren Gegenwart und Liebe Gottes schien mir immer wieder in den Sinn zu kommen: «Mein Gott, mein Alles; mein Gott, mein Alles.» *Die Gegenwart Gottes war so nahe und greifbar, dass ich mir kaum von etwas anderem bewusst war.* Gott der Vater und der Herr Jesus Christus erschienen mir als unterschiedliche Personen; beide of-

63 Der vollständige Text, aus dem diese Auszüge stammen, befindet sich in: The Works of Jonathan Edwards, Band 1 (Edinburgh, 1979 [1834]), S. lxii-lxx

fenbarten mir ihre unbegreifliche Anmut, Milde, Sanftmut und ihre große und unveränderliche Liebe zu mir. Auf unsagbar zärtliche Weise schien ich unter den Schutz und die Aufsicht meines Gottes und Erlösers genommen zu werden. Als der Löwe vom Stamm Juda erschien mir Christus als mächtiger Heiland, der mein Herz mit all seiner Verdorbenheit fürsorglich annahm und es sich zu Füßen legte.

◆

Der Frieden und das Glück, die ich daraufhin spürte, waren völlig unbeschreiblich, als vom Himmel kommend, ewig und unveränderlich. Ich schien über die Erde und die Hölle emporgehoben zu werden, außer Reichweite von allem hier unten, sodass ich mit einer Art heiliger Gleichgültigkeit und ungetrübter Seelenruhe auf allen Zorn und alle Feindseligkeit von Menschen oder Teufeln schauen konnte. Gleichzeitig verspürte ich für die ganze Menschheit Mitleid und wegen meiner eigenen Unwürdigkeit Liebe und tiefe Demut ... Den Dingen dieser Welt schien ich auch mehr denn je entwöhnt. Die ganze Welt mit all ihren Vergnügungen und Schwierigkeiten schien wie nichts zu sein – mein Gott war mein Alles, mein einziges Erbteil.

◆

Ich war völlig in Gott als meinem alleinigen Erbe versunken, und seine Ehre und seine Herrlichkeit waren das Objekt meines höchsten Wunsches und Glückes.

Sarah erinnert sich insbesondere an einen Abend:

[Ich verspürte die ganze Zeit über] die hervorragende, himmlische Liebe Christi, seine Nähe zu mir und meine Kostbarkeit für ihn. Meine Seele ruhte in unsagbarer Stille in ihm. Glühende göttliche Liebe schien zu mir vom Herzen Christi im Himmel wie ein angenehmer Lichtstrahl in einem ständigen Strom herabzufließen. Gleichzeitig strömten mein Herz und meine Seele völlig in Liebe zu Christus zurück, sodass es einen ständigen Kreislauf von himmlischer und göttlicher Liebe, von Christi Herz zu meinem und zurück, zu geben schien. Ich schien in diesen hellen, wunderbaren Strahlen der Liebe Christi wie die Staubpartikel zu schweben, die in den Sonnenstrahlen schwimmen, die zum Fenster hineinkommen.

Meine Seele verblieb in einer Art himmlischen Paradieses. Wenn ich es überhaupt vergleichen kann, könnte ich sagen, dass meine Empfindungen, solange sie andauerten, mehr wert waren als aller äußerlicher Komfort und alle Vergnügungen, die ich in meinem ganzen Leben zusammengenommen erlebt habe. Es war reine Freude, die meine Seele nährte und befriedigte. Es war ununterbrochener Genuss ohne die geringste Trübung, ein angenehmer Zustand, in der meine Seele nichts anderes kannte. Mein schwacher Körper konnte die Fülle der Freude kaum ertragen, die jene spüren, die das Angesicht Christi schauen und an seiner Liebe in der himmlischen Welt teilnehmen. Es machte wenig aus, ob ich schlief oder wach war, so tief war der Eindruck auf meine Seele. Aber dieses angenehme Gefühl war am größten und am wenigsten unterbrochen, wenn ich schlief.

Was war es, das sich als mächtiger und anziehender erwies als alle Vergnügen und äußerlichen Bequemlichkeiten dieser gegenwärtigen Welt? Es war die herrliche Erkenntnis der Schönheit der Liebe Christi und seine Nähe zu Sarahs Seele. Wenn du zwischen den Zeilen liest, kannst du vielleicht ein kaum gedämpftes «Oh!» vernehmen.

> Die geistliche Schönheit des Vaters und des Erlösers schienen meinen ganzen Sinn zu beschlagnahmen, und es war das instinktive Gefühl meines Herzens: «Du bist, und außer dir gibt es niemanden». Nie habe ich solch eine völlige Abwesenheit der Eigenliebe oder irgendwelcher Gedanken für private, selbstsüchtige Interessen gespürt. Ich schien völlig mit mir abgeschlossen zu haben. Die Meinungen der Welt über mich waren mir unwichtig, und ich schien nicht mehr mit meinen äußerlichen Interessen zu tun zu haben als mit denen einer Fremden. Die Herrlichkeit Gottes schien mir alles und in allem zu sein und jeden Wunsch und jedes Verlangen meines Herzens zu verschlingen.

Auch hier sehen wir, dass die Versuchung zur Selbstliebe, die verlockenden Vergnügungen dieser Welt und die Menschenfurcht der «geistlichen Schönheit» Gottes in Christus nicht das Wasser reichen können!

«Oh!»

Eine praktische Frage

Funktioniert das wirklich? Können die Faszination mit Gott und die Freude an Jesus mir wirklich helfen, meine Versagen zu überwinden? Kann mein Leben verändert werden? Kann diese Wahrheit in den Gossen der Begierde, der Habgier, des Stolzes, des Neides und der Schande, wo ich lebe, wirklich etwas ausmachen? Schauen wir uns an, wie dieses «Oh!» im Herzen des Paulus dessen Leben revolutionierte. Er beschreibt es für uns im Philipperbrief:

> 7 Doch das, was ich früher für Gewinn hielt, das habe ich um Christi willen für Verlust zu achten gelernt; 8 ja, ich achte sogar unbedingt alles für Schaden gegenüber der unendlich wertvolleren Erkenntnis Christi Jesu, meines Herrn, um des-

> sen willen ich das alles preisgegeben habe und es geradezu für
> Kehricht halte, damit ich nur Christus gewinne 9 und in ihm
> als ein solcher erfunden werde, der nicht seine eigene Gerech-
> tigkeit besitzt, die aus dem Gesetz gewonnen wird, sondern
> die Gerechtigkeit, die durch den Glauben an Christus vermit-
> telt wird, die Gerechtigkeit aus Gott aufgrund des Glaubens.
> 10 Denn ich möchte ihn erkennen und die Kraft seiner Auf-
> erstehung und die Teilnahme an seinen Leiden, indem ich
> seinem Tode gleichgestaltet werde, 11 ob ich wohl zur Aufer-
> stehung aus den Toten gelangen möchte. (Philipper 3,7-11)

Hier geht es um eine Verwandlung im Leben eines Mannes, eine persönliche Revolution, eine moralische und verstandesmäßige Wende um 180 Grad. Sie kann auch in unserem Leben geschehen. Zu Beginn verfolgt Paulus einen gewissen Weg im Leben: Er geht in eine bestimmte Richtung, vertritt feste Überzeugungen, ehrt und schätzt die Dinge, die ihm Leben zu bringen scheinen, liebt und hegt seine irdische Erfolge. Plötzlich geht er zu seinem Erstaunen in die entgegengesetzte Richtung. Es ist, als ob er sagt: «Jene Dinge, derer ich mich einst rühmte und die ich liebte und denen ich nachjagte, diese Dinge, die mir Kraft und Freude gaben und mich anregten, auf diese schaue ich jetzt und sage: Pfui!»

Wie tat er das? Warum tat er das? Wie erklärst du dir dieses phänomenale Erlebnis, nach dem wir alle uns so tief sehnen?

Als erstes müssen wir uns die sieben Dinge anschauen, die Paulus einst schätzte. Die ersten vier beziehen sich auf Geburt und Erziehung, die letzten drei auf persönliche Entscheidungen:

1. Beschnitten am achten Tag
2. Gebürtig aus dem Volk Israel
3. Aus dem Stamm Benjamin
4. Ein Hebräer von Hebräern

5. In seiner Stellung zum Gesetz: ein Pharisäer
6. In Hinsicht auf den Eifer: ein Verfolger der Gemeinde
7. In Hinsicht auf die vom Gesetz verlangte Gerechtigkeit: untadelig.

Man hört fast seine stolze Erinnerung: «Niemand war besser als ich. Ich war Nummer Eins. Wenn jemand guten Grund hatte, auf menschliche Errungenschaft, religiöse Vortrefflichkeit und ethnische Reinheit zu vertrauen, dann war ich es!»

Vielleicht wäre es weise, an diesem Punkt innezuhalten und unsere eigene Liste aufzustellen. Sie wird sich zweifellos von der Liste des Paulus unterscheiden, aber das ist in Ordnung. Erlaube mir daher, dich zu fragen. Welche sieben Dinge in dieser Welt und in deinem Leben versuchen am heftigsten, dein Herz zu gewinnen und dich von Jesus abzuwerben? Welcher irdischer Errungenschaften und Auszeichnungen würdest du dich rühmen, wenn du angeben wolltest?

Zweitens ist es wichtig zu erkennen, dass wir nicht einfach eines Morgens aufwachen und entdecken, dass wir plötzlich das hassen, was wir zu lieben pflegten. Wenn man sie in sich selber betrachtet, erscheinen die Dinge dieser Welt nie als «Abfall». Sie riechen und schmecken und fühlen sich gut an und stellen uns zufrieden, und wir werden sie schätzen, sie für wertvoll halten, für sie kämpfen und für sie arbeiten und jede vorstellbare Ausrede finden, sie um jeden Preis zu erhalten. Sie behalten ihre magnetische Anziehungskraft und ihren Anreiz bei, bis sie dem überragenden Wert und der größeren Schönheit von Jesus Christus gegenüber gestellt werden.

Warum Mose die Schätze Ägyptens verachtete

Wir sehen dasselbe Prinzip im Leben Mose. Im Glauben traf Mose eine wichtige Entscheidung: Er weigerte sich, als Sohn der Tochter Pharaos zu gelten Gemäß Hebräer 11,24-25 schaute er auf den «vorübergehenden Genuss ... der Sünde» und wollte lieber «mit dem Volke Gottes Drangsale erleiden». Das geschah nicht in einem Leerraum. Etwas war passiert, das Moses Vision neugestaltet und seine Bewertung der weltlichen Vergnügen und Schätze verändert hatte. Der Schlüssel wird in Hebräer 11,26 genannt: «Er achtete die Schmach Christi [mit anderen Worten, den Missbrauch und das Stigma, die er sich in Folge seiner Identifikation mit Gottes Volk einhandelte] für einen größeren Reichtum als die Schätze Ägyptens; denn er hatte die himmlische Belohnung im Auge».

Was war geschehen? Mose schien sich sehr genau und ehrlich angeschaut zu haben, was das Leben ihm in Ägypten als dem Sohn der Tochter des Pharaos bot. Er war weder naiv noch ignorant. Er wusste, was er hätte haben können, wenn er es wollte. Wir können nur raten, was das beinhaltete. Gewiss gehörten dazu Reichtum über seine kühnsten Träume hinaus, unbegrenzte und unvorstellbare sexuelle Gelegenheiten, Macht, Einfluss, Komfort, Autorität, Ruhm und Respekt. Kollektiv und kumulativ redet Vers 26 von den «Schätzen» Ägyptens. Dennoch sagte Mose Nein. Unglaublich! Stattdessen entschied er sich für den Weg von Schmerz, Opfer, Ertragen und Schmach. Wie tat er es? Wie können wir es tun?

Sehr einfach. Die Antwort findet sich ebenfalls in Vers 26. Mose betrachtete nicht einfach die «Schätze» Ägyptens und fand sie auf einmal abstoßend und widerwärtig. Ihre Anziehungskraft verändert sich nicht magisch. Tatsächlich waren sie, wie Vers 25 sagt, sehr genussreich. Wie verloren also die Genüsse und Schätze Ägyptens ihren Griff auf Moses Herz? Es ist wirklich einfacher, als du denkst. Er schaute sich die Schmach an, das heißt, das Leiden und das Stigma, die von der Nachfolge Christi (gemäß Hebräer 11) herrühren, und betrachtete sie als «größeren Reichtum» als alles, was Ägypten hervorbringen konnte.

Er sah das Glitzern, die Pracht, das Glücksgefühl der (zahlreichen) Schätze Ägyptens und sagte angesichts dessen, was er in Christus sah (und das ist der Schlüssel): «Das ist doch wohl nicht euer Ernst? Ist das euer Bestes? Ihr müsst mir ein besseres Angebot machen. Haltet ihr mich für dumm?» *Aus seinem Wunsch nach einem größeren Genuss sagte er zu einem geringeren Genuss Nein.* Er missachtete weder seine Wünsche, noch bereute er sie oder bestritt ihre Existenz. Nach einer sorgfältigen, geistlich sachkundigen Auswertung von dem, was Ägypten und was Gott ihm anboten, kam er zu dem Schluss, dass Gottes Angebot für seine Seele in hohem Maße und in Ewigkeit besser war. «Warum sollte ich mir flüchtige Genüsse wünschen», muss er sich gesagt haben, «wenn ich ewige Genüsse haben kann?»

Genau das beschreibt Paulus in Philipper 3. Die Dinge dieser Welt (was wir schätzen, tun, kaufen, besitzen, wollen, woran wir denken und so weiter) werden nicht aufhören, in sich attraktiv zu sein. Es gibt keine magische Umwandlung. Im Gegenteil, ihre Macht, dich in ihre Falle zu locken, wird sogar zunehmen. Bis dein Herz von einer konkurrierenden, vergleichsweise überlegenen Anziehung fasziniert ist, gibt es keine Verwandlung. Lediglich zu beten, dass die Sünde dein Herz nicht mehr beherrscht, funktioniert nicht. Lediglich die Sünde zu bekämpfen, ist wirkungslos.

Mit anderen Worten, eine Sünde einfach um ihretwillen aufzugeben, mag eine Weile wirksam sein, aber langfristig wirst du zu ihr zurückkehren. Du kannst kurzfristig Nein zur Sünde zu sagen, weil du sie als böse erkennst, aber langfristig wirst du einen Weg finden, sie zu rationalisieren und deine Rückkehr zu ihr zu rechtfertigen. Der Schraubstockgriff der Sünde, mit der sie deine Seele gefangen hält, wird nicht allein dadurch gebrochen, dass «meine Eltern mir gesagt haben, dass ich es soll», oder «mein Pastor gepredigt hat, dass ...», oder sogar, dass es «die Bibel sagt ...».

Paulus hätte auch sagen können, dass er seine vorherigen persönlichen Vorteile, die weiterhin gut sind, hinter sich gelassen hat, weil er etwas Besseres gefunden hat. Aber das sagt er nicht.

Es war keine Entscheidung, von etwas Gutem zu etwas Besserem zu gehen. Sobald er die «unendlich wertvollere» Erkenntnis Jesu sah, schätzte er von neuem ab, was er früher als Gewinn ansah. Er wurde zutiefst von diesen Dingen abgestoßen, als er erkannte, dass sie ihm in Wirklichkeit schadeten, weil sie ihn für sein Bedürfnis für Christus und auch für die Schönheit Christi blind machten. Jetzt sieht er alles als Verlust, als Kehricht.

Der Schlüssel zu seiner neuen Einstellung befindet sich in dem, was Paulus als den Grund oder das Motiv für seine Entscheidung identifiziert: in Christus. Es war die Aussicht, Christus zu gewinnen, die Verheißung von allem, was Gott für ihn in Jesus ist, die ihn provozierte und anspornte und die Neubewertung aller Dinge in seinem Leben erklärt. Paulus betont dies in Philipper 3 tatsächlich nicht weniger als acht Mal!

Erstens sieht er nun alle Dinge als Verlust «um Christi willen» (Vers 7) – um der persönlichen Beziehung der Liebe, des Gebets, des Lobes und der Führung durch den Sohn Gottes willen.

Zweitens traf Paulus diese folgenschwere Entscheidung, alles als Verlust zu betrachten, angesichts «der unendlich wertvolleren Erkenntnis Christi Jesu, meines Herrn» (Vers 8). Anders ausgedrückt, Paulus wollte den überwältigenden Gewinn und den unnachahmlichen Wert von Jesus erleben. Er sehnte sich nach dem höchsten Wert, mit der zweiten Person der Dreieinigkeit zu wandeln und zu reden. Sein Blick war auf die unendlich wertvollere Erkenntnis Jesu gerichtet! Paulus sagte zu irdischen Errungenschaften und fleischlichen Vergnügen Nein, weil sein Herz und Willen von der Aussicht auf eine übergeordnete Freude – Jesus zu kennen – angetrieben und ermächtigt worden waren.

Drittens nennt er Jesus als den einen, «um dessen willen ich alles preisgegeben habe» (Vers 8). Wiederum sehen wir, dass er diesen Verlust nicht in einem Vakuum erleidet. Bereitwillig erlitt er allen Verlust für *Jesus, eine lebende, liebende Person*, um ihn anzunehmen und *von ihm angenommen zu werden*. Beachte, dass er sich in Vers 7 auf «alle Dinge» und auf «alles» in Vers 8 bezieht. Das bedeutet, dass seine Entscheidung auch für dich Bedeutung hat. Es ist egal, wer vor dieser Wahl steht, wann es soweit ist oder was man um der Erkenntnis Jesu willen aufgibt. Die Belohnung ist dieselbe.

Viertens traf er seine Entscheidung, «damit ich nur Christus gewinne» (Vers 8). Es ist verrückt, etwas zu verlieren, aufzugeben, verfallen zu lassen oder sich von etwas abzuwenden, es sei denn, man erhält etwas unendlich Besseres. Paulus macht klar: Es ist Christus selber, nicht seine Segnungen, seine Gunst oder seine Gaben, sondern der Sohn Gottes selber, der für diese Verwandlung in seiner Seele verantwortlich ist. Er entschied sich nicht aus Angst, Scham, Langeweile oder aus irgendwelchen anderen negativen Gründen, sondern «damit [er] Christus gewinne» – das heißt, in der Hoffnung auf bessere, größere, schönere und befriedigendere Erlebnisse der Erkenntnis und Gemeinschaft, die nur in Christus zu finden sind. Das erklärt seine revolutionäre Entscheidung.

Fünftens betrachtete er die früher gut duftenden Errungenschaften seines Lebens als widerwärtigen Gestank, um «in ihm ... erfunden» zu werden (Vers 9). Ob in Rom oder Philippi oder Kansas City oder Berlin, ob gesund oder krank oder in Sorgen oder unbeschwert oder reich oder arm; wichtig ist nur, dass er (und wir) «in ihm» sind. Wenn ich Paulus umschreiben darf: «Nicht nur möchte ich Christus bekommen; ich möchte in Christus gelangen! Ich möchte ihn finden und dann in ihm gefunden werden.»

Sechstens sagte er im Echo auf seine vorherige Feststellung in Vers 8: «Denn ich möchte ihn erkennen» (Vers 10). Solche Worte erinnern mich an Paulus' Anspielung in 2. Korinther 2,14, wo er vom «Wohlgeruch seiner Erkenntnis» redet. Jesus zu kennen ist ein Wohlgeruch! Es gibt einen geistlichen und emotionalen Genuss in der Erkenntnis Jesu, den man am besten mit dem körperlichen Genuss vergleichen kann, den wir erleben, wenn wir den Duft des erlesensten Parfüms oder das wohltuende Aroma unserer Lieblingsspeise einatmen. Einfach ausgedrückt, Jesus zu kennen riecht gut!

Die siebte und achte Behauptung beziehen sich auf seinen Wunsch, die «Kraft seiner Auferstehung» und die «Teilnahme an seinem ... Tod » zu erkennen (Vers 10).

Ist das «Oh!» der Bewunderung, Ehrfurcht, Sehnsucht und Liebe ein praktischer Ausruf? Oder ist es lediglich eine Verschwendung emotionaler Energie? Das sollst du entscheiden.

Das «Oh!» und eines Mannes Kampf gegen die sexuelle Begierde

Ein Mann, der die Kraft des «Oh!» im menschlichen Herzen kennt, ist der anonyme Verfasser des viel gepriesenen Aufsatzes mit dem Titel: «Der innere Krieg», der zuerst 1982 in *Leadership Magazine* veröffentlicht wurde. In der ersten Person erzählt er bewegend von seinem Kampf gegen die zerstörende Auswirkung der sexuellen Begierde.[64]

In lebhaftem und bestürzendem Detail beschreibt der Pastor, Ehemann und Vater seinen zehnjährigen Kampf gegen die Pornographie, Peepshows und Striplokale. Seine Geschichte ist ein scheinbar endloser Kreislauf von Sünde, Tränen der Überführung, Reue, Wiederherstellung, weiterer Sünde, Tränen, erneuter Buße, Wiederherstellung, Sünde – genug gesagt. Zahllose Beratungsstunden, Befreiungsdienst, selbstauferlegte Disziplin, verzweifeltes Gebet, Bibellesen und praktisch alle Abhilfen, die in der Gemeinde und in weltlichen Kreisen bekannt sind, stellten sich als machtlos heraus, ihn von den Ketten der Lust und ihrer lähmenden Scham freizusetzen.

Vor nicht langer Zeit las ich in einer Kirchenzeitung eine ähnliche Geschichte vom Kampf eines anderen Mannes mit der Pornographie. Am Ende des Artikels empfahl er vier Schritte,

64 Anonym: «The War Within», *Leadership* (Herbstquartal 1982), S.97-112.

um vom Kreislauf der Sucht frei zu brechen. Er schlug vor, mit Therapie zu beginnen, vorzugsweise mit einem Seelsorger, der im Umgang mit der sexuellen Sucht Erfahrung hat. Als zweites empfahl er, sich regelmäßig gegenüber einer Person zu verantworten, die keine Angst hat, die schwierigen Fragen zu stellen. In der dritten Phase sollte der Süchtige Schritte unternehmen, um nicht wieder in die Position zu kommen, in der er leicht wieder in alte Gewohnheiten verfällt. Viertens, sagte der Verfasser, muss man sich auf die Kraft Gottes verlassen.

Ich möchte nicht kritisch oder undankbar für den Rat dieses Autors erscheinen. Seine Ratschläge sind nicht falsch, nur unzureichend. Vielleicht haben sie sich in seinem Fall als wirksam herausgestellt. Aber ich bin nicht davon überzeugt, dass sie langfristig wirken. Nach sechs Monaten oder einem Jahr, wenn das wachsame Auge besorgter Freunde und Familie wegschaut, wenn Einsamkeit, Langeweile und Frustration mit Gott sich breitmachen, dann werden die vier Schritte zur Freiheit oder sieben Grundsätze zur Befreiung oder welches Programm man auch gewählt hat, sich als unzureichend herausstellen. Sie sind in keiner Hinsicht den betrügerischen Lügen des Feindes und der mächtigen Sehnsucht nach Befriedigung gewachsen. Das heftige Verlangen nach Genuss wird sich nicht magisch auflösen; wahrscheinlich wird es sogar zunehmen. Jeder Verlust muss im Hinblick auf einen überlegenen Gewinn erfolgen. Man kann nur dann dauerhaft aufhören, dem Genuss der Pornographie nachzugeben, wenn man seinen Genuss in der Faszination und der Gemeinschaft mit der Person Jesu und seiner Gegenwart und Herrlichkeit findet.

Der mutige Autor von «Der innere Kampf» entdeckte dies erst, als er die Memoiren des Katholiken Francois Mauriac mit dem Titel, *What I Believe* (Was ich glaube) las. Mauriac, erklärt er, «zieht die Schlussfolgerung, dass es nur einen Grund gibt, Reinheit zu suchen. Jesus hat ihn in den Seligpreisungen genannt: ‹Selig sind, die reinen Herzens sind, denn sie werden

Gott schauen›. Reinheit, sagt Mauriac, ist die Voraussetzung für eine höhere Liebe – für einen Besitz, der besser ist als alle Besitztümer: Gott selbst.»[65] Hör jetzt die Auswirkung dieser Entdeckung auf die gequälte Seele eines Pastors:

> Der Gedanke schlug auf mich ein wie eine Glocke, die in einer dunklen, stillen Halle läutet. Bislang hatte es keins der erschreckenden, negativen Argumente gegen die Leidenschaft fertig gebracht, mich ihr fern zu halten. Angst und Schuldgefühle machten mich nicht entschlossener, sondern führten lediglich zu Selbsthass. Aber hier wurde beschrieben, was ich durch die sexuelle Begierde verpasste: Ich beschränkte meine innige Verbundenheit mit Gott. Er bietet mir eine so übernatürliche und besitzergreifende Liebe, dass mein Herz und meine Sinne gereinigt werden müssen, ehe ich ihr irgendwie standhalten kann. Kann er mir tatsächlich für meine unerfüllte Begierde einen anderen Durst und einen anderen Hunger geben? Kann sein lebendiges Wasser irgendwie das sexuelle Verlangen löschen? Das ist das Risiko des Glaubens.[66]

Mose, Paulus und auch dieser Pastor gingen alle dieses «Risiko» ein. Die Frage an dich ist: Welchen Erfolg haben die negative Argumente gegen die Sünde in deinem Krieg gegen die Welt, das Fleisch und den Teufel? Wenn es einen negativen Anreiz gibt, Nein zur Sünde zu sagen, dann es ist die Aussicht, die «unendlich wertvollere Erkenntnis Christi Jesu» in all seiner Zärtlichkeit und Mitleid und Macht und Frieden zu verpassen. Mir scheint es das Risiko wert zu sein.

---

65 «The War Within», S. 108
66 «The War Within», S. 108f

KAPITEL 6

Auf Jesus schauen

Im Frühjahr 1958 war ich sieben Jahre alt – und der schnellste Läufer in der ersten Klasse der Woodrow-Wilson-Grundschule in Shawnee, Oklahoma. Jedes Jahr veranstaltete der örtliche Kiwanis-Club für alle Kinder der zweiten bis sechsten Klasse einen spannenden Leichtathletik-Wettkampf. Für die Kinder war er der Höhepunkt des Jahres und die halbe Stadt schien zuzugucken.

Die Kinder des ersten Schuljahrs durften nicht daran teilnehmen, mit einer Ausnahme. Jede Schule wählte einen Jungen als Maskottchen aus. Ein besonderer Fünfzigmeterlauf wurde abgehalten, um den schnellsten Erstklässler in der Stadt zu finden. Und jawohl – ich repräsentierte stolz die Woodrow-Wilson-Schule.

Wie gesagt, ich rannte schnell. Ein Problem hatte ich jedoch: Es fiel mir schwer, in einer geraden Linie zu laufen! Aus irgendeinem Grund neigte ich dazu, beim Rennen vom Kurs abzuweichen. Wir alle lernen schnell, dass die kürzeste Entfernung zwischen zwei Punkten eine gerade Linie ist. Man sollte meinen, ich wäre smart genug gewesen, das auf den Fünfzigmeterlauf anzuwenden, aber es war vergeblich. Mein Vater arbeitete jeden Tag mit mir. Er versuchte wirklich alles. Geschwindigkeit war nicht das Problem – die Richtung war es.

Am Tag vor dem Wettlauf bat mein Vater den zuständigen Schiedsrichter um einen Gefallen. Man erlaubte ihm, kurz hinter der Ziellinie in meiner Laufbahn zu stehen. Er wies mich an: «Sam, du musst nur auf mich schauen. Wenn der Starter seine Pistole abfeuert, dann renn wie der Teufel und schau auf mich. Egal was passiert, ob du an erster Stelle bist oder an allerletzter, schaue auf mich. Mach dir um die anderen Jungs im Rennen keine Sorgen, hör nicht auf die Zuschauer, schau nur auf mich und sprinte, so schnell so kannst!» Mein Vater war davon überzeugt, ich würde nicht mehr dazu neigen, von der geraden Linie abzuweichen, wenn ich ihm nur gehorchte.

Seit jenem Tag sind über fünfzig Jahre vergangen, aber ich kann mich noch genau daran erinnern. Beim Abschuss der Starterpistole schnellte ich aus den Startblöcken hervor und schaute aufs Ende meiner Bahn. Dort stand mein Vater und schrie laut, klatschte in die Hände und stampfte mit den Füßen. Zweifellos betete er, dass ich beim Rennen meinen Blick nicht von ihm nehmen würde. Wie er die Geschichte in den Jahren danach erzählte, schaute ich einen Augenblick lang von ihm weg und geriet auf die Nebenbahn. Als ich seine Stimme hörte, schaute ich gerade noch rechtzeitig auf ihn zurück, gewann meinen Orientierungssinn wieder und rannte auf die Ziellinie zu. Ich besitze einen Amateurfilm von diesem Ereignis und auch ein blaues Band für den ersten Platz!

Warum erzähle ich diese nette, nostalgische Geschichte? Ganz einfach: Wie den Sieg im Wettrennen erlangen wir die Heiligkeit nur in dem Grad, in dem wir den Blick auf den Sohn Gottes heften. Zur Linken und Rechten fordert die Welt lautstark unsere Aufmerksamkeit. Kreischend macht sie etwas Besseres geltend und schleudert uns ihre verführerischen Alternativen zur Nachfolge Christi entgegen. Sie versucht uns mit üppigen Vergnügungen, in der Hoffnung, unsere Aufmerksamkeit abzulenken, unsere Konzentration zu stören und uns auf eine andere Bahn zu drängen. In der Leichtathletik wäre das Grund genug für die sofortige und unwiderrufliche Disqualifikation.

Mein Ziel in diesem Buch ist es, dich davon zu überzeugen, dass der Kampf gegen die Sünde nur dann gewonnen werden kann, wenn wir unseren geistlichen Blick auf Jesus heften. Der gute Rat eines Leichtathletik-Coachs allein reicht nicht. Es ist egal, wie geschickt oder gebildet du bist. Warnungen über Disqualifikationen sind nach Beginn des Wettlaufs schnell vergessen. Nur eins lässt uns weiterhin in die richtige Richtung rennen: ein Herz, das auf Jesus fixiert ist.

Von den zahlreichen biblischen Texten, die genau das belegen, möchte ich in diesem Kapitel fünf betrachten. Schließlich ist es egal, wie faszinierend oder effektiv meine Argumente sein mögen. Sie müssen biblisch sein, oder sie sind nicht der Beachtung wert.

Auf Jesus hinblicken

Viele Christen lernen bald nach ihrer Bekehrung Hebräer 12,1-3 auswendig. Hör zu, was der Autor jenes Buches über den christlichen Wettlauf sagt:

> 1 So wollen denn auch wir, da wir uns von einer solchen Wolke von Zeugen umgeben sehen, alles, was uns beschwert, und besonders die uns so leicht umstrickende Sünde ablegen *und mit standhafter Ausdauer in dem uns obliegenden Wettkampfe laufen,* 2 *indem wir dabei hinblicken auf Jesus,* den Anfänger und Vollender des Glaubens, der um den Preis der Freude, die ihn als Siegeslohn erwartete, den Kreuzestod erduldet und die Schmach für nichts geachtet, dann sich aber zur Rechten des Thrones Gottes gesetzt hat. 3 Ja, denkt an ihn, der ein derartiges Widersprechen von den Sündern gegen sich geduldig ertragen hat, damit ihr im Lauf nicht ermattet und euren Mut nicht sinken lasst!

Ich möchte zwei Fragen stellen, deren Antworten so völlig offensichtlich sind, dass ich mich ein wenig schäme, sie zu stellen. Aber hier sind sie. Erstens: Möchtest du die Kraft finden, Nein zur Sünde zu sagen? Und zweitens: Möchtest du die Kraft finden, Ja zum Durchhaltevermögen zu sagen? Ich stelle diese Fragen, weil sich Christen meiner Erfahrung nach vor allem über zwei Dinge beklagen: ihre Unfähigkeit, sich aus der Umstrickung der Sünde zu lösen und ihre starke Versuchung, immer wieder aufzugeben. Daher wollen wir uns in diesem Abschnitt vier Dinge anschauen:

1. Man erlangt den *Sieg über die Sünde*, indem man «auf Jesus hinschaut» und «an Jesus denkt». Die Kraft, «alles, was uns beschwert und besonders die uns so leicht umstrickende Sünde abzulegen», kommt von der Faszination und Entzückung der Seele mit dem Sohn Gottes. Nur im Licht der Schönheit Christi wird die Sünde hässlich und kann besiegt werden.

Der Verfasser des Hebräerbriefes scheut sich nicht, die unweigerlichen Folgen der Sünde zu erwähnen. Es gibt ernste Warnungen in diesem Buch, die uns vom Ungehorsam abschrecken sollen. Aber unser Autor ist nicht weniger direkt, wie man solche Zurückhaltung und Enthaltung ausüben soll: indem man auf Jesus schaut und den Segnungen in ihm nachjagt, die überall in diesem Brief als «besser» als jede Alternative dargestellt werden.

2. Die *Ermutigung zum Durchhalten* erhält man ebenfalls durch das «Hinblicken auf Jesus» und das «Denken an Jesus». Bist du vom aussichtslosen Kampf gegen dein Fleisch «ermattet»? Bist du der weltlichen Opposition und Ächtung müde? Bist du nahe daran, den «Mut sinken zu lassen» (Vers 3), aufzugeben, die Flinte ins Korn zu werfen? Dann «denk an» Jesus. Wieder einmal erhältst du die Kraft zum Durchhalten – zum Festhalten, wenn

alle andere loslassen –, wenn deine Seele vom Sohn Gottes fasziniert und entzückt ist. Schau auf Jesus. Denk an ihn, sinne über ihn nach, betrachte ihn. Trink von dem Einzigen, der dir das Wasser gibt, das wirklich deinen geistlichen Durst löscht. Iss an der Festtafel Jesu, der das erlesenste aller kulinarischen Festessen serviert.

3. Aber auf welchen Aspekt Jesu sollen wir «hinblicken» und woran sollen wir «denken», um in unserem Kampf gegen die Sünde und Verzweiflung Hilfe zu erfahren? Die Antwort ist erstaunlich. Wir schauen nicht auf Jesus auf seinem Thron oder Jesus den Wundertäter oder Jesus, der einen Feigenbaum verflucht oder einen Dämon austreibt. Wir blicken auf *seine Bereitschaft, das Leiden und die Scham, die Sünder über ihn ausschütteten, zu akzeptieren!* Wir schauen auf Jesus, der «den Kreuzestod erduldet» (Vers 2) und «die Schmach für nichts erachtet» hat (Vers 2), auf Jesus, der das «Widersprechen von Sündern gegen sich geduldig ertragen» hat (Vers 3).

Wenn wir über die Leiden Jesu nachsinnen, wird unser Geist auf mächtige Weise verwandelt und erbaut. Solch eine Meditation ist nicht krankhaft. Seine Leiden geben uns Kraft und Ermutigung, weil gerade sie es sind, die uns die «Fülle der Freude» und die «ewigen Freuden» gesichert haben, welche unsere Herzen davon abhalten, von seiner Gegenwart fortzuwandern.

Wenn wir wissen, dass Jesus so wie wir gelitten hat (Hebräer 2,16-18; 4,14-16), doch ohne Sünde blieb, erinnert uns das ständig daran, dass es keinen Kampf oder Schmerz oder Ärger in unserem Leben gibt, mit dem er sich nicht identifizieren und sympathisieren kann. Er kennt die verführerische Macht der Versuchung. Wenn wir auf Jesus in seinen Leiden blicken, sehen wir darüber hinaus ein Modell dafür, wie ein Mensch in völliger Abhängigkeit vom Heiligen Geist leben soll. In seinen

Leiden sehen wir mit der größten Klarheit, wie er dem Vater vertraute. Durch seine Leiden erhalten wir die Hoffnung, dass die Sünde am Ende nicht gewinnen wird. Und in seinen Leiden sehen und spüren wir die Tiefe seiner Liebe zu uns. Wie können wir weiterhin sündigen oder auch nur ans Aufgeben denken, wenn Einer, der so rein und freundlich und sanft und barmherzig ist, so viel für uns ertragen hat?

4. Was motivierte Jesus im Endeffekt, Leiden und Scham bereitwillig zu ertragen? Die Freude! *Es war die Freude, zu Gottes rechter Hand erhöht zu werden* in der Gemeinschaft eines erlösten Volkes, das Gott für immer und ewig verherrlicht. Diese Freude hegte und nährte er in seinem Herzen und er hielt sie sich immer vor Augen. Auf sie bewegte er sich unaufhörlich hin, und sie zog sein Herz und seine Seele wie ein Magnet an. Seine Freude war unsere Erlösung, die zu Gottes Herrlichkeit überfließt.

   Jesus war kein Masochist. Er genoss das Kreuz nicht, er ertrug es. Er freute sich nicht an der Scham, er verachtete sie. Sein Opfer war unbeschreiblich schwer und schmerzhaft und leidvoll. Aber was seiner Seele die Kraft gab, nicht aufzugeben, war die Aussicht auf die Freude, die ihn auf der anderen Seite von Golgatha erwartete; es war die Freude, die er erleben würde, wenn er viele Söhne und Töchter zur Herrlichkeit brachte.

Als Jesus daran dachte, die Ewigkeit mit dir in ununterbrochener Innigkeit und Gemeinschaft zu verbringen, sagte er: «Jawohl! Ich kann mich allem stellen, ich kann alles ertragen. Ich kann und werde Scham und Leiden akzeptieren, weil dies bedeutet, dass ich auf ewig mit meiner Braut zur Herrlichkeit meines Vaters in fröhlicher Gemeinschaft und unbeschreiblicher enger Beziehung verbringen kann.»

So rennen wir also, um zu gewinnen: Wir schauen auf Jesus.

Die Dinge oben suchen

Es gibt zwei Feinde, theologische Zwillinge sozusagen, die sich dem Gesagten heftig widersetzen: die Gesetzlichkeit und die Askese. Wie ein lebensbedrohender Virus infizieren sie wiederholt den Leib Christi, berauben ihn seiner Vitalität und machen ihn unglücklich. Die Gemeinde in Kolossä im ersten Jahrhundert war diesem zweifachen Angriff besonders anfällig. Und du rätst nie, was Paulus als Abhilfe vorschlägt.

Die Gesetzlichkeit selber kommt in zwei Formen. Da gibt es die Legalisten, die auf Gehorsam gegenüber dem Gesetz, insbesondere ihrer Version, pochen, wenn man von Gott angenommen werden will. Um gerettet zu werden, muss man Regeln und Vorschriften befolgen, die biblischer Art sind oder auch nicht. Aber den Kern dieser Art der Gesetzmäßigkeit bildet die Idee, dass Werke eine Bedingung der Rechtfertigung sind. Paulus konfrontierte solche Leute in seinem Brief an die Galater und sparte keine Worte, sie als Ketzer verurteilen. Der Legalist der anderen Art mag wohl der Rettung aus Gnade durch den Glauben zustimmen, aber er verlangt, dass sich andere seiner Idee über die echte Spiritualität anschließen. Unweigerlich stellt er oder sie extra-biblische Richtlinien auf, identifiziert moralisch verpönte Aktivitäten und richtet dann diejenigen scharf, die ihnen nicht entsprechen.

Die Zwillingsschwester der Gesetzlichkeit ist die Askese. Nicht alle Askese ist schlecht. Vielen in der Gemeinde würde ein wenig Selbstdisziplin und Selbstbeherrschung nicht schaden. Wir leben in einer überaus zügellosen Gesellschaft, in der manchmal die einzige Sünde die Abstinenz zu sein scheint. Paulus bezog sich auf die gottesfürchtige Askese, als er davon sprach, dass er seinen Leib bezwingt und ihn sich in Vorbereitung auf das Wettrennen dienstbar macht, um zu gewinnen (1. Korinther 9,24-27).

Auf der anderen Seite beschreibt er die sündige Askese in Kolosser 2,20-23. Man beachte besonders Verse 20-21:

> [20] Wenn ihr mit Christus gestorben seid, los von den Elementen der Welt, was lasst ihr euch da, als ob ihr noch in der Welt lebtet, Satzungen aufbürden, [21] zum Beispiel: «Das darfst du nicht anfassen und das nicht essen und das nicht anrühren»?

Hier denkt er an jene Leute, die einem menschliche Gebote über den Körper und das Verhalten auferlegen wollen, um die Beziehung zu Gott zu verbessern. Für den Asketen ist der Körper etwas, was bestraft, verleugnet oder sogar missbraucht werden soll. Der Leib wird als böse angesehen, und man soll ihn besiegen, indem man alles ausmerzt, was Verlangen erregen könnte. Der Konsum von Nahrungsmitteln und Getränken wird auf das irreduzible Minimum begrenzt. Kurz, die Askese ist der Glaube, dass man geistlich etwas Positives erhält, wenn man körperlich genügend Negatives addiert. Das bloße Vermeiden wird zum Pfad zur Heiligkeit.

Paulus verurteilt diesen Ansatz gnadenlos, und zwar aus vier Gründen. *Erstens* sagt er der Gemeinde in Kolossä, dass all diese Dinge «dazu bestimmt [sind], durch den Verbrauch der Vernichtung anheimzufallen» (2,22). Auf ihrer Tabuliste stehen die vergänglichen Dinge der materiellen Welt, die dazu bestimmt sind, aufgebraucht zu werden.

Zweitens sind das die Regeln von Menschen, nicht Gebote von Gott. Sie stellen, wie Paulus sagt: «nur Menschengebote und Menschenlehren dar» (2,22). Wie schon erwähnt, fordert der Legalist, dass sich andere seinem Gewissen anpassen, auch wenn Gott an einem speziellen Punkt schweigt. Solche Regeln wurden nicht von Gott offenbart, sondern von Menschen erfunden.

Drittens ist dieser Ansatz zum geistlichen Leben nur scheinbar weise. «Das sind Dinge», schreibt Paulus, «die ... im Ruf besonderer Weisheit infolge einer selbst erwählten Frömmigkeit und Demut und schonungsloser Härte gegen den Körper stehen ... » (2,23). Wenn man jemanden sieht, der so hingebungsvoll und diszipliniert ist, sich die gewöhnlichen Annehmlichkeiten des Lebens zu versagen, wird man leicht vom Anschein der Spiritualität getäuscht. Solche Menschen sehen engagiert und fromm und heilig aus. Aber der Schein trügt.

Viertens trifft Paulus seine vielleicht wichtigste Aussage. Ungeachtet der oberflächigen Spiritualität, die solche religiösen Aktivitäten hervorbringen, sind sie «ohne wirklichen Wert ..., indem sie nur zur Befriedigung des Fleisches dienen» (2,23). Regeln und Verbote und Selbstverleugnung, die der religiösen Kreativität des Menschen entspringen, sind völlig wirkungslos, die Wünsche des Fleisches zu drosseln. Das Fleisch verspottet alle solche Versuche, es zu hemmen. Die Askese ist in sich selber machtlos, sündige Begierden im Zaum zu halten oder dir in deinem Krieg gegen die Versuchung Kraft zu geben.

Was hilft dir dann? Bestimmt tut Paulus doch mehr, als lediglich das zu verurteilen, was unwirksam ist. Seine bemerkenswert einfache Abhilfe befindet sich am Anfang des Kapitels 3, das ursprünglich nicht vom zweiten Kapitel getrennt war:

> 1 Da ihr nun also zusammen mit Christus auferweckt worden seid, *sollt ihr euch [immerzu] ganz auf die himmlische Welt ausrichten*, in der Christus ‹auf dem Ehrenplatz› an Gottes rechter Seite sitzt. 2 *Richtet eure Gedanken auf das, was im Himmel ist*, nicht auf das, was zur irdischen Welt gehört. (Vers 1-2; NGÜ)

Diese Verse wiederholen, was wir schon gesehen haben: Die Heiligkeit, in diesem Fall die Fähigkeit, zur «Befriedigung des Fleisches» (2,23) Nein zu sagen, ist nicht das Produkt rigoroser Askese oder Selbstbeherrschung. Wir werden heilig, wenn unsere Gedanken von der Schönheit und Majestät des auferstandenen Christus und von allem, was wir in ihm in der Himmelswelt sind, fasziniert und beherrscht werden.

Wir siegen über den Drang, das Fleisch zu befriedigen, indem wir uns ganz auf die himmlischen Dimensionen «ausrichten». Wenn wir unsere Gedanken auf «das, was im Himmel ist» richten, haben wir wenig Zeit oder seelische Kraft für irdische Fantasien übrig. Das Herz, das vom auferstandenen Christus berührt ist, wird nicht leicht von dem verführt, «was zur irdischen Welt gehört» (2b). Paulus gebraucht eine Sprache, die sowohl die energische Ausrichtung unseres Willens verlangt (im Griechischen heißt es wörtlich: «Sucht die himmlische Welt immerzu»), als auch die einzigartige Hingabe unseres Sinnes (wörtlich: «Setzt euren Sinn auf das Himmlische»). Die Seele soll sich bewusst auf die Schönheit der geistlichen Realitäten im Gegensatz zu den trivialen und schäbigen Dingen dieser Welt konzentrieren und sie zum Mittelpunkt ihres Genusses machen.

Wir müssen die Himmelswelt suchen, weil dort Christus weilt (Vers 1). Der Anreiz der himmlischen Dinge ist die Gegenwart Jesu. Paulus lenkt unsere Aufmerksamkeit auf die Herrlichkeit und Schönheit und vielfältige Persönlichkeit und Macht und Pracht des auferstandenen Christus. Der Apostel scheut sich nicht, uns von den irdischen und vorübergehenden Versuchungen des Fleisches wegzurufen. In der Tat begründet er seinen Aufruf in Vers 5-6, sich der Unmoral, Unreinheit und des Götzendienstes zu enthalten, mit der kommenden Realität des göttlichen Zornes. Aber er warnt uns, weil er uns schon zuvor zu etwas unvergleichbar Erhabenerem und Herrlicherem berufen hat: nämlich zu Jesus und der Pracht der Himmelswelt. Paulus möchte, dass wir wissen: Diese sind von großem Wert im Stand gegen die fleischliche Befriedigung!

Seine Herrlichkeit schauen

In Kapitel 2 habe ich gesagt, dass wir zu dem werden, was wir schauen. Wir nehmen die Charakteristiken, Werte und Qualitäten der Personen an, die wir am meisten schätzen und denen wir unser Herz und unsere Gedanken widmen. Das gilt auch für Jesus. Wir werden in sein Ebenbild verwandelt, wenn wir ihn schauen. Das drückt Paulus in 2. Korinther 3,18 aus: «Wir alle aber, die wir mit unverhülltem Angesicht die Herrlichkeit des Herrn widerspiegeln, werden dadurch in das gleiche Bild umgestaltet von Herrlichkeit zu Herrlichkeit, wie das vom Herrn des Geistes geschieht.»

Seine Analogie von einem Spiegel deutet an, dass wir «die Herrlichkeit des Herrn» indirekt sehen; sie wird im Angesicht Jesu, der das «Bild Gottes» ist, sozusagen «widergespiegelt». Aber wo oder wie «sehen» oder «schauen» wir jene Herrlichkeit? Schließlich haben wir ihn nie gesehen (1. Petrus 1,8). Wie können wir ihn dann «schauen»?

Auf dem Weg nach Damaskus sah Paulus buchstäblich die Herrlichkeit Christi (vergleiche Apostelgeschichte 22,11 [«vom Glanz jenes Lichts geblendet»]; 26,13). In 2. Korinther 4,3-6 deutet er an, dass Gott uns die Herrlichkeit jenes Lichtes durch die «Heilsbotschaft» ins Herz leuchtet. Wie der Kommentator Paul Barnett erklärt: «Paradoxerweise sehen die Leser des Paulus die Herrlichkeit Christi, wenn sie die Heilsbotschaft hören, was ihnen wiederum die Erkenntnis Gottes vermittelt»[67]. Mit anderen Worten, wir erhalten die verwandelnde Vision der Herrlichkeit Jesu in der Schilderung von Jesus in der Heiligen Schrift. Wenn wir demütig vor der inspirierten Autorität des geschriebenen Wortes knien und fleißig die reichen Schätze aufspüren, die darin vergraben sind, dann scheint der Geist Gottes ein Licht in unser Herz, das uns zu der Person Jesu erweckt. Er macht unseren Sinn lebendig, erleuchtet unsere Gedanken und ermöglicht es uns, mehr zu tun, als lediglich Worte auf einer Seite herunterzuleiern. Wenn wir vom Brunnen der Schrift trinken, wird Jesus in der Seele lebendig und seine Schönheit und Freundlichkeit und liebevolle Gegenwart werden unauslöschlich auf das Herz gestempelt.

Mit seiner Spiegelanalogie will Paulus nicht andeuten, dass wir die Herrlichkeit Christi auf undeutliche oder verzerrte Weise

67 Paul Barnett: The Second Epistle to the Corinthians (Grand Rapids, 1997), S. 206

sehen. Sie ist einfach indirekt. Erst wenn Jesus auf die Erde zurückkehrt, sehen wir ihn «von Angesicht zu Angesicht». Unser jetziges Schauen ist ein echtes «Sehen», eine gewaltige persönliche Begegnung, die aber mit dem wörtlichen Schauen am Ende des Zeitalters nicht zu vergleichen ist.

Welchen praktischen Nutzen hat die Begegnung mit Jesus im Wort? Hilft sie uns wirklich in unserem Kampf gegen die Sünde? Macht sie wirklich etwas aus, wenn wir die überwältigende Versuchung zum Aufgeben verspüren? Ja, und noch einmal, ja!

Paulus spricht von einem Erlebnis, in dem wir von einem Bild ins andere verwandelt werden, nämlich vom Bild des gefallenen Rebellen in das Ebenbild Jesu. Das Verb «umgestaltet» ist das griechische *metamorphoumetha* (vergleiche die deutsche «Metamorphose»); dasselbe Wort wird vom «verwandelten» (oder verklärten) Christus in Markus 9,2 und Matthäus 17,2 verwendet. Dem Apostel schwebt eine Verwandlung vor, die aus mehr als Taten besteht. Wenn wir auf Jesus schauen, wird der Kern der Seele in ihren Gedanken, Gefühlen und Entscheidungen verändert. Wenn wir Jesus im Wort «schauen», wird unsere emotionelle Chemie umgestaltet und unser Herz neigt nicht mehr dazu, dieselben Dinge zu lieben, wünschen, schätzen und zu hassen.

Es wäre schön, wenn diese Verwandlung ein für alle Mal geschähe und den täglichen Kampf für immer beilegte. Aber das ist nicht Gottes Weg. Unsere Heiligung ist progressiv. Sie entfaltet sich schrittweise und nimmt uns von der ersten Stufe der Herrlichkeit (die wir zuerst in der Heilsbotschaft «sehen», wenn wir uns Christus zuwenden) zur höchsten (jener endgültigen Herrlichkeit des verherrlichten Jesus, die wir am letzten Tag sehen werden).

Auf ihn hoffen

Egal, wie groß die Veränderung ist, wir sind andauernd frustriert, dass sie nicht schneller und in größerem Maße erfolgt. Wir haben Gottes Absichten jedoch sehr falsch beurteilt, wenn wir meinen, dass das jetzt Sichtbare der Gipfel alles Segens ist. Was wir jetzt sehen und spüren und tun ist nur vorübergehend, denn wir werden vollständig heilig und heil gemacht werden (Philipper 3,20-21; Kolosser 3,3-4). Gott hat die Herrlichkeit, die er für seine Kinder bereit hat, noch nicht öffentlich zur Schau gestellt; sie ist das unvergängliche, unbefleckte und unverwelkliche Erbe, das für uns im Himmel aufbewahrt ist (1 Petrus 1,4).

Während uns gegenwärtig die indirekte Vision Christi in der Schrift zunehmend heiligt, werden wir zukünftig vollständig geheiligt, wenn wir ihn von Angesicht zu Angesicht sehen. In beiden Fällen heiligt uns die Erkenntnis Christi. Wenn uns schon die gegenwärtige Sicht Christi wie in einem undeutlichen Spiegel uns ihm immer ähnlicher macht, dann werden wir in einem Augenblick vervollkommnet oder verherrlicht werden, wenn wir ihn von Angesicht zu Angesicht schauen und «ihn sehen, wie er ist». Das drückt Johannes in seinem ersten Brief aus:

> 2 Geliebte, schon jetzt sind wir Kinder Gottes, und es ist noch nicht offenbar geworden, was wir dereinst sein werden. Wir wissen jedoch, dass, wenn diese Offenbarung eintritt, wir ihm gleich sein werden; denn wir werden ihn sehen, wie er ist. 3 Und jeder, der diese Hoffnung auf ihn setzt, reinigt sich, gleichwie er auch rein ist. (1. Johannes 3,2-3)

Der ursachliche Zusammenhang zwischen der Vision Christi und unserer endgültigen Verherrlichung ist etwas umstritten. Einige behaupten, dass wir Christus sehen werden, weil wir ihm gleich sein werden. Das heißt, unsere Christusähnlichkeit wäre die Voraussetzung fürs Schauen (siehe Matthäus 5,8; Hebräer 12,14). Danach wäre die Heiligkeit eine Voraussetzung für die Vision Christi und müsste zuerst geschehen. Die Vertreter dieser Position weisen jedoch schnell darauf hin, dass diese Heiligkeit, «ohne die niemand den Herrn schauen wird» (Hebräer 12,14), ein göttliches Geschenk der Gnade ist und kein Verdienstorden für persönliche Gewissenhaftigkeit.

Wahrscheinlicher ist jedoch, dass wir Christus bei seinem Erscheinen sehen werden und *daraufhin ihm gleichgestaltet werden.* In seiner Gegenwart wird unsere Sünde ausgemerzt und wir werden seine Herrlichkeit widerspiegeln und durch die Majestät jenes Augenblicks werden wir wie er gestaltet werden. Wie könnte es anders sein? In der Gegenwart des auferstandenen und verherrlichten Jesus hat die Sünde keine Chance. Wenn Jesus erscheint, wird der Vater in seinen Kindern eine Macht freisetzen, die für immer jeden sündigen Impuls aus ihren Seelen vertreibt und ihn durch den Sinn, den Willen, das Gemüt und den Charakter Christi ersetzt. Was für ein Tag das sein wird!

Aber wie hilft uns das jetzt? Wenn wir eine solche Hoffnung besitzen, haben wir *die größt vorstellbare Motivation für ein Leben in Reinheit.* Unsere Hoffnung ist keine vorübergehende Laune, sondern fest auf Jesus begründet. Sie ist mit moralischer Gleichgültigkeit unvereinbar. Wer nur darauf bedacht ist, Jesus bei seiner Rückkehr zu begegnen, wird eine neue Kraft entdecken, einem gerechten Leben nachzugehen.

Wenn Johannes hier von ‹reinigen› und ‹rein› redet, betont er die persönlichen, inneren Dimensionen der moralischen Veränderung. Diese Verwandlung berührt nicht nur unsere äußere Erscheinung oder körperliche Verfassung. Sie geht weit über eine bloße Veränderung hinaus, wie wir handeln und reden und die Dinge sehen. Johannes betont auch unsere Empfindsamkeit der Sünde gegenüber. Wir werden es nicht nur ablehnen zu sündigen, wir werden die Sünde selber verachten. Mir stockt der Atem bei dem Gedanken an einen Tag, wenn mein Kopf völlig frei von habgierigen, lüsternen, neidvollen und bitteren Gedanken ist. Es ist nicht der Fall, dass ich im Himmel eine Kraft haben werde, Nein zur Sünde zu sagen, die ich jetzt nicht habe. Ich werde diese Kraft nicht brauchen, weil ich für immer von einer Natur befreit sein werde, die überhaupt sündigen möchte.

Oh, wie ich mich nach dem Tag sehne, wenn unsere Herzen instinktiv vor dem geringsten Kontakt mit der Sünde zurückscheuen! Ich lebe für den Tag, wenn wir Jesus sehen und für immer die Beschmutzung durch die Welt und das Fleisch und den Teufel verschmähen. Johannes sieht unsere intensive, innere Reinigung von der Sünde, weil wir ihr gegenüber äußerst empfindlich werden. Und wer sich nach diesem Augenblick sehnt, wer seine Hoffnung auf diesen Tag gesetzt hat und nach der Gegenwart Jesu lechzt, reinigt sich jetzt, genauso wie Jesus selber rein ist.

Seine Heiligkeit und unsere

Ist dir schon mal aufgefallen, wie veraltet das Wort «heilig» erscheint? Im allgemeinen Sprachgebrauch und auch in der Gemeinde hört man es selten. Da sollte es uns nicht überraschen, dass die Welt von Gottes Heiligkeit völlig unbeeindruckt ist.

Was bedeutet es zu sagen, dass Gott heilig ist? Die meisten Leute denken an moralische Rechtschaffenheit oder Güte, und das trifft gewiss zu. Gott ist heilig, weil er hinsichtlich seines Wesens und seiner Taten von Reinheit und Tadellosigkeit und Rechtschaffenheit gekennzeichnet ist. In diesem Sinn sind Gottes Heiligkeit und seine Rechtschaffenheit gewissermaßen synonym. Das Alte Testament beschreibt ihn in Habakuk 1,12-13 als «zu rein, ... als dass du Böses ansehen könntest»; er kann das Böse nicht ausstehen. Aber das ist nur ein zweitrangiger Sinn seiner Heiligkeit. Wir müssen verstehen, was die Bibel in erster Linie mit seiner Heiligkeit meint.

Die biblische Bedeutung der Heiligkeit

In der Schrift wird Gott regelmäßig als «der Heilige» oder «mein Heiliger» identifiziert (siehe Hiob 6,10; Jesaja 40,25; 43,25; Hesekiel 39,7; Hosea 11,9; Habakuk 1,12; 3,3). Er wird auch der «Heilige Israels» in 2. Könige 19,22; Jesaja 1,4; 43,3 (25 Mal allein in Jesaja); Jeremia 50,29; 51,5 und anderswo genannt. Jesaja 57,15 beschreibt Gott als: «...der Hohe und Erhabene, der da ewiglich thront und dessen Name ‹der Heilige› ist». Gottes Heiligkeit wird oft mit seiner Majestät, Souveränität und gewaltigen Macht assoziiert (2. Mose 15,11-12; 19,10-25; Jesaja 6,1-4).

So sehr macht die Heiligkeit Gottes Wesen aus, dass Amos von ihm sagt, dass er «bei seiner Heiligkeit» schwört (4,2). Das ist einfach eine andere Weise auszudrücken: «Geschworen hat Gott der HERR bei sich selbst...» (6,8). Tatsächlich wird der Name Gottes im Alten Testament häufiger von dem Adjektiv «heilig» qualifiziert als von allen anderen Eigenschaften zusammengenommen!

Die Wurzel des hebräischen Hauptwortes «Heiligkeit» (qodes) und des Adjektivs «heilig» (qados) stammt von einem Wort, das «schneiden» oder «trennen» bedeutet. Das griechische Äquivalent ist *hagios* und seine Ableitungen. Damit wird ausgedrückt, dass Gott unabhängig von jedem und allem anderem ist. Er allein ist der Schöpfer. Er ist vollkommen und gänzlich anders, sowohl in Charakter als auch in Taten. Auf transzendente Weise und in jeder vorstellbaren Hinsicht unterscheidet er sich von allen seinen Geschöpfen und ist größer als sie. Anders ausgedrückt: «Gott ist ganz in einer Klasse für sich».

Wir sagen oft von etwas Hervorragendem, das es «eine Stufe besser» ist. Das trifft auf Gott zu, ins Unendliche potenziert. Die Heiligkeit deutet demnach nicht in erster Linie auf Gottes moralische oder ethische Reinheit hin, sondern auf seine Transzendenz. Woher kommt also das Konzept der Reinheit? R. C. Sproul erklärt:

> Wir sind so daran gewöhnt, Heiligkeit mit Reinheit oder ethischer Vollkommenheit zu assoziieren, dass wir nach dieser Idee Ausschau halten, wenn das Wort heilig auftaucht. Wenn etwas heilig gemacht oder geweiht wird, wird es der Reinheit ausgesondert. Es soll auf reine Weise verwendet werden, soll Reinheit widerspiegeln und auch einfach Abgesondertheit. Die Reinheit ist von der Idee des Heiligen nicht ausgeschlossen; sie ist darin enthalten. Aber wir dürfen nicht vergessen, dass die Idee der Reinheit die Idee der Heiligkeit nie erschöpft. Die Heiligkeit enthält Reinheit, ist aber viel mehr. Sie ist Reinheit und Transzendenz. Sie ist eine transzendente Reinheit.[68]

Heiligkeit ist demnach das, aufgrund dessen allein Gott Gott ist. Heiligkeit ist moralische Majestät.

Wenn Gott als «der Heilige Israels» bezeichnet wird, tritt ein interessantes Paradox auf. Die Worte «der Heilige» deuten auf Gottes Anderssein hin, seine «Absonderung» sozusagen. Wie wir gesehen haben, heißt heilig zu sein, auf transzendente Weise über der Schöpfung zu stehen. Dennoch ist er der Heilige «Israels»! Er hat sich einem unheiligen Volk hingegeben. Sie sind sein Volk und er ist ihr Gott. Obwohl er transzendent und erhaben ist, ist er auch immanent und liebevoll. Seine ewige Besonderheit als Gott verbietet ihm oder hindert ihn nicht, in Gnade und Barmherzigkeit sich denen zu nähern, mit denen er in einer Bundesbeziehung steht:

> 15 Denn so hat der Hohe und Erhabene gesprochen, der da ewiglich thront und dessen Name ‹der Heilige› ist: «In der Höhe und im Heiligtum wohne ich und bei denen, die zerschlagenen und gebeugten Geistes sind, um neu zu beleben den Geist der Gebeugten und zu erquicken das Herz der Zerschlagenen.» (Jesaja 57,15)

68 R. C. Sproul: *The Holiness of God* (Wheaton, 1985), S. 57

Und wiederum:

> [1] So hat der HERR weiter gesprochen: «Der Himmel ist mein Thron und die Erde der Schemel meiner Füße: Was für ein Haus wäre es, das ihr mir bauen könntet ...? [2] ... Ich blicke aber nach dem hin, der demütig und zerschlagenen Geistes ist und der in Ehrfurcht bebt beim Gedanken an mein Wort.» (Jesaja 66,1-2)

Eine Begegnung mit der Heiligkeit Gottes

Die Begegnung des Propheten Jesaja mit der majestätischen Herrlichkeit Gottes (6,1-8) ist die aufschlussreichste ihrer Art in der Schrift. Ein sorgfältiges Lesen dieses Abschnittes zeigt, dass Jesaja drei Dinge sah: den Herrn, die Engel und sich selbst.

In Vers 1 erzählt er uns: «Im Todesjahre des Königs Ussia (Usija) sah ich den Allherrn auf einem hohen und ragenden Throne sitzen, während seine Säume das Heiligtum füllten.»

König Usija, einer der besseren Könige Judas, starb etwa im Jahre 740 v. Chr. (siehe 2. Könige 15,1-7; 2. Chronik 26). Er bestieg den Thron im Alter von sechzehn Jahren und regierte 52 Jahre lang. Ein König war gestorben, aber Jesaja war dabei, dem König zu begegnen, der nie stirbt. Ein König hatte seine Macht verloren, der andere wird es nie. Ein König hatte erlebt, wie seine Autorität an die folgende Generation überging. Der andere wird von Generation zu Generation herrschen. Ein irdisches Volk trauert, wenn sein Herrscher stirbt. Ein himmlisches Volk lobt den ewigen Bestand der Herrschaft des Königs. Usijas Macht war beschränkt und flüchtig, Gottes Macht ist grenzenlos und ewig. Die Gegensätze sind bemerkenswert.

Zweitens sieht Jesaja die Engel (6,2-4). Das ist die einzige Stelle in der Schrift, an der die Seraphe erwähnt werden. Das Wort bedeutet wörtlich: «Die Brennenden». Man beachte, was von ihrer Körperhaltung und ihrem Lobgesang gesagt wird. Sie bedeckten sie ihr Antlitz (Vers 2), denn selbst den Engeln ist es verboten, direkt die Herrlichkeit Gottes zu schauen. Wie Alec Motyer es ausdrückte: «Sie bedeckten ihre Augen, nicht ihre Ohren, denn ihre Aufgabe war es zu empfangen, was der Herr sagen würde, und nicht, neugierig darauf zu sein, wie er ist».[69] Sie bedeckten ihre Füße, vielleicht als Hinweis auf ihre Demut oder in Anspielung auf Moses Erlebnis, auf «heiligem Boden» zu stehen. Oder die Füße könnten symbolisch für unsere Kreatürlichkeit sein, weil sie uns mit der Erde verbinden. Obwohl Engel weder erdgebunden noch menschlich sind, bekennen sie in der Gegenwart des Schöpfers ihren Status als bloße Geschöpfe. Daher weist Motyer darauf hin: «Durch das Bedecken ihrer Füße distanzierten sie sich von jeder Absicht, ihren eigenen Weg zu wählen; sie wollten nur gehen, wie der Herr befahl».[70]

In ihrem Lobpreis (Verse 3-4) schreiben sie dem Herrn Heiligkeit zu. Heiligkeit ist die einzige «Eigenschaft» Gottes, die zur dritten Potenz erhöht ist! Einige sehen darin die Dreieinigkeit, ein «Heilig» für jede Person der Gottheit. Höchstwahrscheinlich ist das *Trisagion*, wie das dreifache «Heilig» genannt wird, einfach ein Beispiel für eine hebräische literarische Methode, in der die Wiederholung um der großen Betonung willen verwendet wird. Man beachte mehrere Dinge:

Erstens ist Gott der Herr der «Heerscharen», ein Hinweis auf seine militärische Rolle. Gott ist der Krieger, der die Feinde seines Volkes angreift. Er steht an der Spitze einer mächtigen himmlischen Heerschar, eines Heeres von Engelsmächten, gegen die niemand bestehen kann. Das sollte gewiss unsere Zuversicht in seine Fähigkeit erwecken, unsere Schlachten zu kämpfen.

Zweitens ist Gott, obwohl er heilig und daher transzendent ist, nicht weit weg. Die unendliche Erhabenheit Gottes, die durch seine Heiligkeit ausgedrückt wird, bedeutet nicht seine

---

69 J. Alec Motyer: *The Prophecy of Isaiah: An Introduction and Commentary* (Downers Grove, 1993), S. 76

70 Motyer, S. 76

Distanziertheit. Gott ist groß, aber er ist nicht geographisch fern. Man beachte die dreifache Betonung auf «füllen» und «voll». Gott «erfüllt» den Tempel und die Erde (Verse 1.3.4). Dieser dreifach heilige Gott ist denen äußerst nahe, die ihn lieben.

Drittens ist die Auswirkung niederschmetternd! Da erbebten die Schwellen (vergleiche 2. Mose 19,18; Apostelgeschichte 4,31) und Rauch erfüllte das Haus (Jesaja 4,5). «Eine kürzliche Umfrage früherer Gemeindemitglieder zeigte», sagt R. C. Sproul, «dass sie hauptsächlich aus einem Grund aufhörten, in den Gottesdienst zu gehen: weil sie ihn langweilig fanden. Es ist für viele Leute schwierig, den Gottesdienst als aufregendes und bewegendes Erlebnis zu empfinden. Hier sehen wir, wie die Türen und Türschwellen bewegt wurden, als Gott im Tempel erscheint. Das leblose Holz und Metall der Türpfosten, die weder hören noch sprechen konnten, waren klug genug, von der Gegenwart Gottes bewegt zu werden.»[71]

Es ist wichtig, nicht zu vergessen, dass *wir jetzt der Tempel Gottes sind!* Wenn die leblose Strukturen des alten Bundes bei Gottes Gegenwart erbebten und zitterten, wie reagieren *wir* dann, *in denen* derselbe herrliche und heilige Gott jetzt lebt? Wie kann es da eigentlich in unserer Anbetung die geringste Gleichgültigkeit oder Kälte oder Routine oder gedankenlose Gewohnheit geben, wenn derselbe Gott in uns lebt und verbleibt?

Als letztes sieht Jesaja sich selbst (Verse 5-8). Gott zu sehen bringt keine Entrückung oder Leichtfertigkeit oder religiöse Frivolität hervor. Es führt zu Terror und Selbsthass. Jesaja brüstet sich nicht stolz, dass er allein dieses wundervolle Privileg erlebt hat. Er ist am Boden zerstört! Verglichen mit der strahlenden Reinheit und Transzendenz des Königs sieht er sich als unerträglich schlecht. In unserer Arroganz bewerten wir die Sünde einfach hinsichtlich ihrer Auswirkungen auf die Schöpfungsordnung und auf uns. Jesaja hingegen misst sie an der Majestät und Reinheit des Einen, gegen den sie begangen wird.

71 Sproul, S. 40f

Jesajas Erlebnis ist auch in anderer Hinsicht lehrreich. Dieser Mann war sich schon seiner Sündhaftigkeit bewusst und hatte in seinem Wachstum in geistlichen Dingen große Fortschritte gemacht. Aber jetzt, wo er schutzlos in der Gegenwart des heiligen Gottes steht, sieht er sich als schmutziger denn je zuvor. So intensiv ist er sich seiner Sünde bewusst, dass er sich tatsächlich den Fluch Gottes auf sein Haupt ruft. «Wehe mir!» ist ein Ausruf des Gerichts oder Fluches. Sproul erklärt: «Es ist eine Sache, wenn ein Prophet jemanden im Namen Gottes verflucht. Es ist eine ganz andere, wenn ein Prophet sich selbst verflucht.»[72]

Das ist kein kleiner Anflug von Gewissensbissen. Jesaja ruft aus: «Ich bin verloren!» – das heißt: «Ich breche zusammen! Es ist alles aus!» Das steht im Kontrast zur modernen Besessenheit nach «persönlicher Ganzheitlichkeit», «Integration» und dem Drang, «alles beieinander zu haben». Wie Sproul sagt:

> Wenn es je einen Mann der Integrität gegeben hat, dann war es Jesaja Ben Amos. Er war ein ganzheitlicher Mensch, ein Mann, der «alles beieinander hatte». Von seinen Zeitgenossen wurde er als der gerechteste Mann im Volk, das Vorbild der Tugend, betrachtet. Plötzlich erhascht er einen Blick auf Gott. Im Nu wurde sein ganzer Selbstwert zerschmettert. In einer Sekunde wurde er unter dem Blick des absoluten Standards der Heiligkeit entblößt. So lange Jesaja sich mit anderen Sterblichen vergleichen konnte, konnte er eine erhabene Meinung seines Charakters aufrechterhalten. In dem Augenblick, wo er sich am endgültigen Maßstab maß, wurde er zerstört – moralisch und geistlich vernichtet. Er war am Ende. Er fiel auseinander. Sein Sinn der Integrität brach zusammen.[73]

Überraschenderweise war sein plötzliches Gefühl der Sündhaftigkeit und des persönlichen Untergangs mit seinen Lip-

72 Sproul, S. 43
73 Sproul, S. 43f

pen verbunden. Im Prinzip rief er aus: «Wehe mir, ich bin verloren, *weil ich schmutzig rede*!» Warum der Schwerpunkt auf seinen Mund? Ich glaube kaum, dass Jesaja der Gotteslästerung schuldig war oder schlechte Witze gerissen hat! Stattdessen gibt es zwei Gründe für seine Überzeugung. Erstens wird sein Mund erwähnt, weil unsere Worte verraten, wer wir sind. Der Mund ist wie der Lautsprecher eines Plattenspielers: Er gibt einfach wieder, was auf der Platte des Herzens ist (siehe Matthäus 15,11.18; Jakobus 3,2.6-12).

Aber noch wichtiger ist die Tatsache, dass die Macht seiner Lippen das eine Gebiet in seinem Leben war, das Jesaja unter Kontrolle zu haben glaubte. Zweifellos war er stolz auf seine Worte, man ehrte und respektierte ihn deswegen, sie gaben ihm Position und Prestige. Wenn es einen Bereich seines Lebens gab, wo er keine Furcht oder Sorge hatte, wo er Gottes ausdrücklichen Beifall spürte, den er als seine größte Stärke betrachtete und der ohne Tadel und Versagen war, dann *war es seine Zunge*! Seine Worte als Prophet! Er war das Sprachrohr Gottes, Gottes Stimme, sein Sprecher auf Erden! Dennoch verspürte er als Erstes die Sündhaftigkeit seiner Sprache!

Das erinnert mich an eine Bemerkung von Oswald Chambers, dass eine «unbewachte Stärke doppelte Schwäche» ist.[74] Hüte dich in deinem Leben vor dem, was du für gefeit hältst gegen Angriff, Versagen und dämonischen Überfall.

An diesem Punkt muss sich Jesaja hoffnungslos vorgekommen sein. Sproul sagt:

> [Jesaja] winselte auf dem Boden um Gnade. Jede Nervenfaser in seinem Körper zitterte. Er suchte nach einer Stelle, wo er sich verstecken konnte und betete, dass die Erde ihn irgendwie bedecken oder das Dach des Tempels auf ihn fallen würde – was auch immer ihn vom heiligen Blick Gottes

---

74 Gordon McDonald: *Rebuilding Your Broken World* (Nashville, 1988), S. 54

> entfernen würde. Aber er konnte sich nirgends verstecken. Er war nackt und allein vor Gott. Er hatte keine Eva, die ihn trösten konnte, kein Feigenblatt, das ihn verbergen konnte. Die reine moralische Qual war anwesend, in der Art, die das Herz eines Menschen herausreißt und seine Seele in Stücke reißt. Schuldig, schuldig, schuldig. Unablässige Schuld schrie aus jeder seiner Poren.[75]

Aber hier ist die frohe Botschaft des Evangeliums: Der unendlich heilige Gott ist auch ein gnädiger und barmherziger Gott! Dieser Gott der Gnade bietet ihm sofort Reinigung und Vergebung. Jesajas Wunde wurde ausgebrannt. Der Schmutz in seinem Mund wurde weggewaschen, als die Korruption seines Herzens vergeben wurde. Er wurde vom heiligen Feuer geläutert. Wie Motyer sagt, deutet die Tatsache, dass die Kohle auf seine Lippen gelegt wurde, auf das Prinzip hin: «Gott dient dem Sünder an dem Punkt, an dem er seine Not gebeichtet hat».[76]

Na und?

Die praktischen Folgen dieser Vision der göttlichen Heiligkeit sind immens. Denk an das, was wir bisher gesehen haben. Die persönliche Verwandlung erfolgt nicht, wenn wir die Hässlichkeit der Sünde sehen, sondern die Schönheit des Heilands. Jesaja erkannte den Horror seiner Sünde nur, weil er die Heiligkeit seines Gottes sah. Im Laufe seines zweifellosen vollen und faszinierenden Lebens hatte Jesaja nichts auf Erden wie dieses Erlebnis auf die Gegenwart und Tiefe seiner Sünde aufmerksam gemacht. Keine Lehre, keine Ermahnung von Eltern oder Freunden oder Kollegen, keine Warnung über Sünden des Mundes ... nichts hatte ihn so überführt, dass er wahrhaftig verwandelt wurde. Erst als er den unbeschreiblich hervorragenden und

75 Sproul, S. 46
76 Motyer, S. 78

unvergleichlichen Charakter Gottes sah, wurde sein Herz vom Schmerz der Überführung getroffen. Die persönliche Heiligkeit beginnt mit einem Bewusstsein, wer Gott ist. Vielleicht ist das der Grund, warum so wenige Leute heilig sind oder es sein wollen; sie haben Gott nie «gesehen»; sie kennen wenig, wenn überhaupt etwas, vom Ausmaß seiner heiligen Majestät und seiner unendlichen, nicht erschaffenen Gerechtigkeit.

Das Bewusstsein, wer Gott ist, führt unweigerlich zu einem Bewusstsein, wer wir sind. Unser Selbstverständnis beginnt nicht, wenn wir in den Spiegel schauen, sondern wenn wir ins Angesicht Gottes schauen. Wenige haben das überzeugender ausgedrückt als Johannes Calvin (1509-1564), der darauf bestand:

> [Niemand erreicht je] eine klare Sicht von sich, es sei denn, er hat zuerst auf Gottes Angesicht geschaut, und er steigt dann von der Betrachtung Gottes herab, um sich selbst eingehend zu prüfen. Denn wir erscheinen uns selber immer als gerecht und aufrecht und weise und heilig – dieser Stolz ist uns allen angeboren [selbst Jesaja, möchte ich ergänzen] – es sei denn, wir werden durch eindeutige Beweise von unserer eigenen Ungerechtigkeit, Verdorbenheit, Dummheit und Unreinheit überzeugt. Ferner erhalten wir diese Einsicht nicht, wenn wir lediglich auf uns schauen und nicht auch auf den Herrn, der unser einziger Maßstab ist für dieses Urteil ist.[77]

Calvin zieht die Schlussfolgerung, dass der Mensch nie ausreichend «von dem Bewusstsein seines niedrigen Zustandes berührt und beeinflusst [wird], bis er sich mit Gottes Majestät verglichen hat.»[78]

---

77 Johannes Calvin: *Institutes of the Christian Religion*, herausgegeben von John T. McNeill und übersetzt von Ford Lewis Battles (Philadelphia, 1975), Buch 1, 1:2

78 Calvin, 1:3

Dieses Selbstbewusstsein führt seinerseits unweigerlich zu Zerbrochenheit und Schmerz, gefolgt von Bekenntnis und Buße. Man muss nur an den emotionellen und geistlichen Schmerz Jesajas denken. Seine körperliche Pein war lediglich ein Abbild seines geistlichen Unbehagens. Die wahre Erkenntnis Gottes führt immer zur Buße und diese zu Reinigung und Vergebung. Die Heiligkeit Gottes tut erst weh, bevor sie heilt. Am Ende führt die Reinigung zur Beauftragung, die Gnade zum Dienst. Was bleibt Jesaja übrig, nachdem er Gott gesehen hat, als zu sagen: «Hier bin ich, [Herr], sende mich!» (Jesaja 6,8)?

KAPITEL 7

Von der Schönheit Christi verwandelt

Nepal ist ein Hindustaat mit etwa 29 Millionen Einwohnern, der im Himalaja zwischen Nordindien und Südwestchina liegt. Bis vor kurzem war es dem Christentum gegenüber unverhohlen feindlich, und es gab nur wenige kühne Missionare.

Eine dieser Missionarinnen hatte eines Tages in Katmandu eine unvergessliche Begegnung mit einer Hindufrau. Sie ereignete sich an einem religiösen Feiertag, an dem die Hindus ihre buchstäblich Millionen Götter verehren. Was diese Missionarin sah, machte sie sprachlos: In der Mitte einer verkehrsreichen Straße verbeugte sich eine Hindufrau unter Sprechgesängen vor einem Haufen Yakdung! Den Dung dieses Rindes hatte sie andächtig mit Blumen geschmückt und warf sich nun vor diesem sichtlich ungewöhnlichen «Gott» nieder. In aller Öffentlichkeit, wo jeder sie sehen konnte, war eine Frau, die ihre Religion und ihren «Gott» sehr ernst nahm. Es war ihr nicht peinlich, den Verkehr aufzuhalten oder von anderen verspottet zu werden.

Male dir diese Szene aus – einschließlich des Gestanks! Welch ein Eifer, so falsch angebracht er auch war, würde jemanden bewegen, den Dung eines Yaks anzubeten? Verstehst du die Tiefe und Intensität der religiösen Hingabe dieser Frau, die sogar für einen Kuhfladen gestorben wäre?

Warum erzähle ich diese widerliche Geschichte? Mich fragt sie einfach: Wie ernst ist es mir eigentlich mit dem Reich Gottes? Ich bete den einen, wahren, lebendigen Gott an und tue es dennoch wahrscheinlich mit weniger Eifer als diese Frau einen Dunghaufen anbetet. Sie zwingt mich zu fragen: Wie hingegeben bin ich dem König der Könige und dem Herrn der Herrn? Bin ich dem Gott von Himmel und Erde so ungeniert hingegeben wie diese Hindufrau einem Kuhfladen? Wie leidenschaftlich jage ich dem lebendigen Gott und seinem Willen nach? Darum geht es für mich bei dieser Geschichte. Lache die Frau nicht aus – sie beschämt uns.

Wir haben gesagt, dass der Schlüssel zur Heiligkeit ist, sich in Jesus zu verlieben. Dann muss es auch Gründe geben, warum wir gerade ihn im Gegensatz zu anderen Personen oder Dingen lieben sollten. Warum sollten wir Leidenschaft für Jesus haben? Was ist das Besondere am Zimmermann von Nazareth, das die innige Verbundenheit mit ihm zu einer Freude macht, die allen konkurrierenden Freuden überlegen ist? Was ist an Jesus dran, das uns glauben lässt, dass wir die Kraft erhalten, zu den Freuden der Sünde Nein zu sagen, wenn wir unsere Herzen und Gedanken auf ihn ausrichten? Es gab etwas am Yakdung (frag mich nicht was), das diese Hindufrau anzog und ihr Herz so faszinierte, dass sie bereit war, jeden Preis zu zahlen, um ihn zu preisen. Warum dann Jesus? Das mag wie eine dumme Frage erscheinen, besonders wenn man einen Yak für einen potentiellen Rivalen hält! Aber warum sollen wir glauben, dass Jesus unserer Leidenschaft und Gedanken so würdig ist, dass wir «den vorübergehenden Genuss, den wir von der Sünde haben», für ihn bereitwillig aufgeben?

Die Definition der Schönheit

Schönheit ist ___________. Kannst du das ergänzen? Kann man die Schönheit überhaupt definieren? Wenn wir an Schönheit denken, stellen wir uns typischerweise sichtbare Eigenschaften wie Farbe («Das ist ein schönes Blau») oder Glanz vor, auf die wir mit intuitiver Zustimmung reagieren. Oder vielleicht fallen dir da hörbare Qualitäten wie Melodie, Rhythmus und Harmonie ein. Vielleicht ruft die Idee der Schönheit Erinnerungen an ein liebliches Aroma hervor. Es ist nicht ungewöhnlich, in der Kosmetikabteilung die Bemerkung zu hören: «O, das ist schön!», während eine Kundin den neuesten Duft von *L'Air Du Temps* probiert. Einige definieren die Schönheit als das, was die Seele beruhigt, die Vorstellungskraft stimuliert, das Auffassungsvermögen erweitert oder die Tiefe der Sinne berührt.

Schönheit ist, was immer uns verblüfft, überrascht und den Atem raubt, ob es die goldene Glut eines Sonnenuntergangs ist, die riesigen Schluchten des Grand Canyons oder die ersten Schritte eines Kindes. Die Schönheit lässt unsere Herzen schneller schlagen, gibt uns Gänsehaut oder lässt uns Schauer den Rücken hinunterlaufen. Schön ist, was immer dem menschlichen Geist wertvoll ist. Die Schönheit ermöglicht es uns, die eigene Würde und die Hoffnung von morgen zu spüren.

Aber die Schönheit kann auch moralischer und geistlicher Art sein. Beispiele für eine solche Schönheit sind Zärtlichkeit, Demut, eine Frohnatur, Barmherzigkeit, Treue, Liebenswürdigkeit, Freude, Geduld, Verständnis, Loyalität, Gnade, Ausdauer, Vergebung, Macht, Liebe und Güte – besonders wenn man sie alle in derselben Person findet! Wenn ich von der Schönheit Jesu rede, hat das nichts mit seiner körperlichen Erscheinung zu tun. Ich weiß nicht, wie Jesus aussah (wahrscheinlich wie seine Mutter!). Wir wissen auch nicht, ob er gut singen konnte oder wie geschickt er als Zimmermann war. Vielleicht haute er sich oft mit dem Hammer auf den Finger oder spaltete ein Brett aus Versehen mit einem falsch angesetzten Nagel.

Die Schönheit Jesu hat nichts mit seinem Aussehen, dem Klang seiner Stimme, der Kraft seiner Arme, seiner Haarfarbe oder seiner Kleidung zu tun. Jesus ist schön, weil er alles vollkommen verkörpert, was wir in einem Freund brauchen. Er ist schön, weil er alles ausgedrückt hat, was man von einem Heiland erhoffen könnte. Was brauchst du am meisten an einem Menschen oder an einem Gott? Du wirst es nur in Jesus finden – dort aber so vollkommen, dass alles andere nur wie entstellt und verzerrt und schamvoll und abstoßend und unwürdig unserer Anbetung oder Liebe erscheint.

Worin liegt die Schönheit Jesu? Jonathan Edwards hat sich bemüht, diese Frage durch eine Reihe von Fragen zu beantworten. Stelle sie dir beim Lesen:

> Wovor hast du Angst, dass du dich nicht wagst, deine Seele Christus anzuvertrauen? Hast du Angst, dass er dich nicht retten kann, dass er nicht stark genug ist, die Feinde deiner Seele zu besiegen? Aber wie kannst du dir jemanden wünschen, der stärker ist als der «Heldengott», wie Christus in Jesaja 9,5 genannt wird? Braucht man mehr als unendliche Stärke? Hast du Angst, dass er sich nicht bereitwillig herablässt, dich gnädig zu beachten? Dann sieh ihn im Kreis der Soldaten stehen und ihnen sein gesegnetes Gesicht zum Schlagen und Anspucken hinhalten! Sieh ihn, wie er sich gefesselt mit entblößtem Rücken schlagen lässt! Sieh, wie er am Kreuz hängt! Meinst du, dass er, der sich herabließ, sich diesen Qualen und seinen Peinigern zu unterwerfen, nicht bereit sein wird, dich anzunehmen, wenn du zu ihm kommst? Oder hast du Angst, dass Gott der Vater dich nicht aus seiner Hand annehmen wird, nachdem der Sohn dich angenommen hat? Bedenke nur: Wird Gott seinen eigenen Sohn ablehnen, in dem von aller Ewigkeit und in alle Ewigkeit seine unendliche Freude ist, und der so mit ihm eins ist, dass er sich selbst verwerfen würde, falls er ihn ablehnte?
>
> Was könntest du dir in einem Heiland wünschen, das es nicht in Christus gibt? Oder wie stellst du dir einen Erlöser vor, der anders ist als Christus? Welche vorzügliche Eigenschaft fehlt ihm? Gibt es etwas Großes oder Gutes, etwas Ehrenwertes oder Einnehmendes, etwas Anbetungswürdi-

ges oder Liebenswertes oder Ermutigendes, das nicht in der Person Christi zu finden ist?

Wünschst du dir deinen Heiland groß und ehrwürdig, weil du nicht bereit bist, einer durchschnittlichen Person verpflichtet zu sein? Und ist Christus nicht jemand, der es würdig ist, dass du von ihm abhängig bist? Hat er nicht einen Rang, der hoch genug ist, um zu einem solch ehrwürdigen Werk berufen zu sein wie deine Rettung? Möchtest du nicht nur einen Erlöser des höchsten Grades haben, sondern wünschst du dir auch, dass er, ungeachtet seiner Erhöhung und Würde, auch erniedrigt wurde, damit er das Elend und die Anfechtungen der Menschen teile, um durch seine Leiden zu lernen, Mitleid mit denen zu haben, die leiden und versucht werden? Ist Christus für dich nicht niedrig genug gemacht worden und hat er nicht genug erlitten?

Möchtest du, dass er nicht nur die Anfechtungen, die du jetzt erleidest, aus erster Hand kennt, sondern ebenfalls den furchtbaren Zorn, den du im Jenseits fürchtest, damit er weiß, wie er Mitleid haben kann mit denen, die in Gefahr sind und davor Angst haben? Dieser Christus hat sie tausend Mal stärker verspürt als du oder ich oder je irgendeiner.

Möchtest du, dass dein Heiland jemand ist, der Gott nahe ist, damit seine Vermittlung bei ihm den Ausschlag gibt? Könnte ein anderer Heiland Gott näher sein als Christus, sein eingeborener Sohn, ein Wesen mit dem Vater? Und möchtest du nicht nur, dass er Gott nah ist, sondern auch dir, damit du freien Zutritt zu ihm hast? Und wünschst du ihn dir noch näher, als dass er die gleiche Natur hat, geistlich mit dir in einer so innigen Vereinigung vereint, dass man sie zu Recht mit der Vereinigung der Ehefrau mit dem Ehemann, der Rebe mit dem Weinstock und dem Körperteil mit dem Kopf darstellen kann; so nahe, dass ihr ein Geist seid? Denn so wird er mit dir vereint sein, wenn

> du ihn annimmst. Möchtest du einen Retter haben, der in Wort und Tat ein großes und außergewöhnliches Zeugnis der Gnade und Liebe zu Sündern gegeben hat? Und kannst du dir Größeres vorstellen, als das, was Christus getan hat? War es nicht etwas Ungeheuerliches für ihn, der Gott war, Menschengestalt anzunehmen; nicht nur Gott zu sein, sondern von dem Punkt an bis in alle Ewigkeit Mensch zu sein? Aber bezeugt sein Leiden für Sünder nicht seine Liebe zu den Sündern noch stärker als seine Menschwerdung, so außergewöhnlich sie war? Könntest du dir wünschen, dass ein Heiland mehr leiden sollte als Christus für Sünder gelitten hat? Was fehlt noch, oder was würdest du hinzufügen, wenn du es könntest, um ihn als deinen Heiland tauglicher zu machen?[79]

Mehrfach schon habe ich behauptet, dass der Genuss von allem, was Gott für uns in Jesus ist, letztendlich zur Heiligkeit führt. Was ist Gott für uns in Jesus? Eine Antwort darauf hat uns Edwards gerade gegeben. Aber die Schönheit Jesu, die uns packt und begeistert und befriedigt und tröstet, ist so sehr viel mehr. Ich kann nur anfangen, das auszupacken. Doch ehe ich das tue, müssen wir wissen, warum wir das sollten. Wie ich in Kapitel fünf gesagt habe, wird die Sünde dich immer weniger in ihrem Griff halten können, je mehr deine Seele in einem andauernden Zustand des «Oh!» ist – das heißt, je mehr sie von der transzendenten Herrlichkeit dessen, wer Gott in Christus ist, bezaubert und begeistert ist. Häuser und Mikrowellen und Mätressen und Geld reizen diejenigen wenig, deren Gedanken und Träume erfüllt sind von dem Geheimnis des Gottes in menschlichem Fleisch, der alles erschaffen hat, aber selbst ohne Ursprung ist!

---

79 Jonathan Edwards: «The Excellency of Christ», *The Works of Jonathan Edwards*, Band 1 (Edinburgh, 1979 [1834]), S. 686f

Das Wort wurde Fleisch

Denken wir einen Augenblick lang an die Schönheit Jesu, wie sie in der Menschwerdung offenbart wird. Gott wurde Fleisch. Das ist ein wichtiges Konzept, denn ohne die Menschwerdung sind wir ein hoffnungsloses Volk. Ohne sie ist Jesus nichts für uns und wir sind nichts für ihn.

Was genau verstehe ich unter «Menschwerdung»? Die Idee befindet sich in mehreren Bibeltexten; sie sprechen von Jesus, der «ein Mensch von Fleisch und Blut geworden ist» (1. Johannes 4,2; 2. Johannes 7; NGÜ). Er kam «in menschlicher Gestalt wie wir, aber ohne Sünde» (Römer 8,3; Neues Leben), «ist als Mensch erschienen» (1. Timotheus 3,16; Neues Leben). Christus «hat körperlich gelitten» (1. Petrus 4,1; Neues Leben) und «sein Körper starb» (1. Petrus 3,18; Neues Leben). Er machte Frieden, indem er «in seinem Fleisch die Feindschaft ... hinweg tat» (Epheser 2,15; Schlachter) und uns «in seinem Fleischesleibe durch seinen Tod versöhnt» hat (Kolosser 1,22). Kurz, «das Wort wurde Fleisch» (Johannes 1,14).

Mit der Menschwerdung meinen wir daher, dass das ewige Wort oder die zweite Person der Dreieinigkeit Mensch wurde, ohne jedoch aufzuhören, Gott zu sein. Denk bloß: «Das Wort wurde Fleisch» (Johannes 1,14). Die Kontraste der folgenden Gleichung sind atemberaubend:

Johannes 1,1	**Johannes 1,14**
Das Wort *war*	Das Wort *wurde*
Das Wort *war bei* Gott	Das Wort *wohnte* unter uns
Das Wort *war* Gott	Das Wort *wurde* Fleisch

Johannes sagt nicht einfach, dass das Wort zum *Mann* wurde (obwohl das wahr ist), und auch nicht, dass es *Mensch* wurde oder dass es einen Körper annahm (obwohl beides zutrifft). Vielmehr wurde das Wort *Fleisch*: ein starker, fast derber Ausdruck für die menschliche Natur in ihrer Gesamtheit – er wurde echt Leib, Seele, Geist, Willen und Gefühle.

Man beachte auch, dass das Wort nicht vorgab, ein Mann zu sein oder einen Menschen spielte. Das Wort wurde Fleisch. Es wurde nicht in voller körperlicher Form vom Himmel «gebeamt». Das Wort schlüpfte nicht ins Fleisch, als ob es einen Menschen gegeben hätte, in dem das Wort auftrat. Johannes sagt nicht, dass das Wort in menschlichem Fleisch «wohnte» oder «verweilte», sondern dass das ewige Wort, Gott der Sohn, diese Welt betrat, indem er als Mensch geboren wurde. Daher ist es nicht korrekt zu sagen, dass *Jesus* immer existiert hat oder dass Jesus am Anfang bei Gott war (Johannes 1,1). Der *Sohn Gottes* hat immer existiert. Die zweite Person der Dreieinigkeit, das Wort, war am Anfang bei Gott. Aber Jesus ist der menschliche Name, der der zweiten Person der Dreieinigkeit gegeben wurde, *als* sie Fleisch wurde. Das Wort wurde nie *Jesus* genannt, bis Josef es auf Befehl des Engels hin in Matthäus 1 tat.

Die Lehre von der Menschwerdung bedeutet, dass in Jesus zwei verschiedene Naturen (göttlich und menschlich) in einer Person vereint sind. Jesus ist nicht zwei Personen (Gott und Mensch), er ist eine Person: der Gottmensch. Jesus ist nicht schizophren. Als das Wort Fleisch wurde, hörte er nicht auf, das Wort zu sein. Das Wort verbarg, versteckte und beschränkte freiwillig die Ausübung gewisser göttlicher Mächte und Vorrechte. Aber Gott kann nicht aufhören, Gott zu sein. Mit anderen Worten, als das Wort Fleisch wurde, beging es nicht göttlichen Selbstmord.

Nachdem das Wort einmal Fleisch geworden war, ist es für immer Fleisch. Nach seinem irdischen Leben, seinem Tod und seiner Auferstehung hat Jesus sich nicht des Fleisches entkleidet und aufgehört, Mensch zu sein. Er ist selbst jetzt Mensch, wo er zur Rechten des Vaters sitzt. Gleichzeitig ist er auch Gott. Er wird immer der Gottmensch sein. Daher könnte er sagen: «Ich bin jetzt, was ich immer war: Gott (oder Wort). Auch bin ich jetzt, was ich einst nicht war: Mensch (oder Fleisch). Ich bin jetzt und werde für immer beides sein: der Gottmensch.»

Er ist wirklich echt Mensch!

Wenn es eine Kehrseite des Bekenntnisses der Göttlichkeit Christi gibt (und ich zögere, so etwas überhaupt zu sagen), dann die, dass es viele dazu verleitet, die Realität seiner Menschlichkeit zu herunterzuspielen. Aber das Neue Testament lässt das einfach nicht zu. In der Tat wurde das Bekenntnis, dass Jesus der Christus ist, der «im Fleisch gekommen» ist oder ein «Mensch von Fleisch und Blut» wurde, zum Prüfstein der Orthodoxie (siehe 1. Johannes 1,1; 1. Timotheus 3,16; Lukas 24,39.43; Johannes 20,17.20.27). Jesus hatte Hunger (Matthäus 4,2), Durst (Johannes 19,28), er wurde müde (Johannes 4,6), er weinte und schrie laut (Johannes 11,35; Lukas 19,41), seufzte (Markus 7,34; Markus 8,12), starrte die Menschen zornig an (Markus 3,5) und war verdrossen (Markus 10,14).

Das gibt mir zu denken: War Jesus je krank? Wenn er sich bei der Arbeit in der Zimmermannwerkstatt seines Vaters mit dem Hammer auf den Daumen schlug, konnte er sich da eine Infektion zuziehen? Bekam er bei langem Aufenthalt in der heißen Sonne Palästinas je Kopfschmerzen? Hätte er sich von der Grippe eines Angehörigen anstecken können? Hat Jesus je unter der Übelkeit und dem Durchfall eines Magenvirus gelitten, weil er schmutziges Wasser aus dem Jordan getrunken hatte?

Wie menschlich war er? Wir lesen, dass seine Seele «tiefbetrübt ... bis zum Tod» war (Matthäus 26,38). Er ordnete seinen Willen dem göttlichen Plan unter (Lukas 22,42) und befahl seinen Geist in die Hände des Vaters (Lukas 23,46). Er verspürte Mitleid (Matthäus 9,36; 20,34; Markus 1,41; 6,34; 8,2; Lukas 7,13), Liebe (Johannes 11,3; 15,8-12; Markus 10,21), Zorn (Markus 3,5; Johannes 2,13-17) und Freude (Lukas 7,34; 10,21; Johannes 15,11; 17,13).

Herrliche Paradoxe

Atme tief durch und denk darüber nach, was seine Menschwerdung bedeutet. Tue sie nicht als theologische Spekulation ab. Von dieser Wahrheit hängt dein ewiges Schicksal ab. Diese Wahrheit wird ein solches «Oh!» in deinem Geist hervorrufen, wie du es vielleicht nie gekannt hast. Diese Wahrheit wird in ihrer Schönheit und Majestät deine Aufmerksamkeit fesseln und die Sünde in deiner Einschätzung sinken lassen. Worin liegt die Kraft, sich von Ungerechtigkeit abzuwenden und Nein zur Sünde zu sagen? Sie liegt in der Macht und der unwiderstehlichen Anziehungskraft eines Gottes ohne Ursprung, der es wagen würde, Mensch zu werden!

> Das Wort wurde Fleisch! Gott wurde menschlich! Das Unsichtbare wurde sichtbar! Das Unberührbare wurde berührbar! Das ewige Leben erfuhr den zeitlichen Tod! Der Transzendente stieg nieder und näherte sich uns! Der Unbegrenzte wurde begrenzt! Der Unendliche wurde endlich! Der Unveränderliche wurde veränderlich! Der Unzerbrechliche wurde zerbrechlich! Geist wurde Materie! Die Ewigkeit betrat die Zeit! Der Unabhängige wurde abhängig! Der Allmächtige wurde schwach! Der Geliebte wurde gehasst! Der Erhöhte wurde erniedrigt! Die Herrlichkeit wurde der Scham unterworfen! Der Ruhm geriet in Vergessenheit! Von unbeschreiblicher Freude zu Tränen des unvorstellbaren Kummers! Von einem Thron zu einem Kreuz! Von Herrscher zu beherrscht! Von Kraft zu Schwäche!

Max Lucado drückt das folgendermaßen aus:

> In einem Augenblick machte sich der Allmächtige zerbrechlich. Er, der Geist gewesen war, konnte durchbohrt werden. Er, der größer als das Weltall war, wurde zum Embryo. Und

> er, der die Welt durch ein Wort aufrechterhält, entschloss sich, von der Ernährung durch ein junges Mädchen abhängig zu sein. Gott als Fötus. Heiligkeit, die in einem Mutterleib schläft. Gott erhielt Augenbrauen, Ellenbogen, zwei Nieren und eine Milz. Er reckte sich in der Gebärmutter und trieb im Fruchtwasser seiner Mutter.[80]

Wie Paulus in 1. Timotheus 3,16 sagt: «Und etwas unbestreitbar Großes ist das Geheimnis der Gottseligkeit: ‹Er, der geoffenbart ist im Fleisch...›».

Bleib noch einen weiteren Augenblick bei mir. Wenn diese Wahrheit noch nicht in deinem Herzen angekommen ist, hilft vielleicht das Folgende:

- *Empfängnis*: Gott wurde zu einem befruchteten Ei! Einem Embryo, einem Fötus. Gottes Fuß hat Maria im Mutterleib getreten!
- *Geburt*: Mitten im stinkenden Stall mit seinem Mist und Spinnengewebe und stachligen Heu hat Gott die Welt als Baby betreten. Maria wiegte den Schöpfer in ihren Armen. «Ich hätte nie gedacht, dass Gott so aussehen würde», sagte sie sich. Stell dir den neugeborenen Jesus vor, mit einem deformierten Kopf, runzliger Haut und einem roten Gesicht. Stell dir vor: Die Engel haben zugeguckt, als Maria Gottes Windeln gewechselt hat! Winzige Hände, die die Kranken berühren und heilen und später von Nägeln zerrissen werden würden. Augen (welche Farbe hatten sie?), winzige Füße (wohin würden sie ihn tragen?), die ebenfalls von Nägeln durchbohrt werden würden. Sie kitzelte seine Seite (die eines Tages von einem Speer durchbohrt werden würde).

80 Max Lucado: *God Came Near* (Portland, 1987), S. 25f

- *Kleinkind*: Gott lernte zu krabbeln, zu stehen und zu laufen. Er verschüttete seine Milch und fiel hin und stieß sich am Kopf.
- *Jugend*: War er unbeholfen? Wie gut war er im Sport? Vielleicht kannte er den Schmerz, immer als Letzter gewählt zu werden, wenn die Kinder beim Ballspiel ihre Mannschaften bildeten. Gott lernte lesen und schreiben!
- *Teenager*: Wahrscheinlich hatte Jesus Akne und Körpergeruch und üblen Mundgeruch. Gott pubertierte! Seine Stimme veränderte sich und ihm wuchsen die ersten Barthaare. Vielleicht waren einige Mädchen in ihn verknallt und manche Jungs machten sich über ihn lustig. Wahrscheinlich mochte er bestimmte Speisen nicht (Spinat?).
- *Erwachsener* (als Zimmermann): Schwielige Hände. Umgang mit Kunden, die ihn zu betrügen versuchen oder sich über seine Arbeit beschweren. Wie hat er reagiert, wenn man ihn übers Ohr gehauen hat?

Es stört manche Leute, wenn ich so über Jesus rede. Sie halten es für respektlos und schockierend! Wie Max Lucado gesagt hat:

> Wir reden nicht gern so über Jesus. Es ist ungemütlich. Es ist viel einfacher, die Menschlichkeit von der Menschwerdung fern zu halten. Fege den Mist von der Krippe weg. Wisch ihm den Schweiß aus den Augen. Tu so, als ob er nie schnarchte oder sich die Nase putzte oder sich mit dem Hammer auf den Daumen haute. Jesus ist so leichter zu verdauen. Es ist von Vorteil, wenn wir ihn göttlich belassen: Er bleibt in sicherer Entfernung, verpackt, berechenbar. Aber tue es nicht. Um Himmels willen, tu es nicht. Lass ihn so menschlich sein, wie er es beabsichtigte. Lass ihn

in den Schlamm und Dreck unserer Welt kommen. Denn nur dann, wenn wir ihn hineinlassen, kann er uns herausziehen.[81]

Das Wunder an allem ist, dass er es für dich und mich tat! Es war ein Ausdruck seiner tiefen Liebe zu dir, dass das Wort in die Abgründe der menschlichen Hässlichkeit, Schwäche und Demütigung trat.

Mehr über das Geheimnis der Göttlichkeit

Er wurde empfangen durch die Vereinigung von göttlicher Gnade und menschlicher Ungnade.

- Er, der dem ersten Menschen den Atem des Lebens einhauchte, ist nun selber ein Mensch, der seinen ersten Atem nimmt.
- Der König der Könige schläft in einem Kuhstall.
- Der Schöpfer von Ozeanen und Meeren und Flüssen schwimmt in der Gebärmutter seiner Mutter.
- Gott nuckelt an seinem Daumen.
- Das Alpha und Omega lernt das kleine Einmaleins.
- Er, der einst vom herrlichen, stereophonischen Lobpreis anbetender Engel umgeben war, hört jetzt das Muhen der Rinder, das Blöken der Schafe, das Stammeln verwunderter Hirten.
- Er, der das Universum ins Dasein sprach, gluckst und schreit jetzt.
- Die allwissende Gottheit zählt ihre Zehen.
- Maria spielt «Alle meine Entchen» mit den Zehen Gottes.

81 Lucado, S. 26f

- Von den Mänteln der ewigen Herrlichkeit zu den Lumpen der Windeln.
- Der allgegenwärtige Geist, dessen Wesen die Milchstraßen erfüllt, auf den Uterus eines Bauernmädchens beschränkt.
- Die unendliche Macht lernt zu krabbeln.
- Maria spielt «Backe, backe Kuchen» mit dem Herrn der Herrn!

Er war auch Gott

Um über die vorzüglichen Eigenschaften der Göttlichkeit Christi nachzudenken, gehen wir am besten zu Offenbarung 1,12-18, wo wir ein beispielloses Porträt der Herrlichkeit und Macht des auferstandenen Christus entdecken. In Kapitel 2 und 3 wird dann jeder der sieben Briefe an die Gemeinden mit einer Ausnahme durch eine Beschreibung Jesu eingeleitet, die aus 1,12-18 entnommen ist. In den meisten Fällen ist die Beschreibung für die angesprochen Umstände der Gemeinde besonders relevant.

Die Perspektive der Person Christi im Buch der Offenbarung überrascht viele Leute. Die Offenbarung sieht ihn fast ausschließlich als erhöht und verherrlicht, nicht als gedemütigt und unterdrückt. Das wenige, das von seinem Leben gesagt wird, bezieht sich fast ausschließlich auf seinen Tod am Kreuz. Aber wir müssen bedenken, dass es dem Buch der Offenbarung zum großen Teil darum geht, die verfolgten und unterdrückten Gläubigen zu ermutigen. Obwohl es gewiss angebracht wäre, von Jesu Demütigung und Leiden als Mensch zu sprechen, um diejenigen zu trösten, die selber leiden, haben wir stattdessen eine lebhafte Beschreibung seiner Göttlichkeit, seines Triumphes und der Herrlichkeit seiner erhöhten Stellung zur rechten Hand des Vaters. *In unserem Kampf gegen Verfolgung und Schmerz sollen wir durch das Nachsinnen über die triumphale Erhöhung des Gottmenschen Jesus ermutigt und gestärkt werden.* Seine Auferstehung und Erhöhung erinnern uns daran, dass wir am Ende gewinnen werden, weil er gewonnen hat, egal wie intensiv die Schlacht ist.

Wir müssen uns auch davor hüten, uns nicht zu sehr in die Einzelheiten dieses Porträts Jesu zu verrennen. Obwohl jedes Element in diesem Bild theologische Bedeutung hat, warnt uns G. B. Caird davor, nicht «den Regenbogen zu zerlegen»[82]:

> Johannes gebraucht seine Anspielungen nicht als Kürzel, wo jedes Symbol eine gesonderte und genaue Übersetzung erfordert, sondern er baut auf ihre bewegende und die Gefühle ansprechende Kraft. Sie sind keine Fotografie, sondern ein Versuch, das Echo der Erinnerung und Assoziation auszulösen. Die Vision des Göttlichen ruft ähnliche Ehrfurcht hervor, wie wenn man sich angesichts der Grandiosität und Majestät eines donnernden Wasserfalls oder der blendenden südlichen Mittagssonne klein und unbedeutend vorkommt. Johannes hat den auferstandenen, mit allen Eigenschaften der Göttlichkeit bekleideten Christus gesehen, und er möchte in seinen Lesern dasselbe überwältigende und verheerende Erstaunen hervorrufen, das er in seiner prophetischen Trance erlebte.[83]

Schauen wir uns kurz das Porträt Jesu in all seiner verherrlichten Schönheit an, wie es Johannes in Offenbarung 1,12-18 beschreibt.

Johannes nennt Jesus den *Menschensohn* (in Anlehnung an Daniel 7,13-14), eine Beschreibung, die nicht nur auf die Menschlichkeit unseres Herrn hinweist, sondern mehr noch auf seine

---

82 G. B. Caird: *A Commentary on the Revelation of St. John the Divine* (New York, 1966), S. 25

83 G. B. Caird, S. 25f

Rolle als *messianischer König*, durch den Gottes Herrschaft und Macht über die ganze Schöpfung ausgeübt wird.

Talar und Gürtel, die ihn schmücken, erinnern an Bilder des Hohen Priesters im mosaischen Bund (2. Mose 28,4; 39,29) und weisen auf seine Funktion als Vermittler hin, der den unmittelbaren Zugang zu Gottes Gegenwart für uns erlangt hat. Das weiße Haar erinnert an den ehrwürdigen Greis in Daniel 7,9 und deutet daher wiederum seine Göttlichkeit an, seine Wesenseinheit mit dem Vater in der ewigen Gottheit. *Seine Augen waren wie eine Feuerflamme.* J. A. Seiss erklärt dazu:

> Hier ist Intelligenz, brennende, alldurchdringende Intelligenz. Hier ist die Macht, Geheimnisse zu lesen, Verborgenes ans Licht zu bringen, alle Herzen auf einen Blick zu wärmen und zu durchforschen. ... Sein scharfer Blick dient den Guten zur inspirierenden Wärme, den Heuchlern und Gottlosen aber auch zum unbehaglichen und vernichtenden Terror. Glaubt ihr, liebe Freunde, dass dieser Blick auf euch ruht und euch an jenem großen Tag richtet? Es tut uns gut, das Gebet Davids zu beten: «Erforsche mich, Gott, und erkenne mein Herz, prüfe mich und erkenne meine Gedanken! Und sieh, ob ich wandle auf trüglichem Wege, und leite mich auf dem ewigen Wege!» (Psalm 139,23-24).[84]

Seine Füße *glichen dem Golderz* und seine Stimme *klang wie das Rauschen vieler Wasser*. Das Schwert ist nicht in seiner Hand, sondern geht *aus seinem Mund* hervor, wodurch angezeigt wird, dass hier *sein gesprochenes Wort gemeint* ist. Ein zweischneidiges Schwert deutet auf das Evangelium hin, das entweder Leben oder Gericht bringt. *Sein Angesicht leuchtete, wie wenn die Sonne in ihrer Kraft scheint.* Wieder malt Seiss die Szene in Worten, die uns staunen lassen:

---

84 J. A. Seiss, *The Apocalypse: Lectures on the Book of Revelation* (Grand Rapids, 1975 [1900]), S. 40

Man sah etwas davon auf dem Berg der Verklärung, als «sein Antlitz leuchtete wie die Sonne, und seine Kleider ... hellglänzend wie das Licht [wurden]» (Matthäus 17,9). Etwas Ähnliches wurde offenkundig, als er Saulus von Tarsus in einem «Licht, das heller als der Glanz der Sonne» war, erschien. Und so herrlich und durchdringend ist dieses Licht, das von seinem Gesicht ausgeht, dass es im neuen Jerusalem weder Sonne noch Mond noch Lampen noch irgendein anderes Licht geben wird, und doch wird es so von seiner Gegenwart erleuchtet sein, dass selbst die Völker auf Erden in seinem Licht wandeln werden. Und die blitzähnliche Lichtfülle, die zur Zeit seiner Wiederkehr von einem Ende des Himmelsgewölbes zum anderen aufzucken wird, zusammen mit der Herrlichkeit, die ihn und den ganzen Himmel dann bekleiden wird, ist einfach die Enthüllung oder Offenbarung des gesegneten Lichtes, das von seiner erhabenen Person strömt.[85]

Wie ein Puritaner die Schönheit Jesu sah

Ich habe schon öfters von Jonathan Edwards und seiner Frau Sarah gesprochen, und du hast sicher bemerkt, dass er eine unauslöschliche Leidenschaft für den Sohn Gottes hatte. In seinem persönlichen Tagebuch sprach Edwards häufig von den «heftigen Sehnsüchten der Seele»[86] nach Jesus. Er schrieb, er habe «den brennenden Wunsch, in allem ein völliger Christ zu sein, dem gesegneten Ebenbild Christi gleichgemacht, und dass ich in allem entsprechend der reinen, lieblichen und gesegneten Regeln des Evangeliums leben möge.»[87] Er hatte einen «be-

85 Seiss, S. 43

86 Jonathan Edwards: «Extractions from His Private Diary», *Jonathan Edwards: A Profile*. Herausgegeben von David Levin (New York, 1969), S. 28

87 Edwards, S. 29

gierigen Durst»[88] nach Heiligkeit. In Gottes Gnade bemühte er sich täglich, diese Regeln zu «verfolgen und gewissenhaft anzuwenden»[89].

Wie wir hoffentlich alle war Edwards sich sehr seiner «äußersten Schwäche und Unfähigkeit»[90] bewusst, wenn es darum ging, Gott zu gefallen. Er sprach ehrlich über die «unzähligen und abgrundlosen Tiefen der heimlichen Korruption und Falschheit»[91] in seinem Herzen. Dennoch verfolgte er in der Kraft Gottes entschlossen das tiefere Erlebnis christusähnlicher Heiligkeit, das er unbedingt haben musste. Seine Liebe zur Heiligkeit wird in den folgenden Worten festgehalten:

> Die Heiligkeit ... erschien mir von einer anmutigen, angenehmen, charmanten, gelassenen, ruhigen Natur zu sein. Sie brachte meiner Seele eine unaussprechliche Reinheit, Helligkeit, Friedlichkeit und Entzückung und machte meine Seele zu einem Garten Gottes mit allen möglichen lieblichen Blumen, voller Freude, Frieden, Stille und den sanft belebenden Strahlen der Sonne. Die Seele eines wahren Christen ... erschien mir wie ein kleines, weißes Blümchen im Frühjahr. Niedrig und bescheiden hockt es am Boden und öffnet seine Blüte, um die angenehmen Strahlen der herrlichen Sonne zu empfangen. Es freut sich sozusagen in ruhiger Entrückung, verbreitet einen lieblichen Duft, steht friedlich und voller Liebe inmitten anderer Blumen, die alle auf ähnliche Weise ihre Blüten öffnen, um das Licht der Sonne in sich aufzunehmen.[92]

Wie viele Christen kennst du, die Gehorsam und Heiligkeit auf solche Weise beschreiben?

---

88 Edwards, S. 29
89 Edwards, S. 29
90 Edwards, S. 29
91 Edwards, S. 29
92 Edwards, S. 30

Man mag wohl fragen: Wie ist Edwards zu einer solchen Sicht des Gehorsams gelangt? Warum hatte er solche Freude an dem, was er die «Regeln des Evangeliums» nannte? Er beantwortet das in seinen eigenen Worten. Edwards war so verliebt in Jesus, so vollkommen begeistert von den transzendenten Schönheiten seines Erlösers, so verzehrt von der Hinlänglichkeit des Sohnes Gottes in allen Dingen, dass ihm nichts so angenehm erschien wie der Gehorsam gegenüber seinen Geboten. An einer Stelle beschreibt Edwards sein Erlebnis der ...

> ... ausgezeichneten Fülle Christi und seiner Schicklichkeit und Eignung als Heiland, wobei er mir in erster Linie als der Erste unter Zehntausend erschien. Sein Blut und sein Sühneopfer sind mir höchst kostbar und seine Gerechtigkeit ebenfalls. Mein Geist kämpft dann immer inbrünstig und ringt mit unaussprechbarem Stöhnen darum, meiner selbst entleert und von Christus eingenommen zu werden.[93]

Weiter spricht er von der ...

> ... Herrlichkeit des Sohnes Gottes als Vermittler zwischen Gott und Mensch und seiner wunderbaren, großartigen, vollen, reinen und angenehmen Gnade und Liebe und seiner demütigen und sanften Herablassung. Diese Gnade, so ruhig und angenehm, schien den Himmel zu übersteigen. Die Person Christi ist unübertrefflich, mit einer Vorzüglichkeit, die alle Gedanken und jede Vorstellung zunichtemacht. ... Vielfach reagierte ich darauf mit einer Flut von Tränen und lautem Weinen. Meiner Seele verlangte es glühend danach, ... entleert und ausgelöscht zu werden, im Staub zu liegen und allein von Christus voll zu sein; ihn mit einer heiligen und reinen Liebe zu lieben, ihm zu vertrauen, für ihn zu leben, ihm zu dienen und zu folgen und völlig von der Fülle Christi

93 Edwards, S. 35

> umgeben zu sein und von einer göttlichen und himmlischen Reinheit völlig geheiligt und rein gemacht zu werden.[94]

So vollkommen war Edwards von der Schönheit Jesu verzehrt, dass er in der natürlichen Schöpfung kaum etwas ansehen konnte, ohne ein Spiegelbild der Pracht seines Heilands zu sehen. Hier nur ein Beispiel:

> Wenn wir uns an Blumenwiesen und milden Brisen erfreuen, können wir daran denken, dass wir lediglich die Manifestationen der wunderbaren Huld Jesu Christi sehen. Wenn wir die duftende Rose und Lilie betrachten, sehen wir seine Liebe und Reinheit. Ebenso sind die grünen Bäume und Felder und der Gesang der Vögel der Ausdruck seiner unendlichen Freude und Freundlichkeit. Die Unbeschwertheit und Natürlichkeit der Bäume und Reben sind Schatten seiner Schönheit und Lieblichkeit. Die kristallklaren Flüsse und murmelnden Bäche sind die Fußstapfen seiner Gunst, Gnade und Schönheit. Wenn wir das Licht und die Helligkeit der Sonne, die goldenen Umrisse einer Abendwolke oder den auserlesenen Regenbogen schauen, sehen wir die Schattenrisse seiner Herrlichkeit und Güte; der blaue Himmel zeugt von seiner Milde und seinem Sanftmut. An vielem erkennen wir auch seine ehrfurchtgebietende Majestät: an der Sonne in ihrer Stärke, an Kometen, am Donner, an den gewaltigen Gewitterwolken, den zackigen Felsen und den Bergkuppen. Jenes schöne Licht, das die Welt an einem klaren Tag erfüllt, ist ein lebendiger Schatten seiner makellosen Heiligkeit und seiner Freude daran, sich selbst mitzuteilen.[95]

---

94 Edwards, S. 36

95 Jonathan Edwards: «Covenant of Redemption: Excellency of Christ», Jonathan Edwards, *Representative Selections*, herausgegeben von Clarence H. Faust und Thomas H. Johnson (New York, 1962), S. 373f

Aber wird Jesus genügen? Die Welt scheint so viel mehr, so viel einfacher, so viel schneller anzubieten. Gibt es in der Schönheit von allem, was Jesus ist und anbietet, genügend Freude, um meine Seele zufriedenzustellen und ihre Suche nach anderen Freuden zu hemmen? Jesus, und Jesus allein, sagt Edwards,

> ist wahrlich vorzüglich und von solch großer Vortrefflichkeit, dass [müde Seelen] dort verweilen, wenn sie ihn erkennen lernen, und nicht weiter suchen. Sie sehen in ihm eine transzendente Herrlichkeit und eine unbeschreibliche Lieblichkeit; sie erkennen, dass sie bis jetzt Schatten nachgejagt sind, aber dass sie jetzt die Substanz gefunden haben; dass sie zuvor das Glück im Bach gesucht haben, jetzt aber den Ozean gefunden haben. Die Vortrefflichkeit Christi ist etwas, was die natürlichen Gelüste der Seele zufriedenstellt, und sie reicht aus, sie voll zu befriedigen. Es handelt sich um eine unendliche Vorzüglichkeit, so wie sie sich der Intellekt wünscht, in der er keine Grenzen findet. ... Jede neue Entdeckung lässt diese Schönheit hinreißender erscheinen und der Intellekt sieht kein Ende. Hier gibt es genug Raum, tiefer und tiefer zu gehen, ohne je das Ende zu erreichen. Schon beim ersten Blick auf diese Schönheit ist die Seele zutiefst hingerissen und sie wird ihrer niemals müde. Der Intellekt wird nie satt, sondern die Vorzüglichkeit Christi ist immer frisch und neu, und sie kann ihn auch nach tausend oder zehntausend Jahren genauso erfreuen wie im ersten Augenblick.[96]

Was wird unsere Herzen vom vorübergehenden Genuss der Sünde abkehren? Was kann unseren Willen stärken, die Versuchungen des Fleisches abzulehnen? Was gibt der Seele die Kraft, sich von weltlichen Illusionen abzuwenden? Was hat die Kraft,

96 Jonathan Edwards: «Safety, Fulness, and Sweet Refreshment, To Be Found in Christ,» in *Jonathan Edwards on Knowing Christ* (Edinburgh, 1990), S. 170

unsere Wünsche zu verwandeln, die Sehnsüchte neu zu gestalten und die emotionale Chemie anzurühren, damit wir das lieben, was Gott liebt und das hassen, was er hasst? Nur eines – weder Regeln noch Drohungen noch Angst vor Strafe, sondern nur eines: Jesus, in all seiner Schönheit, Jesus in allem, das er für uns jetzt ist und morgen für uns sein wird. Edwards ist sich sicher, dass allein Jesus den Wunsch der Seele befriedigen kann:

> [In Jesus] kann die sehnsüchtige Seele befriedigt, vermag ihr Hunger durch ihn gefüllt werden. Die Freude und Zufriedenheit, die man in ihm findet, ist höher als aller Verstand, unaussprechlich und voller Herrlichkeit. Wer je von diesem süßen Wasser des Brunnens getrunken hat, kann es unmöglich aufgeben. Die Seele hat den Strom des Lebenswassers gefunden und wünscht sich kein anderes Getränk; sie hat den Baum des Lebens gefunden und wünscht sich keine andere Frucht.[97]

Gott verfolgt in meinem Leben das Ziel, mir die größtmögliche «Freude und Zufriedenheit» in seinem Sohn zu geben. Ich wiederum möchte in meinem Dienst Jesus in einem solchen Licht darstellen, dass andere Menschen in ihm völlige Zufriedenheit finden und ihren Geschmack für die Sünde verlieren, wenn sie sich ihm zuwenden. Edwards sagt:

> In Christus erhalten wir alles, was uns einen vorzüglichen Charakter geben und uns liebenswürdig und glücklich machen kann. Er wird jeden Aspekt der Seele in großer Vielfältigkeit erfüllen. Welch herrliche Vielfältigkeit gibt es zur Unterhaltung des Verstandes! Wie viele herrliche Objekte werden aufgezeigt, die unseres Nachsinnens und Verständnisses äußerst würdig sind! Da gibt es all die herrlichen Wesenseigenschaften Gottes, die Schönheiten Jesu Christi und die mannigfalti-

97 Edwards, S. 170

> gen Wunder, die man im Erlösungsweg, in den Herrlichkeiten des Himmels und der Vortrefflichkeit der christlichen Tugenden erkennt.... Die Segnungen sind unzählbar.[98]

Hast du Angst, eines Tages leerzulaufen? Fürchtest du, dass Gottes Fähigkeit, deine Seele durch Christus zu «unterhalten» und «mitzureißen» sich bald verflüchtigt, wie es letztendlich bei allen irdischen Vergnügungen geschieht? Dann hast du noch nicht die unerschöpflichen Mittel der Freude im unerschöpflichen Herz Gottes betrachtet:

> Es gibt [in Gott] einen unerschöpflichen Brunnen des Segens. In seiner unerschöpflichen Vielfalt gibt es jede Art von Leckerbissen, und daher wird er ein Strom des Lebenswassers oder Ströme ewiger Freuden genannt (Offenbarung 22,1). Hier manifestiert sich deine Seele in Fülle, ohne in Gefahr zu sein, den Vorrat zu verbrauchen. Daher sagt Christus zu seinem Volk: «Esst, o Freunde, trinkt, ja trinkt reichlich, o Geliebte» (Hohelied 5,1; Übersetzung aus dem Englischen). Bei diesem geistlichen Essen gibt es keine Völlerei, beim geistlichen Schwelgen keine Tugend wie die Mäßigung .... Zu Gottes rechter Hand gibt es ewige Freuden. Dort darfst du immer essen und trinken und immer zufrieden sein und dennoch nie überfüllt sein. Du darfst uneingeschränkt essen und trinken und bist nie in Gefahr, zu viel zu dir zu nehmen.[99]

Der Schlüssel zur Heiligkeit? Alles, was Gott für dich in seinem Sohn ist, zu essen und trinken und es zu genießen und dich daran zu erfreuen. Der Schlüssel zur Heiligkeit ist, sich in Jesus zu verlieben.

---

98 Jonathan Edwards: «The Spiritual Blessings of the Gospel Represented by a Feast,» *The Works of Jonathan Edwards: Sermons and Discourses,* 1723-1729, Bd. 14, herausgegeben von Kenneth P. Minkema (New Haven, 1997), S. 285f

99 Edwards, S. 286, 291

KAPITEL 8

Was sollen wir essen, wenn wir fasten?

Was müssen wir tun, um die Fülle der Freude in der Gegenwart Gottes zu finden und die ewigen Freuden zur Rechten Gottes zu erleben? Es ist schön und gut, von der Faszination von Gott und seiner Schönheit zu reden, aber wie versetze ich meine Seele in die Lage, diese Schönheit zu sehen und diesem Gott zu begegnen, der mich einlädt, am «Strom seiner Wonnen» (Psalm 36,9) zu trinken?

Man könnte diese Frage auf allerlei Weise beantworten, aber ich möchte mich auf drei Möglichkeiten beschränken. Der wirksamste Weg, meinen Geist und mein Herz der Fülle Gottes empfänglich zu machen, ist das Fasten. Mein Magen dreht sich bei dem Gedanken daran allerdings manchmal schlicht um! Daneben fallen mir auch gleich die Meditation und die Anbetung ein. Diese Beschäftigungen sind einfach drei (aber keinesfalls alle) der Mittel, die Gott angeordnet hat, um die durstige Seele unter den Hahn seines ständig fließenden Segens zu halten. Sie sind wie Wasserrohre, durch die seine Barmherzigkeit und seine Gegenwart in unsere Erlebniswelt fließen. Wir vernachlässigen sie auf eigene Gefahr!

Fasten bedeutet Schwelgen

«Bist du verrückt? Oder hast du dich einem dieser bizarren Kulte angeschlossen, die an ein Raumschiff im Schweif eines Kometen glauben?» Wundere dich nicht über solche Fragen, wenn du deine Freunde wissen lässt, dass du gelegentlich freiwillig fastest. Nichts erscheint dem natürlichen Verstand so lächerlich oder dem Körper so widerlich wie das Fasten. Der Grund ist nicht schwer zu verstehen. Kevin Springer bemerkte: «Wir leben in einer konsumorientierten Gesellschaft, die uns mit Slogans sofortiger Befriedigung bombardiert. ‹Du kannst alles (und jetzt gleich)haben!›, ‹Lang kräftig zu!›, ‹Geschmack ist König!›. Leuten mit dieser Mentalität kommt das Fasten völlig irrsinnig vor.»[100]

Selbst aus christlicher Sicht erscheint es ein wenig seltsam. Wenn Gott die Speisen großzügig erschaffen hat, damit «die Gläubigen und alle, welche die Wahrheit erkannt haben, sie mit Danksagung genießen» (1. Timotheus 4,3), welchen etwaigen Grund könnte es da für die Enthaltsamkeit geben? Sie scheint wie etwas, das für verschrobene Käuze oder, noch schlimmer, Masochisten bestimmt ist.

Der Ruf des Fastens hat auch unter seiner Assoziation mit den asketischen Missbräuchen mittelalterlicher Mönche und Einsiedler gelitten. In vergangenen Jahrhunderten war das Fasten oft starren Regeln unterworfen und ging mit extremen Formen der Selbstmortifikation und Selbstverleugnung einher. Kein Wunder, dass das Fasten so oft zu jener «ich-bin-heiliger-als-du»-Mentalität beizutragen scheint, die wir alle vermeiden möchten. In den Augen vieler ist es untrennbar von angeberischer Selbstgerechtigkeit.

Richard Foster weist darauf hin: «Heute überzeugt uns eine ständige Propaganda, dass wir kurz vorm Verhungern sind, falls

100 Kevin Springer: «Hunger for God's Kingdom,» Faith and Renewal, März/April 1991, S. 9

wir nicht jeden Tag drei große Mahlzeiten zu uns nehmen und zwischendurch an etwas knabbern. Zusammen mit dem populären Glauben, dass es eine positive Tugend ist, jeden menschlichen Appetit zu befriedigen, hat sie das Fasten überholt erscheinen lassen.»[101]

Beim Fasten geht es nicht in erster Linie ums Nichtessen

Es kann uns in unserer Einstellung dem Fasten gegenüber helfen, es von anderen Gründen des Nichtessens zu unterscheiden. Zum Beispiel ist es nicht dasselbe wie ein Hungerstreik, der den Gewinn politischer Macht bezweckt oder die Aufmerksamkeit auf ein gesellschaftliches Anliegen richten möchte. Einige von uns sind alt genug, sich an das Protestfasten der inhaftierten irischen Revolutionäre zu erinnern oder an das sehr profilierte Fasten des schwarzen Komikers und Sozialkritikers Dick Gregory.

Auch geht es beim Fasten nicht ums Diäthalten aus gesundheitlichen Gründen; wir sagen nicht zu Sahnesorte und Schnitzeln Nein, um diesen Sommer im Badeanzug besser auszusehen. Das biblische Fasten hat nichts mit der krankhaften Magersucht zu tun, bei der sich jemand aus Selbstverachtung oder Eitelkeit aushungert. Und nicht zuletzt muss man das biblische Fasten auch vom Fasten in zahlreichen heidnischen Religionen unterscheiden, durch das man die Götter oder Geister manipulieren oder besänftigen möchte.

Befiehlt Gott uns zu fasten?

Nein. Aber nach Matthäus 6,16-18 nimmt Jesus einfach an, dass wir es tun. Zweimal sagt Jesus: «Wenn ihr fastet», beziehungsweise: «Wenn du fastest» (Verse 16,17). Foster kommentiert: «Es scheint eine beinah unbewusste Annahme zu bestehen, dass das Geben, Beten und Fasten alle zur christlichen Hingabe gehören. Wir können das Fasten nicht mehr von der Lehre aus-

101 Richard Foster: Celebration of Discipline (San Francisco, 1978), S. 47f

klammern als das Geben oder Beten.»[102] Obwohl Jesus nicht sagt: «Falls du fastest», sagt er auch nicht: «Du musst fasten». Er sagt einfach: «Wenn du fastest...». Matthäus 9,14-17 ist hier besonders aufschlussreich. Als die Pharisäer sich erkundigten, warum die Jünger Jesu nicht fasteten, erklärte er es in Hinsicht auf seine physische Gegenwart auf Erden. «Es werden aber Tage kommen, wo der Bräutigam ihnen genommen ist: dann werden sie fasten» (Matthäus 9,15).

Hier geht es darum, dass der Messias wie ein Bräutigam zu einem Hochzeitsfest gekommen ist. Solch ein Augenblick ist zu freudig, erstaunlich und aufregend, um zu fasten. Das deutet übrigens darauf hin, dass das Fasten damals weitgehend mit Trauer assoziiert war. Man fastete als Ausdruck der tiefen persönlichen Sehnsucht nach etwas, das kostbarer als bloße Nahrung war. Die Selbstverleugnung war ein Symptom einer der Verzweiflung entsprungenen Malaise des Herzens. Das Fasten ist für Zeiten der Sehnsucht und des Verlangens gedacht. Wenn der Bräutigam nicht mehr körperlich bei uns auf Erden ist, ist das Fasten angebracht. In diesem Zeitalter gibt es in jedem Christen einen Schmerz, eine Art Heimweh, weil Jesus nicht so eng verbunden, nicht so mächtig, sichtbar und persönlich anwesend ist, wie wir es uns von ihm wünschen und wie er es eines Tages sein wird (siehe 1. Petrus 1,8). Und aus diesem Grund sollten wir fasten.

In dieser Hinsicht gibt es eine faszinierende Parallele zwischen dem Fasten und dem Abendmahl. Im Abendmahl schauen wir zeitlich zurück, im Fasten dagegen zeitlich nach vorn. Wir brechen das Brot und trinken aus dem Kelch «in Erinnerung» an das historische, vergangene Opfer. Durch das Essen und Trinken feiern wir die Endgültigkeit und Hinlänglichkeit jenes Sühnetodes und jener herrlichen Auferstehung. Wir sollten nie vom Abendmahl fasten, selbst wenn wir von anderen gewöhnlichen «Mählern» fasten. Im Gegensatz dazu erklärt Piper:

102 Foster, S. 52

> Durch das Nichtessen –das Fasten – schauen wir auf die Zukunft mit einem Schmerz im Herzen und sagen: «Ja, er ist gekommen. Und ja, was er für uns getan hat, ist herrlich. Aber gerade weil wir das gesehen und geschmeckt haben, spüren wir sowohl seine Abwesenheit wie auch seine Gegenwart deutlich. ... Weil er gekommen ist, können wir essen und sogar mit Festessen feiern. Aber auch dies wissen wir: Er ist nicht auf die Weise hier, wie er es einst war. ... Und seine körperliche Abwesenheit ist schmerzhaft. ... Wir sehnen uns danach, dass er wiederkommt, seinen Thron besteigt, in unserer Mitte regiert und sein Volk, seine Wahrheit und seine Herrlichkeit rechtfertigt.»[103]

Wenn wir zusammen mit anderen Gläubigen an der Tafel Christi sitzen, erfreuen wir uns dankbar, ehrfürchtig und freudig an Speise und Trank, die uns an das Geschehene erinnern. Und wenn wir uns vom Tisch abwenden, an dem sonst die täglichen Mahlzeiten serviert werden, erklären wir unsere tiefe Sehnsucht nach dem, was noch nicht geschehen ist.

Wie können wir diese Gedanken über unsere Verpflichtung zum Fasten zusammenfassen? Richard Foster kommt direkt zur Sache: «Es gibt einfach keine biblischen Gesetze, die das regelmäßige Fasten gebieten. Unsere Freiheit im Evangelium bedeutet jedoch keinen Freibrief, sondern Gelegenheit. Da es keine Gesetze gibt, die uns binden, sind wir frei, jederzeit zu fasten.»[104]

Warum sollten wir fasten?

Ich habe in der Bibel fünfzehn Gründe für das Fasten gefunden. Es mag mehr geben, aber sie sind ein guter Anfang.

Vor allem dürfen wir nicht vergessen, dass das Fasten immer von tiefem Verlangen motiviert ist. Vielleicht hat es dich scho-

---

103 John Piper: *A Hunger for God* (Wheaton, 1997), S. 84
104 Foster, S. 51

ckiert, dass ich mich nach einer Diskussion über die Zentralität des Genusses einer Betätigung zugewandt habe, die die meisten mit Entbehrung und Unbehagen assoziieren. Obgleich mit dem Fasten ein gewisses Maß an körperlichem Schmerz verbunden ist, unterdrücken wir beim Fasten nicht unsere Wünsche, sondern verfolgen sie intensiver. Wir fasten, weil wir mehr als Essen wollen. Wir sagen eine Zeitlang Nein zum Essen, um uns mit etwas zu füllen, das weitaus schmackhafter, füllender und befriedigender ist. Wenn wir den Wunsch nach Essen unterdrücken, dann nur deshalb, weil wir einen größeren und intensiveren Wunsch nach etwas Kostbarerem haben – etwas von ewigem Wert.

Wir fasten nicht, weil wir unseren Körper hassen und ihn bestrafen wollen. Jedes unmittelbare Unbehagen ist ein Opfer, das langfristig unmessbaren Gewinn bringt. Wir fasten nicht um des Schmerzes, sondern um des Vergnügens willen, noch mehr von Christus Jesus und der Offenbarung seiner mächtigen Gegenwart zu erleben. Mit anderen Worten, das Fasten ist mit dem christlichen Hedonismus völlig vereinbar! Mehr dazu später.

1. *Es wurde gefastet, um Gottes Gericht und Unwillen gegenüber seinem Volk abzuwenden.* Das Fasten per se konnte Gottes Zorn nicht abwenden, sondern nur insofern, als es Ausdruck der Reue über Sünde war. Siehe 1. Samuel 7,6; Joel 2,12; Jona 3,5-8; Richter 20,26 (vergleiche Esther 4; 1. Könige 21,9; Jeremia 36,6.9)

2. *Das Volk Gottes fastete häufig in Vorbereitung auf den Krieg, mit dem Ziel, Gottes Schutz und Segen zu suchen.* Daher ist das Fasten besonders zu Zeiten des nationalen Notstandes angebracht. Siehe 2. Chronik 20,1-4; Joel 2,15.

3. *Durch das Fasten suchte man Gottes Hilfe für die Befreiung von persönlicher Not und Unterdrückung.* Es war ein Zeichen für völliges Vertrauen auf Gott allein um Hilfe und Errettung. Siehe 1. Könige 21,27-29.

4. *Das Fasten war häufig Ausdruck zerknirschter Buße über Sünde und Demut vor Gott.* Tatsächlich war der Versöhnungstag der einzige vorgeschriebene Fastentag für Israel (3. Mose 16,29-31). Siehe auch Nehemia 9,1-2; Psalm 35,13 («Ich beugte meine Seele mit Fasten»; Schlachter); Daniel 9,3; Joel 2,12-13; Jona 3,5-8.

5. *Das Fasten drückte auch Trauer, Kummer und tiefe Traurigkeit aus.* Siehe insbesondere 1. Samuel 31,13 (Fasten nach dem Tod von Saul und seinen Söhnen); 2. Samuel 1,12 (David fastete, als er von Sauls und Jonathans Tod hörte); 2. Samuel 12,15-23 (David fastete, weil er wegen der tödlichen Krankheit seines Sohnes trauerte); 1. Samuel 20,34 (Jonathan fastete aus Kummer über die Heimtücke seines Vaters gegenüber David). Man sagt gewissermaßen: «Es wäre nicht recht, das Essen zu solch einer Zeit der Tragödie und Traurigkeit und des Verlustes zu genießen.»

6. *Esra fastete im Zusammenhang mit seiner Bitte an Gott, ihm eine sichere Reise zu schenken* (Esra 8,21-23). Hier sehen wir, dass Esra eine Armee-Eskorte ablehnte, damit er König Arthasastha Gottes Macht, Treue und Hinlänglichkeit beim Schutz seines Volkes bezeugen konnte. Anstatt der Hilfe des Königs suchte er die Hilfe Gottes, und er suchte sie durchs Fasten. Man beachte auch, dass das Fasten wiederum ein Ausdruck der Demut ist (Vers 21). Durch das Fasten demütigen wir uns, weil wir dadurch unsere völlige Abhängigkeit von Gott spüren und ausdrücken; letztendlich weigern wir uns, in irgendeine Ressource oder Macht der Menschen zu vertrauen. Das Fasten drückt die Ernsthaftigkeit unseres Suchens aus, wenn es um Leben oder Tod geht: «So fasteten wir denn und flehten unsern Gott in dieser Sache um Hilfe an» (Vers 23).

7. *Durch das Fasten können wir unsere Sorge für den Erfolg des Werkes Gottes zum Ausdruck bringen* (Nehemia 1,3-4). Daniel war schon weit über siebzig, als er den Herrn «mit Gebet und Flehen ... unter Fasten und in Sack und Asche» suchte und dadurch seinen Wunsch ausdrückte, Israel von seiner Gefangenschaft in Babylon befreit zu sehen (Daniel 9,3).

8. *Das Fasten dient zu unserer Demütigung und Zurechtweisung, da es aufzeigt, wie sehr unser Glück von den äußerlichen Vergnügungen des Essens abhängt.* Siehe Psalm 69,11.

9. *Das Fasten lehrt uns Selbstkontrolle und Selbstdisziplin.* Unser Magen darf nicht unser Gott sein, wie es bei einigen der Fall war (Philipper 3,19; Römer 16,18). Siehe besonders 1. Korinther 9,25-27.

Richard Foster drückt es so aus:

> Mehr als jede andere christliche Disziplin offenbart das Fasten die Dinge, die uns beherrschen. Das ist eine wundervolle, positive Auswirkung für die echten Nachfolger Jesu, die sich danach sehnen, in das Ebenbild von Jesus Christus verwandelt zu werden. Wir decken das, was in uns ist, mit Essen und anderen guten Dingen zu. Sollte der Stolz uns beherrschen, wird das fast sofort offenbar werden. David sagte: «Ich weinte und kasteite mich durch Fasten» (Psalm 69,11). Falls sie in uns lauern, treten Zorn, Bitterkeit, Eifersucht, Streit und Angst während des Fastens zum Vorschein. Anfangs rationalisieren wir, dass wir zornig sind, weil wir Hunger haben; später wissen wir, dass wir zornig sind, weil der Geist des Zornes in uns ist. Über diese Erkenntnis können wir uns freuen, weil wir wissen, dass uns durch die Macht Christi Heilung zur Verfügung steht.[105]

105 Foster, S. 48

Dem stimmt John Piper zu:

> Wessen Sklaven sind wir? Welche Leidenschaften haben wir im Endeffekt? Das Fasten ist der Prüfstand Gottes – und seine Krankenhausstation. Werden wir uns wie die Israeliten beklagen, als sie kein Brot hatten? Werden wir den Weg des Gehorsams verlassen und Steine in Brot verwandeln? Oder werden wir «von jedem Wort [leben], das durch den Mund Gottes ergeht»? Durch das Fasten erkennen und bekennen wir vor Gott, was in unserem Herzen ist.[106]

10. *Das Fasten ist eine mächtige Waffe des geistlichen Kampfes.* Das Fasten intensiviert unsere völlige Abhängigkeit von Gott und zwingt uns, von ihm und seiner Macht zu zehren und voll an seine Kraft zu glauben. Das erklärt, warum Jesus in der Wüste in Vorbereitung auf die Versuchungen Satans fastete (Matthäus 4,1-11; Markus 9,29; Matthäus 17,14-21).

Man beachte: Als Jesus an der Schwelle des wichtigsten öffentlichen Dienstes stand, den die Welt je gesehen hat, entschloss er sich zu fasten! Hast du dir je über die ewigen Konsequenzen der Geschehnisse jener vierzig Tage in der Wüste von Judäa Gedanken gemacht? Himmel und Hölle hingen in der Schwebe. Hätte Jesus gewankt oder den Gehorsam verweigert, wäre alle Hoffnung des Himmels auf den Steinen zerschmettert worden, mit denen der Feind ihn versuchte. Jesus hätte Dutzende von Dingen tun können, um dieser Versuchung zu widerstehen, aber er wird vom Heiligen Geist zum Fasten getrieben. Piper erinnert uns daran: «In gewissem Maße (um es nicht zu überspitzen) verdanken wir unsere Erlösung dem Fasten Jesu, was ein bemerkenswerter Tribut an das Fasten ist.»[107]

---

106 John Piper: «Man Shall Not Live by Bread Alone», (Predigt, von 15. 01. 1995)

107 Piper: *A Hunger for God*, S. 55

11. *Das Fasten öffnet unsere geistlichen Ohren, Gottes Stimme zu vernehmen.* Die sanften Worte des Geistes werden zu Zeiten des Fastens leichter gehört. Während unserer Fastenzeiten schenkt Gott oft Einsichten und Verständnis in seinen Willen und seine Absichten oder vielleicht neue Anwendungen seines Wortes auf unser Leben. Der folgende Vorfall wird in Apostelgeschichte 13,1-3 festgehalten:

> In Antiochia wirkten damals in der dortigen Gemeinde folgende Propheten und Lehrer: Barnabas, Symeon mit dem Beinamen Niger, Lucius aus Cyrene, Manaën, der mit dem Vierfürsten Herodes erzogen worden war, und Saulus. 2 Als sie nun einst dem Herrn Gottesdienst hielten und fasteten, gebot der Heilige Geist: ‹Sondert mir doch Barnabas und Saulus für das Werk aus, zu dem ich sie berufen habe!› 3 Da fasteten und beteten sie, legten ihnen die Hände auf und ließen sie ziehen.»

Hier sehen wir, wie Saulus (Paulus) und Barnabas, zusammen mit den Leitern der Gemeinde in Antiochia, Führung vom Herrn suchen, welchen Weg sie als Gemeinde gehen sollten. Ihre Verzweiflung, Gottes Stimme zu hören und seinem Willen zu folgen, konnte keinen angemesseneren Ausdruck finden als die körperliche Entsagung. Durch ihre Abwendung von der körperlichen Abhängigkeit vom Essen machten sie sich geistlich ganz von Gott abhängig: «Jawohl, Herr, wir lieben das Essen und danken dir dafür. Entsprechend deinem Wunsch genießen wir es. Aber jetzt, Herr, befinden wir uns in einer Lage, die wichtiger ist, als dass wir uns vollstopfen und unseren Durst stillen. Wohin sollen wir nach deinem Willen gehen? Wen sollen wir aussenden? Wie soll das bezahlt werden? Herr, wir hungern danach, deinen Willen zu erkennen. Herr, wir dursten nach deiner Führung. Sättige uns, o Gott!»

Hier können wir viel über die Bedeutung des Fastens lernen, vor allem die folgenden vier Punkte:[108]

a. Sie fasteten nach dem Tod und der Auferstehung Jesu. Das ist aus dem einfachen Grund wichtig, weil einige behaupten, dass das Fasten eine Angewohnheit des Alten Testaments war, die für Menschen im Zeitalter der Kirche nicht mehr relevant ist.

b. Sie fasteten gemeinsam als Gruppe. Daraus geht klar hervor: Sie glaubten nicht, dass Jesu Warnung vor dem Fasten, um von Menschen gesehen zu werden (Matthäus 6,17-18), das gemeinschaftliche Fasten ausschloss. Wenn ihr als Gruppe fastet, wissen es andere natürlich, aber das ist offenbar kein Verstoß gegen die Lehre Christi. Offensichtlich verstanden die Gemeindeleiter in Antiochia Jesus so, dass es Sünde ist, wenn wir fasten, damit man uns applaudiert, nicht hingegen, wenn jemand von unserem Fasten weiß. Das gemeinschaftliche Fasten hat Gottes Volk in der biblischen und nachbiblischen Geschichte gekennzeichnet.

c. Der Heilige Geist gab ihnen seine Führung anlässlich ihres Fastens. Man übersehe nicht den offensichtlichen Kausalzusammenhang, den Lukas herstellt. Während sie dem Herrn dienten und fasteten – ja, man könnte sogar sagen, weil sie ihm dienten und fasteten –, sprach der Heilige Geist zu ihnen. Damit sage ich nicht, dass unser Fasten Gott zwingt, uns zu antworten. Aber Gott verspricht, von denen gefunden zu werden, die ihn von ganzem Herzen suchen (Jeremia 29,12-13). Menschen, die einfach Gott gegenüber «offen» sind, finden ihn selten. Gott ist bereit, von denen gefunden zu werden, die ihn von ganzem Herzen suchen, und durch das Fasten streben wir intensiv danach, Gott zu erkennen, zu hören und zu erleben.

108 Piper, *A Hunger for God*, S. 106-108

d. Was Gott ihnen im Laufe ihres Fastens sagte, änderte den Verlauf der Geschichte. Seine Offenbarung wurde in einem Augenblick des geistlichen Hungers nach Gottes Stimme gesprochen, die die Leere füllte, die bloße menschliche Weisheit hinterlassen hatte. Die kurz- und langfristigen Resultate sind überwältigend, denn vor dieser Begebenheit war die Kirche wenig, wenn überhaupt, über die Ostküste des Mittelmeers vorgedrungen. Paulus hatte noch keine Missionsreisen Richtung Westen nach Kleinasien, Griechenland, Rom oder Spanien unternommen. Und er hatte auch keinen seiner Briefe geschrieben, denn alle seine Briefe waren das Ergebnis seiner Missionsreisen und der Gemeinden, die er gründen würde. Dieses Gebets- und Fastentreffen «führte zu einer Missionsbewegung, die das Christentum innerhalb von zweieinhalb Jahrhunderten von der Bedeutungslosigkeit zur vorherrschenden Religion des Römischen Reiches katapultierte und heute zu 2,2 Milliarden Anhängern der christlichen Religion mit einem christlichen Zeugnis in praktisch jedem Land der Welt geführt hat. Dreizehn der 27 Bücher des Neuen Testaments (die Briefe des Paulus) waren ein Ergebnis des Dienstes, der in diesem historischen Augenblick des Gebets und Fastens begann.»[109]

John Wesley berichtet in seinem Tagebuch von einer Zeit des Fastens, die den Verlauf der Geschichte verändert zu haben scheint. Wegen einer drohenden Invasion der Franzosen proklamierte der König von England 1756 einen feierlichen Tag des Gebets und Fastens. Wesley schrieb: «Der Fastentag war ein herrlicher Tag, so wie London ihn seit der Stuart-Restauration selten gesehen hat. Alle Kirchen in der Stadt waren überfüllt und alle Gesichter todernst. Gewiss erhört Gott Gebet und wir werden weiterhin Frieden haben.» In einer Fußnote fügte er spä-

109 Piper, S. 107

ter hinzu: «Demut verwandelte sich beim Volk in Freude, denn die drohende Invasion durch Frankreich wurde abgewendet.»[110]

12. *Das Fasten verschärft und intensiviert unsere Fürbitten.* Am Montag, den 19. April 1742 hielt David Brainerd in seinem Tagebuch fest, dass er diesen Tag fürs Fasten und Gebet beiseitesetzte. Von seinem Erlebnis an jenem Tag sagte er:

    Ich verspürte die Kraft zur Fürbitte für kostbare, unsterbliche Seelen und für die Förderung des Reiches meines lieben Herrn und Retters in der Welt. Obendrein verspürte ich eine äußerst köstliche Resignation und sogar Trost und Freude bei dem Gedanken, Schweres, Nöte und selbst den Tod zu ertragen, um das Reich voranzubringen. ... Meine Seele verausgabte sich sehr für die vielen Seelen der Welt. Ich glaube, ich hatte ein größeres Herz für Sünder als für die Kinder Gottes, obwohl ich das Gefühl hatte, ich könnte mein Leben in Gebetskämpfen für beide verbringen. Ich genoss eine sehr gute Zeit in der Gemeinschaft mit meinem lieben Heiland. Nie in meinem Leben meinte ich eine solche völlige Entwöhnung von dieser Welt zu verspüren und mich in allem Gott so sehr hinzugeben.[111]

13. *Fasten bedeutet Gottesdienst und Anbetung.* Hanna (Lukas 2,36-37) «diente Gott mit Fasten und Beten» (Vers 37; vergleiche Apostelgeschichte 13,1-3). Hannas Beispiel beschämt gewissermaßen uns alle. Jahrelang hatte sie in Erwartung des Messias gefastet, aber nun ist er gekommen. Jetzt besitzen wir den Segen, den er uns durch sein

110 John Wesley: *The Journal of John Wesley* (London, 1938), S. 147

111 Jonathan Edwards: The Works of Jonathan Edwards: The Life of David Brainerd, Bd. 7, herausgegeben von Norman Pettit (New Haven, 1985), S. 162

Kommen gegeben hat. Piper wendet das unverblümt auf uns an:

> Sollen wir uns weniger nach ihm sehnen als Hanna? Führt die Tatsache, dass wir ihn 30 Jahre lang bei uns hatten und dass wir jetzt seinen Geist haben, bei dir jetzt zu größerer oder geringerer Sehnsucht? Oh, welch Anprangerung unserer Blindheit, falls die Antwort ‹geringer› lautet! Lasst uns ihn doch mit größerer Intensität und Sehnsucht als Hanna und Simeon suchen! Sollen wir eine geringere Hingabe haben als diese vorchristlichen Heiligen? Wir haben seine Herrlichkeit geschaut, die Herrlichkeit des eingeborenen Sohnes des Vaters. Sollen wir da weniger nach seinem Erscheinen hungern?[112]

14. *Das Fasten kann ein Ausdruck unserer Großzügigkeit und unseres Mitleids gegenüber den Menschen in Not sein.* In Jesaja 58,1-3 erhebt Gott Anklage gegen sein Volk. Aber was Jesaja Sünde nennt, sieht überraschenderweise wie gottgefälliger religiöser Eifer aus!

    a. Sie «befragen Gott Tag für Tag» (V. 2).
    b. Sie wollen seine Wege kennen (V. 2).
    c. Sie bitten ihn um gerechte Urteile (V. 2).
    d. Sie «erwarten ungeduldig das Nahen Gottes» (V. 2).
    e. Sie fasten und demütigen sich (V. 3).

Dennoch gefällt ihr Fasten dem Herrn nicht! Warum? Der Grund wird in den Versen 3-5 klargemacht. Die ethischen Begleiterscheinungen ihres Fastens sind abscheulich: Sie sind von Selbstsucht motiviert (Vers 3) und ihren Untergebenen gegenüber unfair und brutal (Vers 4)! An solch einem Fasten hat Gott keinen Gefallen. Wenn dein Fasten dazu führt, dass du selbstsüchtig, schlecht gelaunt, gereizt, wütend und den Bedürfnis-

112 John Piper: «Fasting for the King's Coming» (Predigt, 29.1. 1995)

sen deiner Mitmenschen gegenüber unempfänglich bist, dann um Himmels willen (und um deiner Umgebung willen!) iss bitte etwas!

Das Fasten, das Gott gefällt, drückt sich in mehreren Handlungen aus, genau genommen dreizehn. Piper hat sie in sieben allgemeinen Kategorien zusammengefasst.[113] Bei dieser Art des Fastens werden wir aufgefordert:

a. Die Last der Unterdrückung zu lösen (Verse 6,9).
b. Die Hungrigen zu speisen (Vers 7).
c. Den Obdachlosen ein Dach über den Kopf zu geben (Vers 7).
d. Die Nackten zu kleiden (Vers 7).
e. Mit anderen zu sympathisieren und uns in ihre Lage zu versetzen (Vers 7; vergleiche Hebräer 13,3).
f. Gesten und Worte aufzugeben, die Verachtung für an dere zeigen (Vers 9).
g. Nicht nur Essen zu spenden, sondern uns selbst hinzugeben. Wir sollen nicht nur den Magen der Armen befriedigen, sondern die Seelen der Bedrängten (Vers 10).

Ebenso deutlich wird aufgeführt, wohin ein solches Fasten führt:

a. Die Dunkelheit in unserem Leben wird zu Licht (Verse 8a,10).
b. Wir werden körperlich gestärkt (Verse 8,11).
c. Gott wird in Gerechtigkeit und Herrlichkeit vor uns und hinter uns und in unserer Mitte sein (Verse 8,9).

113 Piper: *A Hunger for God*, S. 125-153

d. Gott verspricht, uns andauernd zu führen. (Vers 11).

e. Er wird die Seele befriedigen (Vers 11).

f. Gott wird uns einem wohlbewässerten Garten gleich machen, dessen Quellen nicht versiegen (Vers 11).

g. Er wird die Ruinen seiner Stadt – und ebenso sein Volk – wiederherstellen (Vers 12).

15. *Fasten bedeutet Schwelgen!* Was sollen wir während des Fastens essen? Das Ironische am Fasten ist, dass es eigentlich gar nicht um die Enthaltsamkeit von Nahrungsmitteln geht. Vielmehr sollen wir uns von der Fülle jedes göttlichen Segens ernähren, den wir in Christus erhalten haben. Das Fasten erweicht unsere Herzen, um die Gegenwart Gottes zu erleben. Es erweitert die Kapazität der Seele, seine Stimme zu hören, in seiner Liebe bestärkt zu werden und von der Fülle seiner Freude erfüllt zu werden. Dallas Willard erklärt:

> Das Fasten bestätigt unsere völlige Abhängigkeit von Gott, indem wir in ihm eine Nahrungsquelle finden, die übers Essen hinausgeht. Durch das Fasten lernen wir aus Erfahrung, dass Gottes Wort an uns eine lebendige Substanz ist; nicht das Essen («Brot») allein gibt Leben, sondern auch die Worte, die aus dem Munde Gottes ergehen (Matthäus 4,4). Wir lernen, dass auch wir eine Speise haben, von der die Welt nichts weiß (Johannes 4,32.34). Unserem Herrn zu fasten ist daher ein Festessen – ein Schwelgen an ihm und an der Erfüllung seines Willens.[114]

Schauen wir uns noch einmal Jesu Worte an seine Jünger in Johannes 4 an. Sicher schätzte Jesus ihre Besorgnis um sein Wohl, aber er wollte ihnen etwas klarmachen. Als sie darauf bestan-

114 Dallas Willard: *The Spirit of the Disciplines* (San Francisco, 1988), S. 166

den, dass er etwas esse, gab er ihnen die überraschende Antwort: «Ich habe eine Speise zu essen, von der ihr nichts wisst» (4,32). Nein, Jesus hatte kein Sandwich in seinem Gewand verborgen. Und seine Worte waren auch nicht, wie Foster erklärt, «eine clevere Metapher, sondern echte Realität. Jesus wurde in der Tat von der Macht Gottes ernährt und gekräftigt.»[115] Wesley Duewel drückt es so aus:

> Fasten im biblischen Sinn bedeutet die Entscheidung, kein Essen zu dir zu nehmen, weil dein geistlicher Hunger so tief, deine Entschlossenheit in der Fürbitte so intensiv oder deine geistliche Kampfführung so anspruchsvoll ist, dass du zeitweilig sogar fleischliche Bedürfnisse beiseite gesetzt hast, um dich dem Gebet und der Meditation hinzugeben.[116]

Kurz: Das Fasten ist ein Fest. Beim Fasten geht es ums Essen! Es geht um die Aufnahme des Wortes Gottes, der Schönheit Gottes, der Gegenwart Gottes, der Segnungen Gottes. Beim Fasten geht es ganz um geistliche Völlerei! Wir geben das Essen nicht um seiner selbst willen auf, sondern um Christi willen. Wie Jesus selber in Matthäus 6,16-18 klarmachte: Entweder enthalten wir uns des Essens, um von Menschen gelobt oder um von unserem himmlischen Vater belohnt zu werden. Mit anderen Worten, wir werden immer zum Fasten getrieben, weil wir nach etwas Größerem als Essen hungern. So merkwürdig es klingen mag, das Fasten ist von der Aussicht auf Vergnügen motiviert. Das fastende Herz ruft: « Ich möchte etwas mehr als den Genuss des Essens!» Und dieses «Etwas» kann die Bewunderung sein, die man den Menschen mit Willenskraft zollt, oder es kann die Belohnung sein, die wir von Gott allein ohne Rücksicht auf Menschenlob suchen.[117]

115 Foster, S. 56

116 Wesley Duewel: *Touch the World Through Prayer* (Grand Rapids, 1986), S. 97

117 Siehe Pipers Ausführungen über diese Stelle in Matthäus in *A Hunger for God*, S. 63-80

Die Gefahren des Fastens

Die echte Gefahr des Fastens liegt in mehr als den möglichen körperlichen Nebenwirkungen. Jesus warnt uns in Matthäus 6,16, nicht wie die Heuchler zu sein. Heuchler sind Menschen, die geistliche Disziplinen wie Fasten unternehmen, um von Menschen gesehen zu werden. Um diese Belohnung geht es ihnen. Alle von uns haben schon einmal die Befriedigung einer solchen Belohnung erlebt: die Selbstbestätigung, die daher rührt, wenn wir für unsere «Geistlichkeit» bewundert werden und öffentlich für unseren «Eifer» anerkannt werden. Es befriedigt unser Fleisch wirklich, wenn man viel Aufheben um unsere Errungenschaften und besonders unsere religiösen Errungenschaften macht. Jesus sagt, wenn das die Belohnung ist, die unser Fasten motiviert, werden wir sie gewiss erhalten. Aber das ist alles, was wir erhalten werden! Wenn wir uns das Lob der Menschen wünschen, werden wir es bekommen, aber keins von Gott.

Jesus nennt diese Art des Fastens «Heuchelei». Warum? Weil wahres, gottgefälliges Fasten von einem Herzen für Gott motiviert ist und nicht vom Verlangen nach menschlicher Bewunderung. Wenn diese Pharisäer gesagt hätten: «Genau genommen fasten wir, um von Männern und Frauen gelobt und bewundert zu werden», wären sie zumindest keine Heuchler mehr gewesen, obwohl ihr Fasten dadurch noch nicht gottgefällig gewesen wäre. Ihre Heuchelei bestand darin, dass sie öffentlich Gottes Anerkennung zu suchen schienen, während es ihnen in Wirklichkeit um die Anerkennung der Menschen ging. Wie Piper erklärt:

> Diese fastenden Leute sind über zwei Gefahren gestolpert. Einmal suchen sie beim Fasten die falsche Belohnung, nämlich die Würdigung durch andere. Sie lieben das Lob der Menschen. Und zweitens verstecken sie ihr Motiv hinter dem Vorwand der Liebe zu Gott. Fasten bedeutet Liebe zu Gott – Hunger nach Gott. Daher sagen sie durch ihr Verhalten, dass sie hungrig

> nach Gott sind, aber im Inneren sind sie hungrig auf die Bewunderung und Bestätigung durch andere Leute. Ein Idol, ein falscher Gott, befriedigt sie.[118]

Verständlicherweise mag man an diesem Punkt fragen: «Heißt das, dass ich gesündigt habe oder ein Heuchler bin, wenn jemand herausfindet, dass ich faste?» Nein, nicht unbedingt. Der Wert deines Fastens wird nicht dadurch unterminiert, dass jemand bemerkt, dass du das Abendessen ausgelassen hast. Diese Aussage Jesu schließt auch das gemeinschaftliche Fasten nicht aus. Es ist möglich, mit anderen zu fasten oder andere wissen zu lassen, dass du fastest, und trotzdem nicht zu sündigen oder ein Heuchler zu sein. Entscheidend ist dein Motiv für das Fasten. Einfach ausgedrückt, «Beim Fasten gesehen zu werden und fasten, *um* gesehen zu werden, ist nicht dasselbe»[119]. Beim Fasten gesehen zu werden ist lediglich ein externes und oft unvermeidliches Ereignis. Aber Fasten, *um* gesehen zu werden, ist ein selbstverherrlichendes Motiv des Herzens.

> Was ist dann die «Belohnung», die Gott verspricht, wenn unser Motiv ist, nur von ihm im Geheimen gesehen zu werden (Matthäus 6,18)? Gott sieht, wie wir fasten und weiß, dass wir in unserem Herzen von einer tiefen Sehnsucht nach ihm und der Erfüllung seiner Anliegen auf Erden motiviert sind. Er weiß, dass wir nicht fasten, um den Applaus der Menschen zu gewinnen. Er sieht, dass wir nicht aus eigener Kraft handeln, um andere zu beeindrucken oder sie beeinflussen wollen, unsere Hingabe nachzuahmen. Sondern wir sind aus Schwäche zu Gott gekommen, um ihm unsere Not und unsere große Sehnsucht auszudrücken, damit er sich in unserem Leben zur Freude der Seele und der Herrlichkeit seines Namens vollständiger manifestiere.[120]

---

118 Piper: «Fasting for the Reward of the Father» (Predigt vom 5.2.1995).
119 Piper: *A Hunger for God*, S. 74
120 Piper, S. 77

Und wenn Gott das sieht, reagiert er. Er antwortet, indem er uns mehr von sich selbst und dem Segen gibt, der für uns in Christus erworben wurde. Er «belohnt» uns, indem er die Gebete beantwortet, die wir gemäß seiner Anweisung in Matthäus 6,9-13 beten (dass sein Name geheiligt werde, sein Reich komme, sein Wille auf Erden geschehe). Gewiss kann und wird Gott uns andere Dinge geben, die wir durch das Fasten suchen (körperliche Heilung, Führung und so weiter). Aber eins der Hauptergebnisse des Fastens ist die Erhöhung des Namens Gottes und die Ausdehnung seines Königreiches.

Wie vermeiden wir also Heuchelei beim Fasten? Falls du dich beim Fasten je bei dem Gedanken ertappst: «Gott wird mich jetzt mehr lieben ... Gott wird jetzt bestimmt von mir beeindruckt sein!», dann steige in dein Auto und fahre zum Schnellimbiss! Falls du im Geringsten versucht bist zu glauben: «Gott wird mich mehr segnen ... Es bleibt ihm gar nicht andres übrig, als meine Gerechtigkeit zu belohnen!», dann geh und iss die größte Pizza, die du finden kannst! Falls dir in den Sinn kommt: «Ich bin besser als andere, die nicht fasten und ich hoffe doch sehr, dass sie es so klar und deutlich wie ich sehen!», dann geh zu einem Büffet!

Wie sollten wir fasten?

Jetzt noch ein paar praktische Richtlinien. Fang zuerst einmal bescheiden an, vor allem falls diese Disziplin dir neu ist und dir ihre körperlichen Auswirkungen nicht vertraut sind. Fang nicht mit einer zweiwöchigen Wasserfast an! Lasse drei bis fünf Tage lang jeden Tag eine Mahlzeit aus und hebe das Geld auf, das sie gekostet haben würden, um es den Armen zu geben. Verbringe die Zeit, die du mit dem Essen verbracht hättest, im Gebet.

Denk auch daran, dass es Grade des Fastens gibt. Da ist das reguläre Fasten, das in der Enthaltung von aller Nahrung und Getränken außer Wasser besteht (Matthäus 4,2-3; Lukas 4,2).

Abgesehen von einem Wunder kann der Körper nur drei Tage lang ohne Wasser existieren. Bei einem Teilfasten enthält man sich gewisser Speisen wie Daniel in Babylon (Daniel 10,3; vergleiche 1,8.12). Beim «flüssigen Fasten» isst du keine feste Speisen, sondern trinkst nur Obstsäfte oder ähnliche Getränke. Ein völliges oder absolutes Fasten ohne irgendwelche Speise oder Flüssigkeit (Esra 10,6; Esther 4,16; Apostelgeschichte 9,9) sollte nur sehr kurze Zeit dauern. Für irgendetwas Längeres suche ärztlichen Rat. Daneben gibt es auch, was man nur übernatürliches Fasten nennen kann, wie bei Mose (5. Mose 9,9), der vierzig Tage lang weder Essen noch Wasser zu sich nahm (was er nur konnte, weil Gott es ihm auf übernatürliche Weise ermöglichte).

Anfangs wird es dir vielleicht schwindelig sein und du bekommst Kopfschmerzen. Das ist Teil des Reinigungsprozesses des Körpers und wird mit der Zeit verschwinden. Achte ja darauf, am Ende des Fastens schrittweise mit frischem Obst und Gemüse wieder anzufangen. Iss nach dem Fasten nicht zu viel. Chili und Pizza mögen nach mehreren Tagen der Enthaltsamkeit gut klingen, aber beherrsche dich bitte ein wenig und sage Nein!

Wie lange du fastest, ist ganz dir und der Führung des Heiligen Geistes überlassen. In der Bibel gibt es Beispiele für Fastenzeiten, die einen Tag dauerten oder einen Teil des Tages (Richter 20,26; 1. Samuel 7,6; 2. Samuel 1,12; 3,35; Nehemia 9,1; Jeremia 36,6), eine Nacht lang (Daniel 6,19-25), drei Tage lang (Esther 4,16; Apostelgeschichte 9,9), sieben Tage lang (1. Samuel 31,13; 2. Samuel 12,16-23), vierzehn Tage lang (Apostelgeschichte 27,33-34), 21 Tage lang (Daniel 10,3-13), 40 Tage lang (5. Mose 9,9; 1. Könige 19,8; Matthäus 4,2) oder eine unbekannte Länge hatten (Matthäus 9,14; Lukas 2,37; Apostelgeschichte 13,2).

Letztendlich verlier nie die Tatsache aus den Augen, dass es nicht das Wichtigste ist, was du nicht isst oder wie lang du nicht isst. Geistlich gesehen ist das, was du tatsächlich zu dir nimmst, entscheidend. Nähre dich von Gott. Nimm nicht nur einen kleinen Happen, sondern schwelge in ihm! Suche ihn, rufe ihn an. Konzentriere dich auf ihn. Lade ihn ein, dich «mit der ganzen Gottesfülle» zu erfüllen (Epheser 3,19). Flehe ihn an, dich zu kräftigen und zu nähren und dir zur Hilfe zu kommen. Nach Ablauf deiner Fastenzeit freue dich dann an dem Essen, das er dir gegeben hat und danke ihm für alle guten Dinge.

KAPITEL 9

Vergnügungen des Verstandes

Was hat die christliche Meditation oder Kontemplation[121] mit der Heiligkeit zu tun? Noch wichtiger, was hat sie mit dem größtmöglichen Vergnügen an Gott und dem geringstmöglichen Genuss der Sünde zu tun?

Von den vielen Funktionen der Schrift ist keine wichtiger als die Förderung des Appetits auf Gott. Die Sünde redet mir ein, dass ich nicht gleichzeitig der Reinheit nachjagen und die größten Abenteuer und die befriedigendsten Genüsse des Lebens haben kann. Aber das Wort Gottes verstärkt meine Entscheidung zu gehorchen, indem es mich daran erinnert, dass die Fülle der Freude im Gehorsam liegt. Gottes Gerechtigkeit ist so aufregend, dass ihr selbst die köstlichste aller Sünden in ihrer Glanzzeit nicht einmal andeutungsweise das Wasser reichen kann. «Während ich bete, dass mein Glaube mit Gottes Leben und Frieden zufrieden ist», schreibt Piper, «kratzt das Schwert

121 Der Autor verwendet im Englischen nur das Wort *Meditation*. Im deutschen Sprachgebrauch ist das Wort *Kontemplation* oder *Nachsinnen* zutreffender. Zwar wird das «Nachsinnen über das Wort Gottes» allein auch im Deutschen als Meditieren bezeichnet. Doch alle weitergehenden Betrachtungen werden entsprechend der christlichen Tradition als Kontemplation bezeichnet. Siehe auch «Wesen und Praxis christlicher Kontemplation» der vbg Schweiz (Link: http://goo.gl/yWHDK). Wir haben den Text in diesem Kapitel entsprechend angepasst. (Anmerkung des Herausgebers)

des Geistes den Zuckerguss vom Gift der sexuellen Begierde ab. Ich erkenne sie für das, was sie ist, und durch die Gnade Gottes wird ihre betörende Macht gebrochen.»[122]

Wir alle möchten nicht sündigen. Das ist der Grund, warum ich dieses Buch geschrieben habe und warum du es liest. Der Apostel Paulus sagte in Römer 3,23 (Schlachter): «Alle haben gesündigt und verfehlen die Herrlichkeit, die sie vor Gott haben sollten». Sünde bedeutet, wir verherrlichen Gott nicht, weil wir andere Dinge für wertvoller und genussreicher als ihn halten. Wenn wir aufhören wollen zu sündigen, müssen wir daher Gott über alles genießen. Der Psalmist sagt, wie wir statt zu sündigen Gott über alles genießen können: indem wir sein Wort in unserem Herzen wie einen Schatz bewahren (Psalm 119,11). Das ist mehr als das schlichte «Bekenntnis» seines Wortes; wir «schätzen» es im Herzen, wenn wir seine Wahrheit zuhöchst werten, es als etwas Kostbares und Vorzügliches würdigen und es dann durch Auswendiglernen und Meditation verdauen, damit es frei durch unsere geistlichen Adern fließen kann. Wenn wir das tun, gibt der Heilige Geist dem Herzen die Kraft zu glauben und entsprechend seiner Anordnungen zu handeln. Mit anderen Worten, wir sündigen weniger.

In vielen christlichen Kreisen ist das Wort «Meditation» zum unanständigen Wort geworden, das fast so verpönt wie «Fasten» ist (!). Das ist in erster Linie auf seine Assoziation mit östlichen Religionen und der New-Age-Philosophie zurückzuführen. Aber die Meditation ist ein äußerst biblisches Konzept; ohne sie wird der Gläubige nie die Tiefe der Gemeinschaft mit Gott erleben, die er seinen Kindern zur Verfügung gestellt hat. Wir dürfen einfach nicht zulassen, dass der Missbrauch und die Verzerrung dieser biblischen Gewohnheit uns der Freuden berauben, die sie uns nach Gottes Willen geben soll.

---

122 John Piper: *«How Dead People Do Battle with Sin»* (Wie Tote mit der Sünde kämpfen, Predigt vom 9.9.1998).

Was ist Meditation/Kontemplation?

Die Meditation oder Kontemplation ist mehr als das Nachdenken über die Schrift. Um richtig zu meditieren und nachzusinnen, muss die Seele über das nachsinnen, was der Verstand sich einverleibt hat, und das Herz muss sich darüber freuen, was die Seele verstanden hat. Wir haben echt meditiert, wenn wir sein Wort langsam lesen, im Gebet uns aneignen und uns demütig auf seine Offenbarung verlassen. Dabei sind wir bewusst vom Heiligen Geist abhängig, der uns innerlich stärkt.

Durch die Kontemplation wenden wir Gott unsere Aufmerksamkeit zu und suchen immer wieder das, was droben ist (Kolosser 3,1). Hier engagiert sich der Verstand bewusst mit Gott. Diese Erneuerung des Sinnes (Römer 12,1-2) ist Teil des Prozesses, durch den das Wort Gottes Seele und Geist mit dem Licht der Erleuchtung und der Kraft der Verwandlung durchdringt. Don Whitney verwendet das Gleichnis einer Tasse Tee:

> Du bist die Tasse heißen Wassers und der Teebeutel steht für die Aufnahme der Schrift. Das Hören des Wortes Gottes entspricht einem kurzen Eintauchen des Beutels ins Wasser. Das Wasser nimmt ein wenig vom Teegeschmack an, aber nicht so viel wie bei einem längeren Eintauchen. Bei diesem Vergleich werden das Lesen, Studieren und Auswendiglernen des Wortes Gottes durch wiederholtes Eintauchen des Teebeutels in die Tasse repräsentiert. Je häufiger man den Teebeutel ins Wasser stippt, desto kräftiger wird der Tee. Bei der Meditation ist es jedoch so, als ob man den Beutel ziehen lässt, bis ihm der ganze reichhaltige Teegeschmack entnommen und das heiße Wasser tief rotbraun gefärbt worden ist.[123]

123 Donald S. Whitney: *Spiritual Disciplines for the Christian Life* (Colorado Springs, 1991) S. 44

Verschiedene Arten der Meditation/Kontemplation

Die Meditation/Kontemplation kann eine von mehreren Formen annehmen, je nachdem, worauf wir uns konzentrieren.

Das Nachsinnen über die Schrift

Mein Hobby sind Bücher, oder genauer gesagt, das Lesen von Büchern. Die Regale in meinem Büro sind voller Bücher wie Romane, Sachbücher, theologische Abhandlungen, Lexikons, Wörterbücher, Kommentare und dergleichen. Aber trotz ihres Wertes, ihrer Tiefe und ihrer literarischen Qualität bleiben sie doch nur Bücher, Tinte auf Papier zwischen zwei Buchklappen. Keins von ihnen ist unfehlbar und ihr Rat ist gelegentlich erbärmlich. Ihre Macht, mein Leben zu verändern, ist minimal. Sie können meinen Wortschatz erweitern, mich über bisher unbekannte Tatsachen informieren oder sogar meine romantischen Fantasien anheizen (wenn ich eine bestimmte Art Literatur lesen würde, was ich Gottseidank nicht tue!). Aber wenn mein Herz vor Verzweiflung schier in Ohnmacht fällt, können solche Bücher mir keine Hoffnung geben. Wenn Zweifel wie Flutwasser meinen Glauben zu ertränken drohen, stärken solche Bücher meinen Glauben nicht. Wenn ich gegen sündige Angewohnheiten kämpfe, sind sie machtlos. Wenn ich mich morgens beim Aufwachen frage, ob meine Seele wirklich jemandem am Herzen liegt, können sie mir nicht die Freude vermitteln, dass ich von Gott geliebt bin. Wenn ich traurig und schlecht gelaunt bin und die Nase vom Leben voll habe, brauche ich ein Buch, dessen Worte von der Kraft des Heiligen Geistes gesalbt sind; ich benötige ein Buch, das von Gott die Kraft erhalten hat, die von ihm geforderten Veränderungen hervorzubringen. Und nur ein Buch vermag das tun, was ich brauche: das Wort Gottes.

Ehe man den Wert der Kontemplation schätzen kann, muss man die Kraft des geschriebenen Wortes Gottes anerkennen, das Denken, die Gefühle und die Handlungen zu verändern.

Schauen wir uns kurz an, auf welche Weise die Schrift und sie allein unser Leben beeinflussen kann.

Das Wort Gottes ist zunächst einmal das Instrument, durch das der Heilige Geist das menschliche Herz regeneriert. Das geistliche Leben beginnt, wenn das Wort verkündet wird, wie Petrus sagt: «Ihr seid ja nicht aus vergänglichem, sondern aus unvergänglichem Samen wiedergeboren, nämlich durch das lebendige und ewigbleibende Wort Gottes. ... Dies ist aber das Wort, das euch als Heilsbotschaft verkündigt worden ist» (1. Petrus 1,23.25). Dem stimmt Paulus zu, als er vom Wort Gottes im Evangelium als der Macht spricht, durch die wir gerettet werden (siehe besonders Römer 1,16-17; 10,14-15 und 1. Korinther 1,18-25).

Zweitens ist Gottes Wort die Quelle, der die Wasser des Glaubens entspringen. Paulus sagt in Römer 10,17 (Neue evangelistische Übersetzung): « Der Glaube kommt also aus dem Hören der Botschaft und die Verkündigung aus dem Wort von Christus». Der Heilige Geist vermittelt uns Durchhaltekraft und Ermutigung durch die Schrift: «Und alles, was die Schrift sagt und was doch schon vor langer Zeit niedergeschrieben wurde, sagt sie unseretwegen. Wir sind es, die daraus lernen sollen; wir sollen durch ihre Aussagen ermutigt werden, damit wir unbeirrbar durchhalten, bis sich unsere Hoffnung erfüllt» (Römer 15,4; NGÜ).

Ein befreundeter Pastor erzählte mir einmal, dass er praktisch jeden Montagmorgen schreien möchte: «Ich gebe auf!» Als ich lachte, versicherte er mir, dass es keine leere Drohung war. Die Enttäuschung, die der Dienst mit sich bringen kann, ist oft überwältigend. Warum gab er dann nicht auf? Weil er gegen die steigende Flut der Frustration ankämpfte, indem er sich in die Schrift vertiefte und seine Seele in den Verheißungen Gottes «badete». Und das Wort Gottes hält wirklich, was es verspricht. Sein Herz erhält neue Hoffnung, Gründe zum Aushalten und die Kraft zum Weitermachen. Obwohl er immer noch regelmäßig entmutigt wird, weiß er, wo er Hilfe erhält.

Durch die Schrift steigen in uns Freude, Frieden und Hoffnung auf. In Römer 15,13 betet Paulus: «Der Gott aber, der unsere Hoffnung ist, erfülle euch mit aller Freude und mit Frieden auf dem Grunde des Glaubens, damit ihr immer reicher an Hoffnung werdet durch die Kraft des Heiligen Geistes!» Die Frucht des Glaubens sind Freude und Frieden, und diese führen wiederum zu Hoffnung. Aber «was» sollen wir glauben? Unser Glaube ist die Zuversicht, die wir haben, dass das wahr ist, was Gott uns in der Schrift über sein Wesen und unsere Beziehung zu ihm durch Jesus offenbart hat. Der Glaube schwebt nicht irgendwo in der Luft, sondern ist fest auf das Fundament der inspirierten, offenbarten Worte gegründet, die für uns in der Bibel aufgeschrieben wurden.

Das Wort Gottes ist auch für die Wunder im Leib Christi verantwortlich. Wir lesen in Galater 3,5: «Der euch also den Geist mitteilt und Wunderkräfte in euch wirkt, tut er das aufgrund von Gesetzeswerken oder infolge der Predigt vom Glauben?» Paulus fragt: «Warum gibt Gott euch die Kraft, Wunder zu tun? Ist es wegen all der Regeln, die ihr haltet, als ob euer religiöser Eifer ihn euch irgendwie verpflichtet macht? Oder schenkt er euch die Antwort seiner Gnade auf euren Glauben?» Erlaube mir drei Beobachtungen über die Antwort des Paulus, die aufeinander aufbauen.

Erstens ist es Gott, der euch ständig und großzügig den Geist gibt. Obwohl ihr schon am Anfang den Geist erhalten habt, gibt es weitere Begegnungen mit seiner Kraft! Zweitens drückt sich dieses frische Ausgießen des Geistes in *Wundern* aus, ein Phänomen, das Paulus offensichtlich weder ungewöhnlich noch umstritten findet. Drittens, und das ist der wichtigste Punkt, ist Gottes Instrument der *Glauben*, den das Hören des Wortes Gottes hervorruft! Wenn wir das Wort Gottes in der Predigt, der Lehre und in Zeiten der Meditation hören, konzentrieren sich unsere Gedanken und Herzen auf Gott. Seine Herrlichkeit steht im Mittelpunkt und unser Glaube an seine Größe wird erweitert und vertieft; auf diesem fruchtbaren Boden wird der Same des Übernatürlichen gesät. Abseits der Wahrheiten des biblischen Textes kann es keinen echten, langlebigen, christuserhöhenden Glauben geben und abseits eines solchen Glaubens kann es keine (oder nur wenige) Wunder geben.

Es ist das ausgelegte und angewandte Wort Gottes, das im Alltag die Frucht der Heiligung und Heiligkeit hervorbringt. Man betrachte folgende Schriftstellen:

> 13 Deshalb sagen wir auch Gott unablässig Dank dafür, dass ihr nach Empfang des von uns gepredigten Gotteswortes es nicht als Menschenwort angenommen habt, sondern als das, was es ja in der Tat ist, als Gottes Wort, das sich nun in euch, seitdem ihr gläubig seid, auch wirksam erweist. (1. Thessalonicher 2,13)

> 6 Wenn du dieses den Brüdern vorhältst, wirst du ein löblicher Diener Christi Jesu sein, weil du zu deiner Speise die Worte des Glaubens und der guten Lehre machst, die du dir zur Richtschnur genommen hast. (1. Timotheus 4,6)

> 2 Und tragt wie neugeborene Kinder nach der geistigen lauteren Milch Verlangen, damit ihr durch sie zur Errettung heranwachst ... (1. Petrus 2,2)

> 12 Denn lebendig ist das Wort Gottes und wirkungskräftig und schärfer als jedes zweischneidige Schwert: Es dringt hindurch, bis es Seele und Geist, Gelenke und Mark scheidet, und ist ein Richter über die Regungen und Gedanken des Herzens. (Hebräer 4,12)

Die Verwandlung schwebt nicht wie Tau vom Himmel auf uns herab. Durch jede dieser Schriftstellen zieht sich wie ein roter Faden: Unsere Veränderung ist die Frucht unserer Faszination mit der Herrlichkeit Gottes, wie sie in der Schrift offenbart wird. «Wir ändern uns», bemerkt Piper, «weil wir etwas von größerer Schönheit, Vortrefflichkeit und höherem Wert gesehen haben. Wenn du ins Angesicht Gottes schaust und danach in *Sport Bild* oder *Vogue* blätterst und nicht von der überlegenen Schönheit, dem Wert, der Vortrefflichkeit und der Begehrenswertigkeit Christi bewegt wirst, dann bist du immer noch hart und blind und deine Gedanken sind nichts wert. Schreie zu ihm: ‹Öffne meine Augen, wunderbare Dinge in deinem Wort zu sehen!› Und dein Leben wird es zeigen. Wo dein Schatz – deine Wünsche, deine Freude, deine Schönheit –ist, dort wird auch dein Herz sein – und deine Abende, deine Samstage und dein Geld. Wir werden verwandelt, indem wir die Herrlichkeit Gottes im Wort Gottes schauen.»[124]

Die Kraft des Wortes Gottes ist vielleicht nirgendwo besser sichtbar als in Psalm 19. Dort finden wir sechs Aussagen darüber, was die Bibel ist und tut: sechs Substantive, sechs Adjektive, sechs Verben. Im Blickfeld sind die Identität (die Substantive), die Qualität (die Adjektive) und die Funktion (die Verben) der Schrift.

Erstens: «Das Gesetz des HERRN ist vollkommen, erquickt die Seele» (Psalm 19,8a). Seiner Identität nach ist das Wort Gottes ein «Gesetz» oder eine Anweisung, die uns in die richtige Richtung weist, weg von dem, was falsch ist. Das tut es «vollkommen», ohne den geringsten Defekt; ihm fehlt nichts Nötiges, um unsere Umstände anzusprechen. Seine Funktion ist es, die Seele zu «erquicken», das heißt, sie zu erfrischen und zu erneuern und uns daran zu erinnern, dass die Vergnügen des Gehorsams gegenüber dem «Gesetz» Gottes allen konkurrierenden Versuchungen, die uns in eine andere Richtung führen möchten, auf entzückende Weise überlegen sind.

Zweitens: «Das Zeugnis des HERRN ist zuverlässig: macht die Törichten weise» (Vers 8b). Die Schrift zeichnet Gottes eige-

124 Piper: «*Wonderful Things from Your Word*» (Predigt vom 11.1.1998)

nes Zeugnis auf, wer er ist und was er uns in Jesus geben wird. Dieses Zeugnis ist «zuverlässig», grundsätzlich wahr und in den Situationen des Lebens nachweisbar. Die Bibel nimmt die unbedarfte, naive und leichtgläubige Person an die Hand und macht sie weise. Denn «nicht auf jeder Gabelung der Lebensstraße befindet sich ein biblisches Hinweisschild»[125]. Wir brauchen Weisheit, um Entscheidungen zu treffen. Sie kommt aus der Schrift. Wer sich in die Schrift vertieft hat, ist ausgerüstet, dort weise Entscheidungen zu treffen, wo man keine ausdrückliche Führung findet.

Drittens: «Die Befehle des HERRN sind richtig: erfreuen das Herz» (Vers 19,9a). Gottes Regeln sind nie falsch. Wir können uns immer auf ihre Wahrheit und Genauigkeit verlassen. Wenn das Herz auf die Befehle des Herrn fixiert ist, ist man nie den Meinungsumfragen oder den launischen Schwankungen menschlichen Rates ausgeliefert. In Gottes Befehlen findet man Anlass zur Freude und zum Jubeln. Sie sind Gottes Abhilfe für ein sinkendes, trauriges, zerbrochenes Herz. Falls dein Herz sauer und verbittert ist und eine Spritze von Freude gebrauchen könnte, dann lerne Gottes Befehle auswendig, meditiere über sie und lasse sie dir durch den Kopf gehen.

Viertens: «Das Gebot des HERRN ist lauter: erleuchtet die Augen» (Vers 9b). Das Wort «lauter» kann auch durch «rein» oder «strahlend» wiedergegeben werden. Gottes Gebote scheinen und schimmern und glühen und glimmern. Sie sind brillant und hell und vertreiben die Dunkelheit menschlichen Unwissens und sinnlosen Rates. Hier sehen wir wieder die untrennbare Verbindung, die Gott zwischen Wort und Geist geschmiedet hat. Piper drückt die Sache so aus:

> Gott hat festgesetzt, dass das erhellende Werk des Geistes (das uns die Augen öffnet) immer mit dem informierenden Werk seines Wortes (das den Verstand belehrt) kombiniert

125 Piper: Sehnsucht nach Gott (Waldems, 2008), S. 152

wird. Sein Ziel ist, dass wir die Herrlichkeit seines Sohnes sehen und verändert werden. Daher öffnet er uns die Augen, wenn wir auf den Sohn schauen – nicht auf Seifenopern oder Ausverkäufe. Das Werk des Geistes und das Werk des Wortes gehen auf Gottes Weg der wahren geistlichen Selbstoffenbarung immer Hand in Hand. Das Werk des Geistes ist es, die Herrlichkeit und die Schönheit und den Wert von dem zu zeigen, was der Verstand im Wort sieht.[126]

Fünftens: «Die Furcht vor dem HERRN ist rein: bleibt ewig bestehn» (Vers 19,10a). David denkt dabei an die Furcht des Herrn, die die Bibel in uns hervorruft. Sie ist in ihrem Wesen und in ihrer Auswirkung auf das Herz «rein». Ihre Kraft und Zielsetzung hören nie auf; wir können immer damit rechnen, dass Gottes Wort sein Werk vollbringen wird. Gottes Wort ändert sich nicht mit den Lebensphasen oder mit der Mode. Es ist immer «in»!

Und schließlich: «Die Gerichtsurteile des HERRN sind Wahrheit: sind allzumal gerecht» (Vers 19,10b). Was Gott in seinem Wort sagt, ist niemals falsch und liegt nie daneben. Sein Wort ist das einzige Barometer der Realität. Du brauchst nie wieder in Zweifel darüber zu leben, was recht ist. Das Rätselraten ist vorbei. Die Gewissheit des Wortes Gottes ist unser Fundament.

Und das Beste von allem? Das Wort Gottes gibt uns Befriedigung und Freude und Ergötzung, so dass wir von den vorübergehenden Genüssen der Sünde nicht verlockt und versucht werden:

> 11 Sie [das heißt, die Gesetze, Befehle, Gebote des Wortes Gottes] sind köstlicher als Gold und als Feingold in Menge, sind süßer als Honig und Wabenseim. 12 Auch dein Knecht lässt durch sie sich warnen: In ihrer Befolgung liegt ein reicher Lohn. (Psalm 19,11-12)

126 Piper: «Wonderful Things from Your Word».

Ja, es gibt einen «reichen Lohn», wenn wir Gottes Wort im Herzen wie einen Schatz hüten. Da gibt es einmal die eben erwähnten sechs Dinge: Gottes Wort belohnt dich durch die Erquickung deiner Seele, durch Weisheit für deinen Lebenswandel, Freude für dein Herz, Erleuchtung der Augen, zuverlässige Wahrheit und Gerechtigkeit. Wow!

Psalm 19 ist nicht die einzige Stelle, an der wir diese Wahrheit finden:

> 8 Höre nicht auf, von diesem Gesetzbuch zu reden, und sinne Tag und Nacht darüber nach, damit du auf die Beobachtung alles dessen, was darin geschrieben steht, bedacht bist; denn alsdann wirst du glücklichen Erfolg bei deinen Unternehmungen haben, und alsdann wird dir alles gelingen. (Josua 1,8)

> 1 Glücklich ist der Mensch, der nicht auf den Rat der Gottlosen hört, der sich am Leben der Sünder kein Beispiel nimmt und sich nicht mit Spöttern abgibt. 2 Voller Freude tut er den Willen des Herrn und denkt über sein Gesetz Tag und Nacht nach. (Psalm 1,1-2; Neues Leben)

> 11 In meinem Herzen wahre ich dein Wort, um mich nicht gegen dich zu verfehlen. (Psalm 119,11)

> 97 Wie habe ich dein Gesetz so lieb! Den ganzen Tag ist es mein Sinnen. (Psalm 119,97)

> 103 Wie süß sind deine Worte meinem Gaumen, süßer als Honig meinem Munde! (Psalm 119,103)

Weitere Schriftstellen über die biblische Meditation befinden sich in Psalm 119,15.23.48.78.99 und 148.

Langweilig? Mühselig? Wohl kaum! Wenn der Same des Wortes sprießt und seine Wurzeln tief in die Seele versenkt, trägt er die Frucht der reinen Freude. Der Psalmist nennt den Menschen «glücklich», der sich über seine Gebote «freut» (Psalm 112,1; Neues Leben). In der liedähnlichen Feier des Wortes Gottes – Psalm 119 – lesen wir, dass der Psalmist mehr Freude an Gottes Zeugnissen hat als an allen Reichtümern (Psalm 119,14). Er hat sich entschlossen, sich über Gottes Ordnungen und Weisungen zu «freuen» (Psalm 119,16.24.35.47.70.77) und die Freude zu genießen, die sie selbst inmitten von Elend und Not geben (Psalm 119,92.143).

Jonathan Edwards begann seine Liebesaffäre mit der kostbaren Gegenwart Gottes, die ihn völlig in Anspruch nahm, mit der Meditation über einen einzigen Bibelvers:

> Ich erinnere mich noch, wie ich das erste Mal diese innere, kostbare Freude an Gott und göttlichen Dingen verspürte, in der ich seither die meiste Zeit gelebt habe. Ich las die Worte in 1. Timotheus 1,17: «Ihm aber, dem Könige der Weltzeiten, dem unvergänglichen, unsichtbaren, alleinigen Gott, sei Ehre und Verherrlichung in alle Ewigkeiten! Amen.» Beim Lesen dieser Worte breitete sich in meiner Seele ein Sinn der Herrlichkeit des göttlichen Wesens aus, der sich ganz von allem unterschied, was ich je zuvor erlebt hatte. Niemals erschienen mir irgendwelche Worte der Schrift wie diese Worte. Ich dachte darüber nach, was für ein ausgezeichnetes Wesen Gott war, und wie glücklich ich wäre, wenn ich diesen Gott genießen und in ihm ganz aufgehen könnte und sozusagen von ihm verschlungen werden würde. Diese Worte der Schrift sprach und sang ich mir immer wieder vor und betete dann, dass ich Gott genießen möge. Ich betete ganz anders als gewöhnlich, mit einer neuen Art von Liebe zu ihm.[127]

Piper fasst zusammen:

127 Edwards: «*Extractions from His Private Diary*», S. 26

Die Herausforderung ist nicht nur, das zu tun, was Gott sagt, weil er Gott ist, sondern das tun zu wollen, was Gott sagt, weil er gut ist. Die Herausforderung ist nicht nur, der Gerechtigkeit nachzujagen, sondern die Gerechtigkeit vorzuziehen. Die Herausforderung ist, morgens aufzustehen und im Gebet über die Schrift nachzudenken, bis wir im Glauben an die «kostbaren und überaus wichtigen Verheißungen» Gottes Freude und Frieden erleben (Römer 15,13; 2. Petrus 1,4). Mit dieser Freude vor Augen sind seine Gebote nicht schwer (1. Johannes 5,3) und der Lohn der Sünde erscheint zu kurzfristig und oberflächlich, um uns anzulocken.[128]

Die Meditation über die Schöpfung

In meiner Wertschätzung der Herrlichkeit der natürlichen Schöpfung wachse ich noch, oft kaum wahrnehmbar. Ehrlich gesagt sitze ich lieber an meinem Schreibtisch mit einem Buch in der Hand in der erfrischenden Brise einer Klimaanlage als am Strand oder im Wald zu laufen. In dieser Hinsicht muss ich viel aus der Schrift lernen. Auch Jonathan Edwards hat mir geholfen, als er den Eindruck einer Begegnung mit der Macht und dem Wunder der Schöpfung beschrieb:

> Und als ich dort [auf der Weide seines Vaters] spazieren ging und zum Himmel und zu den Wolken aufschaute, hatte ich ein wunderbares Gefühl der herrlichen Majestät und Gnade Gottes, das ich gar nicht ausdrücken kann. ... Alles erschien mir verändert: In fast allem sah ich eine ruhige, kostbare Form oder Erscheinung der göttlichen Herrlichkeit. Gottes Vortrefflichkeit, seine Weisheit, seine Reinheit und Liebe schienen in allem zu sein: in der Sonne, im Mond und in den Sternen; in den Wolken und dem blauen Himmel; im Gras, den Blumen, den Bäumen; im Wasser und der ganzen Natur. Das beschäftigte mich sehr. Oft saß ich und schaute

128 Piper: *«How Dead People Do Battle with Sin»*, S. 3

mir lange den Mond an, und tagsüber verbrachte ich viel Zeit damit, die Wolken und den Himmel zu betrachten, um die köstliche Herrlichkeit Gottes in diesen Dingen zu schauen. Dabei sang ich leise von meinen kontemplativen Betrachtungen über den Schöpfer und Erlöser. Und von allen Werken der Natur liebte ich kaum etwas mehr als Blitz und Donner. Früher hatte mich nichts so sehr erschreckt; ich hatte eine ungewöhnliche Angst vor dem Donner, und ich war zu Tode erschrocken, wenn ich ein Gewitter aufsteigen sah. Jetzt aber gab es im Gegenteil Anlass zur Freude. Beim ersten Erscheinen eines Gewitters verspürte ich Gott und nahm die Gelegenheit wahr, auf die Wolken zu starren und die Blitze zucken zu sehen und die majestätische, ehrfurchtgebietende Stimme des Donners Gottes zu hören, was häufig äußerst unterhaltsam war und mich zu wunderbaren Betrachtungen über meinen großen und herrlichen Gott führte. Und während ich zuschaute, verbrachte ich meine Zeit ganz natürlich im Singen und Sprechgesang meiner Meditationen und im Sprechen meiner Gedanken in Monologen.[129]

Die Kontemplation über Gott und seine Werke

Schon das Nachdenken über das Nachsinnen über Gott kann das Bewusstsein verändern, aber noch besser ist es, an ihn zu denken:

> 4 Nur eines erbitt' ich vom HERRN, danach trag' ich Verlangen: dass ich weilen möge im Hause des HERRN mein ganzes Leben hindurch, um anzuschauen die Huld des HERRN und der Andacht mich hinzugeben in seinem Tempel. (Psalm 27,4)

> 6 ... so oft ich deiner gedenke auf meinem Lager, in den Stunden der Nacht über dich sinne... (Psalm 63,6)

129 Edwards, S. 27f

6 Ich überdenke die Tage der Vorzeit, die längst entschwun-
denen Jahre; 7 ich denke bei Nacht an mein Saitenspiel, ich
sinne in meinem Herzen nach, und es grübelt mein Geist
und fragt:... 12 Ich will gedenken der Taten des HERRN, will
gedenken deiner Wunder von der Vorzeit her, 13 will sin-
nen über all dein Tun und deine großen Taten erwägen.
(Psalm 77,6-7;12-13)

2 Groß sind die Werke des HERRN, erforschenswert für alle, die Gefallen an ihnen haben. (Psalm 111,2)

27 Lass mich den Weg verstehen, den deine Befehle gebieten, so will ich sinnen über deine Wunder. (Psalm 119,27)

5 Ich gedenke der früheren Tage, rufe all deine Taten mir ins Gedächtnis, denke über dein ganzes Walten nach. (Psalm 143,5)

5 Von der herrlichen Pracht deiner Hoheit will ich reden und von deinen Wundertaten. (Psalm 145,5)

1 Seid ihr also mit Christus auferweckt worden, so suchet das,
was droben ist, dort, wo Christus weilt, indem er zur Rechten
Gottes thront! 2 Trachtet nach dem, was droben ist, nicht
nach dem, was auf Erden ist. (Kolosser 3,1-2)

2 ... indem wir dabei hinblicken auf Jesus, den Anfänger und
Vollender des Glaubens ... 3 Ja, denkt an ihn. (Hebräer 12,2-3)

Dazu schreibt Edwards:

Ich begann, ein neues Verständnis und neue Ideen über Christus, sein Erlösungswerk und seine herrlichen Wege der Errettung zu haben. Hin und wieder verspürte ich diese Dinge

> köstlich im Herzen und meine Seele wurde in erfreulichen Betrachtungen von ihnen hingerissen. Mit dem Verstand verbrachte ich meine Zeit mit dem Lesen und dem Meditieren über Christus, seine Schönheit und Vortrefflichkeit und den wunderbaren Weg der Errettung durch das Geschenk der Gnade in ihm. ... Von Zeit zu Zeit entdeckte ich einen wunderbaren, inneren Zustand, der mich in meinen Betrachtungen schier hinwegfegte; ich kann ihn nur als die ruhige, wunderbare Abwesenheit aller Sorgen dieser Welt von der Seele beschreiben. Ich hatte das Gefühl, allein in den Bergen oder in einer einsamen Wüste zu sein, weit entfernt von allen Menschen, in wunderbarer Unterhaltung mit Christus und ganz in Gott versunken. Dieses Gefühl der göttlichen Dinge entzündete oft eine Art Feuer in meiner Seele, das ich nicht erklären kann.[130]

Wenn mein Geist einen solchen Antrieb braucht und meinem Herzen die Energie fehlt, Nein zur Sünde zu sagen, schlage ich oft Psalm 145 auf. Dieser Psalm wurde anscheinend in der Urgemeinde als Gebet verwendet, das über das Mittagsessen gesprochen wurde (hauptsächlich wegen der Verse 15-16: «Aller Augen warten auf dich, und du gibst ihnen ihre Speise zur rechten Zeit; du tust deine Hand auf und sättigst alles, was lebt, mit Wohlgefallen»). Sein Titel lautet: Ein Loblied von David. Wichtig an diesem Psalm ist vor allem die Weise, wie er die Majestät Gottes und seine Werke darstellt, über die wir nachdenken sollen.

David lobt Gottes «Größe» in den Versen 3 («Groß ist der HERR und hoch zu rühmen») und 6 («Von der Macht deines furchtbaren Waltens wird man reden und deine Größe – davon will ich erzählen!»). Leider ist das Wort «groß» in unserer Gesellschaft abgedroschen und bedeutet sehr wenig. Wir bezeichnen alles Mögliche als «groß» oder «großartig», vom Deodorant bis zum Sportler. Historisch gesehen haben viele das Adjektive

130 Edwards, S. 26f

«groß» genommen und es zum Teil ihres Namens gemacht: Alexander der Große, Friedrich der Große, und in unseren Tagen hat sich der Komiker Jackie Gleason einfach ‹der Große› genannt. NEIN! Gott ist allein und unendlich der Große! Ferner ist «seine Größe unerforschlich» (Vers 3; Neues Leben). Niemand hat je das Ausmaß seiner Größe voll begriffen oder wird es je tun. Alle klugen Köpfe aller Zeiten können mit aller wissenschaftlichen Ausrüstung nicht erfassen, was Gott alles ist. Er ist weit jenseits aller Erforschung.

Er ist nicht nur majestätisch («Von der herrlichen Pracht deiner Hoheit will ich reden», Vers 5), sondern seine Majestät ist von einer herrlichen Pracht gekennzeichnet! Sie strahlt ein unvorstellbar helles Licht aus. Nicht weniger verwunderlich ist seine Güte («Den Ruhm deiner reichen Güte wird man verkünden und jubelnd preisen deine Gerechtigkeit», Vers 7). Versuche dir ein Universum vorzustellen, in dem der eine wahre Gott böse statt gut wäre! Danke ihm für seine Güte!

Unser Gott, über den wir nachsinnen, ist ein gerechter Gott (Vers 7). Das bedeutet nicht, dass er sich menschlichen Maßstäben von Recht und Unrecht anpasst, sondern dass er die Maßstäbe seiner eigenen Vollkommenheiten vollkommen erfüllt. Aber wenn er in seiner Heiligkeit völlig gerecht ist, wie können dann unheilige und ungerechte Menschen wie du und ich in seine Gegenwart kommen? Das ist nur möglich, weil er auch «gnädig» und «barmherzig» ist (Vers 8). O! Was für ein wunderbarer Gott er ist!

Dieser Gott der Gnade und Barmherzigkeit ist auch langmütig («langmütig und reich an Güte», Vers 8). Gott hat einen heiligen Zorn, aber er hat eine sehr lange Zündschnur! Selbst die Menschen, die seinen Namen verleugnen und lästern, empfangen seine Geduld und Langmut. Er erlaubt seinen Feinden zu leben und ihre fürchterlichen Gotteslästerungen auszuspeien, während er sie gleichzeitig mit Essen und Luft und irdischen Vergnügungen segnet (siehe Römer 2,4-5).

Er ist ein Gott von unermesslicher Güte (Vers 8). Das ist die Übersetzung des hebräischen Wortes *hesed*, das anderswo durch solche Ausdrücke wie *Barmherzigkeit, Güte, barmherzige Freundlichkeit, treue Liebe* und in den deutschen Bibeln oft durch das Wort Gnade wiedergegeben wird. Die Hauptbetonung liegt auf Gottes Bundesliebe, seiner festen Verpflichtung gegenüber seinem Volk.

Das ist nur ein kurzer Blick darauf, wer er ist. Diese Eigenschaften sind, wie Hiob sagte, nur die «Säume seines Waltens» (Hiob 26,14). Dieser Gott, unser Gott, über den unser Sinn nachdenken soll, vollbringt große und mächtige Dinge.

Er ist tätig! Hier in Psalm 145,4-6.9.12 lesen wir von Gottes Werken, seinen mächtigen Werken, seinen wunderbaren Werken, «um den Menschenkindern kundzutun seine mächtigen Taten und die herrliche Pracht seines Königtums».

Und er herrscht (Verse 11-13). Gott ist auf Lebenszeit im Amt (siehe Daniel 3,33; 4,31)! Es gibt kein Übergangsteam zwischen einer himmlischen Regierung zur nächsten und keine feierlichen Amtseinführungen. Gott hat immer auf dem Thron gesessen. Es gibt keine Sorgen um die Qualifikationen eines Vize-Gottes, sollte der Allmächtige nicht in der Lage sein, während seiner ganzen Amtszeit zu dienen. Es gibt keine tränenreiche Verabschiedung von den Mitarbeitern, kein Abschiedswinken von der Tür eines Hubschraubers, kein Ausräumen des Schreibtisches im himmlischen Oval Office, um seinem Nachfolger Platz zu machen. Besonders in der englischen Geschichte sehen wir Könige wie James I, James II und Charles I, Charles II, Charles III und so weiter. Nicht so im himmlischen Königreich! Gott ist der Erste und Letzte! Und «Die Mehrung der Herrschaft ... wird kein Ende haben auf dem Thron Davids und über seinem Königreich» (Jesaja 9,6; Schlachter).

Dieser Gott, der herrscht, stützt auch («Der HERR stützt alle Fallenden und richtet alle Gebeugten auf», Vers 14). Es ist wichtig, diesen Vers im Zusammenhang mit Vers 13 zu lesen und «den unerwarteten Kontrast zu bewundern: In herrlicher

Majestät regiert er und bückt sich dennoch nieder, um jene aufzurichten und zu stützen, die leicht fallen»[131] (siehe auch Jesaja 66,1-2).

Großzügig versorgt er (Verse 15-16) die Bedürftigen (siehe Psalm 147,9; Lukas 12,24; Hebräer 4,16) und sättigt «alles, was lebt, mit Wohlgefallen» (Vers 16).

Sein Walten ist gerecht (Vers 17). Das ist leicht zu glauben, wenn alles gut läuft. Aber Gott ist in allen seinem Walten gerecht, nicht nur, wenn es uns begünstigt. Nichts ist schwieriger, als das zu bekennen, wenn wir in Schwierigkeiten sind oder wenn er uns heimsucht oder wenn wir das Gefühl haben, dass er ungerecht gewesen ist. Dennoch: Egal wie sinnlos das Leben erscheinen mag, er ist freundlich in allen seinen Werken («Gerecht ist der HERR in all seinem Walten und liebreich in all seinem Tun», Vers 17). Gott ist sowohl gerecht als auch liebevoll in seinem Tun. Für uns mag es schwierig sein, beides unter einen Hut zu bringen, aber nicht für Gott. Wir gehen von einem Extrem zum anderen und finden es schwierig, in einer bestimmten Situation gleichzeitig gerecht und liebevoll zu sein. Gott aber ist beides vollkommen. Das wurde am vollkommensten in der Person Jesu offenbart, wie wir in Kapitel 7 sahen. Wen sonst kennst du, der

hoch erhaben, aber demütig ist ... stark, aber sensibel ...
gerecht, aber gnädig ... mächtig, aber barmherzig ...
vollmächtig, aber zartfühlig ... heilig, aber vergebend ...
gerecht, aber mitleidig ... zornig, aber sanft ...
entschieden, aber freundlich?

Er ist ein Gott, der Gebet beantwortet («Der HERR ist nahe allen, die ihn anrufen, allen, die ihn in Treue anrufen», Vers 18). Er ist nicht nur nahe, weil er allgegenwärtig ist, sondern weil er die Menschen in Not liebt und für sie Verständnis hat. Er ist besonders nahe, unsere Gebete zu erhören. Gott ist nicht nur

131 C. H. Spurgeon: *The Treasury of David*, Band 3 (Peabody, 1997), S. 380

transzendent, das heißt, über allem, sondern auch immanent, ganz nahebei. Die Menschen, die ihn anrufen, «fürchten ihn» und werden ihn daher nicht um das bitten, von dem sie wissen, dass sie es nicht haben sollten. Echte gottgefällige Furcht ist richtungsweisend und legt unseren Gebeten Grenzen auf. Sie hält uns davon ab, unbedacht um Dinge zu bitten, die Gottes Willen nicht entsprechen.

Und wie sollen wir reagieren? Auf jeden Fall werden wir über ihn meditieren, uns wie Vers 5 lehrt. Aber wir sollen Gott auch erheben (Vers 1), weil er hoch erhaben ist, was wir anerkennen und proklamieren. Ihn zu erheben heißt, ihn über alles andere zu verherrlichen. Darüber hinaus sollen wir ihn preisen (Verse 1-2.10.21), rühmen (Verse 2.3.4.11), seine gewaltigen Taten kundtun (Vers 4.12), von ihm reden (Vers 5.6.11), von seiner Größe erzählen (Vers 6) und den Ruhm seiner reichen Güte verkünden (Vers 7; besser: «eifrig von seiner überfließenden Güte übersprudeln»). Wir sollen ihn jubelnd preisen (Vers 7) und ihm danken (Vers 10; Neues Leben) und die herrliche Pracht seines Königtums (Vers 12) kundtun.

Wie machen wir das? Zunächst einmal tun wir das «immer und ewig» (Verse 1-2; 21). Einfach «immer» zu sagen reichte David nicht; daher fügte er «und ewig» hinzu. Er erlaubt keinen Ausweg. Eines Tages werden wir aufhören zu beten, zu hoffen, zu wachen oder zu warten, aber wir werden nie aufhören, ihn zu preisen.

Ein Herz, das voller Gedanken über die Pracht des Wesens und der Taten Gottes ist, kann sich ein Ende des Lobes nicht mehr vorstellen, als es sich ein Ende Gottes vorstellen kann! Daher werden wir ihn an jedem Tag preisen (Vers 2), sowohl an guten wie an schlechten Tagen. Unser Lob und unsere Anbetung sollen ihrem Objekt entsprechend hoch und groß sein! Ein hohes Lob für einen großen Gott! In den Worten Spurgeons: «Kein Chor ist zu laut, kein Orchestra zu groß, kein Psalm zu erhaben zum Loben des Herrn der Heerscharen.»[132]

132 Spurgeon, S. 376

Nimm dir zur Vervollständigung deiner biblischen Betrachtung der Meditation auch die Zeit, über die folgenden Texte nachzudenken: Psalm 19,15; 46,11; 49,4; 104,34 und Philipper 4,8.

Christliche Meditation versus New-Age Meditation

Viele Leute sind besorgt, weil die Meditation in New-Age-Kreisen zu einer Art Modewort geworden ist. Aber die Unterschiede zwischen biblisch basierter Meditation/Kontemplation und der Meditation in östlichen Religionen und der New-Age-Bewegung sind gravierend. Hier sind ein paar der Gegensätze aufgeführt.

1. Die östliche Meditation befürwortet die Entleerung des Sinnes, während wir in der christlichen Meditation/Kontemplation den Sinn mit Gott und seiner Wahrheit erfüllen. Manche wohlgesinnte Christen halten den Sinn oder Verstand irrigerweise für gefährlich oder zumindest für weniger wichtig als das Herz. Es wird behauptet, dass Gott nicht durch den Sinn, sondern durch das Herz zu uns sprechen oder uns führen möchte, so als ob «Sinn» und «Herz» in der Schrift im Widerspruch miteinander stünden. Eine sorgfältige Untersuchung dieser Worte in der Bibel zeigt, dass nichts weiter von der Wahrheit entfernt ist. Die Bibel ermahnt uns wiederholt, im Sinn erneuert und verwandelt zu werden (siehe Römer 12,1-2). Paulus betete für die Philipper, dass ihre Liebe «je länger desto mehr zunehme an Erkenntnis und allem Feingefühl» (1,9). Für die Kolosser betete er, dass sie «mit der Erkenntnis seines Willens in aller geistgewirkten Weisheit und Einsicht erfüllt werden» mögen (1,9).

Nirgendwo in der Bibel wird der «Sinn» an sich als böse oder unwürdig beschrieben, das Kommunikationsmittel zu sein, durch das Gott sich uns mitteilt. Was die Bibel verurteilt, ist intellektueller Stolz, nicht aber den Intellekt selber. Wir brauchen Demut, nicht Ignoranz. Ich bin gegen den arroganten und zynischen Intellektualismus, aber das ist nicht dasselbe wie den gottgegebenen Verstand zu benutzen, um mit Hilfe des Heiligen Geistes und der Unterweisung der Schrift die Geschehnisse in der Kirche und in der Welt auszuwerten und kritisch zu beurteilen. Obwohl Gott einiges sagt und vollbringt, was transrational ist, das heißt, unsere Fähigkeit übersteigt, es völlig zu verstehen, tut Gott niemals etwas Irrationales, das die grundlegenden Gesetze der Logik oder die vernünftigen und rationalen Wahrheiten der Heiligen Schrift verletzt.[133]

2. Während die östliche Meditation die geistige Passivität befürwortet, fordert uns die christliche Meditation/Kontemplation zur aktiven Ausübung unserer geistigen Energie aus. Keiner drückt das besser aus als Paulus in Philipper 4,8 (Neues Leben). Hier ermutigt er uns, «über das nachzudenken», was «wahr», «anständig», «gerecht», «rein», «liebenswert» und «bewunderungswürdig» ist. Auf die Dinge, «die Auszeichnung und Lob verdienen», sollen wir uns geistig konzentrieren.

Es reicht nicht aus, einfach anzuerkennen, dass moralisch vortreffliche Begriffe und Ideen wichtig sind. Die Bestätigung solcher Wahrheiten und Tugenden wird in Zeiten der Prüfung wenig nutzen. Wir müssen energisch mit ihnen umgehen, sie in Betracht ziehen und ihnen bewusst Gewicht geben. Unser Sinn muss von ihnen so fasziniert sein, dass die billigen, schäbigen, fiktiven und überdrehten Nichtigkeiten der Welt ihre Anzie-

133 Falls du noch Zweifel über die entscheidende Rolle des Verstands bei der Jagd nach der Heiligkeit hast (und Englisch verstehst), lies bitte das Buch von J. P. Moreland: *Love Your God with All Your Mind: The Role of Reason in the Life of the Soul* (Colorado Springs, 1997). Ist dir klar, dass du dieses Buch ohne den rigorosen Einsatz deines Verstandes gar nicht lesen könntest?

hungskraft verlieren. D. A. Carson erinnert uns daran: «Dies ist keine eskapistische Aufforderung, die harten Realitäten unserer gefallenen Welt zu vermeiden. Die traurige Tatsache ist, dass viele Leute im Schmutz leben, ohne zu verstehen, dass es Schmutz ist. Der weise Christ sieht viel Schmutz in der Welt, erkennt ihn aber als solchen, gerade weil sein Sinn von allem Reinen fasziniert ist.»[134]

3. Die östliche Meditation empfiehlt die Ablösung von der Welt, die christliche Meditation dagegen die Anhänglichkeit an Gott. Wenn der Gläubige sich von den Zerstreuungen und Verlockungen der Welt löst, dann deshalb, damit er oder sie sich besser mit dem Vater, Sohn und Heiligen Geist einlassen kann.
4. Bei der östlichen Meditation visualisiert man, um seine eigene Realität zu schaffen, bei der christlichen Meditation visualisieren wir die Realität, die Gott bereits geschaffen hat.
5. Die östliche Meditation strebt die metaphysische Vereinigung mit einem unpersönlichen «Gott» an, die christliche Meditation fordert zur geistlichen Gemeinschaft mit Gott auf.
6. Die östliche Meditation führt den Menschen auf den Weg nach innen; die christliche Meditation schaut nach außen auf die objektive Offenbarung Gottes in der Schrift und der Schöpfung.
7. Das Ziel der östlichen Meditation ist die mystische Entrückung, das Ziel der christlichen Meditation die moralische Umwandlung.

134 D. A. Carson, Basics for Believers: *An Exposition of Philippians* (Grundlagen für Gläubige: Eine Auslegung von Philipper. Grand Rapids, 1996) S. 116

Einige praktische Richtlinien

Es reicht nicht, den Wert der Bibel anzuerkennen oder sie zu unseren kostbarsten Besitztümern zu zählen. Sie ist nutzlos, wenn sie nur dekorativ im Wohnzimmer rumliegt, damit man sie bewundern kann. Wir müssen sie im Herzen «wie einen Schatz wahren». An diesem Punkt geben viele auf. Sie wissen einfach nicht, wie sie meditieren sollen. Sie loben Gottes Wort in höchsten Tönen, haben aber keinen Schimmer, wenn es um die praktischen Schritte geht, durch die die Schrift zu einer lebendigen, lebensverändernden Kraft in ihrem inneren Wesen werden kann. Hier sind ein paar Vorschläge, damit du in Gang kommst.

1. *Bereite dich vor.* Es ist hilfreich, sich an die Gegenwart Gottes zu erinnern, vielleicht mit Hilfe von Psalm 139,1-10. Richte deine Aufmerksamkeit auf die unmittelbare Nähe Gottes.

Fragen der Körperhaltung, des Zeitpunktes und des Ortes sind zweitrangig, aber nicht unwichtig. Die einzige Regel wäre: Tue, was auch immer zur Konzentration beiträgt. Falls eine Körperhaltung unbequem ist, ändere sie. Falls eine bestimmte Tages- oder Nachtzeit ungünstig ist, nimm eine andere. Falls du an dem gewählten Ort wiederholt unterbrochen oder abgelenkt wirst, finde einen anderen. Ich schaue gern Fußball im Fernsehen, aber der Versuch, sich während des Spiels mit Gottes Wort zu beschäftigen, ist wohl kaum eine effektive Methode, seine Kraft zu erleben!

2. *Lies den Text gründlich.* Lies ihn wiederholt, schreibe ihn auf und um. Peter Toon verfährt so:

Ich lese den gewählten Vers oder die Verse langsam und laut. Eine Methode ist, auf die Zeichensetzung zu achten und bei

> den Kommas langsamer zu lesen und zu atmen, und noch langsamer bei den Punkten. So lese ich das Wort leise für mich, aber mit klarer Stimme, damit ich den Geschmack des Wortes «kosten» und auch den gnädigen Klang des Wortes hören kann. Gleichzeitig sehen meine Augen den Inhalt des Wortes. Und ich lese es noch einmal, wobei ich sanft auf jedem Wort, jedem Ausdruck und jedem Satz verweile.[135]

Wir dürfen den Unterschied zwischen dem informativen und dem formativen Lesen der Schrift nicht vergessen. Das informative Lesen konzentriert sich auf das Sammeln von Informationen, auf zunehmendes Wissen, das Zusammentragen und Auswendiglernen von Daten. Der Zweck des formativen Lesens ist, durch das Wirken des Heiligen Geistes vom Text gestaltet oder verändert zu werden. Beim informativen Lesen habe ich die Kontrolle über den Text; beim formativen Lesen hat der Text die Kontrolle über mich. Über das formative Lesen schreibt Toon:

> Ich halte die Bibel nicht in der Hand, um sie zu analysieren oder Informationen zu sammeln. Vielmehr möchte ich meinem Meister erlauben, die Tiefen meines Wesens mit seinem Wort zu durchdringen und so innere moralische und geistliche Transformation zu bewerkstelligen. Dabei bin ich in völliger Abhängigkeit von unserem Gott – dem Vater, zu dem ich bete, dem Sohn, durch den ich bete, und dem Heiligen Geist, in dem ich bete.[136]

3. *Male dir den Text aus*. Wende deine Vorstellungskraft und Sinne auf die Wahrheit des Textes an. Stell dir vor, du bist persönlich an der Beziehung oder der Begegnung oder dem Erlebnis beteiligt, von denen der Text spricht.

135 Peter Toon: *Meditating as a Christian: Waiting upon God* (London, 1991), S. 61

136 Toon, S. 59

Höre die Worte, wie sie gesprochen werden. Spüre die Berührung Jesu auf einem kranken Körper. Koste und rieche den Fisch und das Brot, wie sie der Menschenmenge serviert werden. Sieh die Wahrheiten, die Gott offenbart hat, indem du geistig die Szene nachvollziehst und dich in ihr siehst. Das hat nichts Magisches oder Geheimnisvolles an sich. Der Zweck der Vorstellungskraft ist nicht, wie einige behauptet haben, unsere eigene Realität zu erschaffen. Unsere Vorstellungskraft ist eine Funktion des Sinnes, durch die wir auf unmittelbare und mächtige Weise die Realität erleben, die Gott erschaffen hat.

4. *Denke über den Text nach.* Denke über die Wahrheit des Wortes nach; brüte über der Wahrheit des Textes; absorbiere sie, tauche in ihr ein, lasse sie dir immer wieder durch den Kopf gehen. Mach dir den Abschnitt unbedingt zu eigen und wende ihn auf dich persönlich an.
5. *Bete.* Es ist schwer zu wissen, wann die Meditation in Gebet übergeht. Das ist nicht wirklich wichtig. Aber nimm irgendwann die Wahrheit, wie sie der Heilige Geist erleuchtet hat, und bete sie zurück zu Gott, ob in Form einer Bitte, Danksagung oder Fürbitte. Mit anderen Worten, nimm die Schrift und verwandle sie in einen Dialog mit Gott.
6. *Individualisiere den Text.* Wenn möglich, und entsprechend den gesunden Grundsätzen der biblischen Interpretation, ersetze Eigennamen und persönliche Fürwörter durch deinen Namen. Gott hat nie beabsichtigt, dass sein Wort vage in unpersönlichen Abstraktionen im Raum schwebt. Er hat es für dich und mich gedacht.

7. *Lobe Gott.* Bete den Herrn dafür an, was er ist und was er getan hat, und wie es in der Schrift offenbart worden ist. Die Meditation sollte uns immer zur Verehrung und zum Feiern Gottes führen.

8. *Wende den Text an.* Verpflichte dich, das zu tun, was das Wort gebietet. Das Ziel der Meditation ist die moralische Transformation. Die Betrachtung soll zum Gehorsam führen, und im Gehorsam liegt unaussprechliche und herrliche Freude.

KAPITEL 10

Anbetung: Schwelgen in Gott

Was betest du an? Aus welchem Grund investierst du Zeit und Energie, um Gott zu preisen? Einige von euch wissen sofort die Antwort auf diese Frage und es kommt euch ein bisschen blöd vor, dass ich sie überhaupt stelle. Andere von euch sind sich, wenn sie ehrlich sind, ziemlich unklar darüber. Ihr wisst selbst nicht genau warum. Vielleicht betet ihr aus Pflichtgefühl an, weil ihr euch sagt: «Gott anzubeten ist wie das Bibelstudium, Beten und Zeugnisgeben. Da Gott es befohlen hat, melde ich mich hiermit zum Einsatz. Ich kann nicht sagen, dass ich besonders gern anbete, aber beim Christsein geht es doch um die Bereitschaft zum Gehorsam, auch wenn ich keine Lust dazu habe, oder etwa nicht?»

Das erinnert mich immer sofort an einen faszinierenden Satz in 5. Mose:

> 47 Dafür, dass du dem Herrn, deinem Gott, nicht gedient hast *mit fröhlichem und bereitwilligem Herzen*, als du an allem Überfluss hattest, 48 musst du deinen Feinden, die der Herr gegen dich senden wird, dienen ... (28,47-48; Schlachter)

Meine Reaktion auf diesen Vers ist immer: «Moment mal, Herr, reicht es nicht, dir einfach zu dienen und zu gehorchen?»

«Nein», sagt Gott. «Weil sie mir nicht mit Freude und bereitwilligem Herzen gedient haben, werde ich sie züchtigen.»

Wie Dutzende anderer Verse im Alten und Neuen Testament macht dieser Vers mich darauf aufmerksam, dass der Grund, warum wir etwas für Gott tun, entscheidend ist. Er bestimmt, ob unsere Handlung gut ist und unseren himmlischen Vater erfreut oder nicht. Wenden wir das nun auf die Anbetung an.

Hymnen der Hungrigen

Meine These ist: Falls du Gott aus irgendeinem anderen Grund anbetest als wegen der Freude und der Befriedigung, die er dir gibt, entehrst du ihn. Anders ausgedrückt, bei der Anbetung schwelgen wir zuallererst in allem, was Gott für uns in Jesus ist. Warum? Weil Gott am meisten in dir verherrlicht wird, wenn du am zufriedensten in ihm bist. Gott hat Gefallen an dir, wenn er dein Ein und Alles ist, denn seine größte Freude ist deine Freude an ihm.

Kurz und gut, wir müssen hungrig zur Anbetung kommen! Wir sollen mit leeren Händen und nicht mit kleinen Geschenken kommen, in der irrigen Annahme, dass wir Gott in der Anbetung dienen und Gaben darbringen. Wie wir in Kapitel 3 gesehen haben, braucht Gott uns nicht. Wir brauchen ihn. Komm nicht mit einer gebratenen Gans auf einer Platte, als ob Gott hungrig wäre. Komm mit offenen Händen und einem leeren Magen und erlaube ihm, sich selbst zu verherrlichen, indem er dich füllt! Das haben wir schon gesehen, aber es lohnt sich, es zu wiederholen. Schau dir diese Behauptung an, die befremdlich wäre, wenn sie nicht Gott selber machte:

> 10 Denn mein ist alles Wild des Waldes, das Getier auf meinen Bergen zu Tausenden.
> 11 Ich kenne jeden Vogel auf den Bergen, und was auf dem Felde sich regt, steht mir zur

> Verfügung. [12] Hätte ich Hunger: ich brauchte es dir nicht zu sagen, denn mein ist der Erdkreis und all seine Fülle. (Psalm 50,10-12)

Dieser Gedanken klingt auch bei Paulus in seiner Predigt auf dem Marshügel nach:

> [24] Der Gott, der die Welt und alles, was in ihr ist, geschaffen hat, er, der Herr des Himmels und der Erde, wohnt nicht in Tempeln, die von Menschenhand erbaut sind, [25] lässt sich auch nicht von Menschenhänden bedienen, als ob er etwas bedürfte, während er doch selbst allen Wesen Leben und Odem und alles andere gibt. (Apostelgeschichte 17,24-25)

Die Anbetung ist ein Fest, bei dem Gott selber Gastgeber, Koch, Kellner und Mahl ist.

An diesem Punkt wird häufig eingewandt: «Aber ich dachte, bei der Anbetung dreht sich alles um die Verherrlichung Gottes. Du scheinst zu sagen, dass es ganz um mein Vergnügen, meinen Genuss, meine Freude und meine Befriedigung geht. Das ist mal wieder typischer Hedonismus, Sam!» Aber das ist kein Widerspruch. Die Behauptung, dass es bei der Anbetung entweder um die Verherrlichung Gottes oder um die persönliche Befriedigung geht, aber nicht um beides gleichzeitig, heißt das zu zerreißen, was Gott zusammengefügt hat. Seine Herrlichkeit und deine Freude laufen nicht wie separate Gleise in entgegengesetzte Richtungen. Vielmehr liegt seine Herrlichkeit in deiner Freude an ihm.

Eine hypothetische Unterhaltung soll meinen Punkt illustrieren. Stell dir vor, wir treffen uns zufällig vor dem Gemeindehaus kurz vor einem Anbetungsabend. Ich spreche dich an:

> «Entschuldige meine Neugier. Was hoffst du heute Abend von diesem Anbetungsgottesdienst zu *erhalten*?»

Worauf du in deinem besten religiösen, übertrieben bescheidenen Ton (vielleicht sogar mit einem Stirnrunzeln) antwortest: «Ich? Du meine Güte, versteh mich bloß nicht falsch! Ich bin nicht gekommen, um irgendetwas zu *erhalten*. Das wäre doch selbstsüchtig! Ich bin heute Abend gekommen, um zu *geben*.»

«Das ist ja interessant», antworte ich. «Aber sag einmal, *was willst du wem geben*?»

Etwas pikiert antwortest du: «Ich bin gekommen, um Gott Herrlichkeit zu geben.»

«Ich wusste nicht, dass Gott Herrlichkeit fehlt. Armer Kerl! Wie lange ist er schon in diesem erbärmlichen Zustand? Ich hatte keine Ahnung, dass du irgendeine Herrlichkeit hättest, die du ihm geben könntest.»

«Ich bitte dich, Sam, du weißt doch, was ich meine.»

«Und das wäre?»

«Natürlich gebe ich Gott nicht wirklich Herrlichkeit. Aber bei der Anbetung geht es doch um die Verherrlichung Gottes, oder?»

«Ja, natürlich», antworte ich. «Aber wie verherrlichen wir Gott, ohne so zu tun, als ob wir ihm etwas gäben, das ihm fehlt?»

«Ich weiß nicht, Sam. Was meinst du?»

«Nun gut. Ich versuche es zu erklären. Du verherrlichst Gott nicht, indem du zu ihm kommst, um ihm irgendetwas zu geben. Was kannst du schließlich jemandem geben, der schon alles hat? Stattdessen solltest du kommen, um von ihm alles zu erhalten, was er dir in Jesus anbietet. Dann wird Gott am meisten verherrlicht.»

«Das verstehe ich nicht», sagst du. «Wieso wird Gott verherrlicht, wenn er sich uns hingibt?»

«Ganz einfach. Der Psalmist sagt, dass Gott ‹die lechzende Seele gesättigt und die hungernde Seele gefüllt hat mit Labung› (Psalm 107,9). Mit anderen Worten, wenn er in Liebe

> zu dir überfließt, dich segnet, dir Kraft gibt, dir vergibt, dich heilt und die tiefsten Bedürfnisse deiner Seele befriedigt, dann ist er manifest und wird als der einzige, allgenügsame Versorger für sein Volk geehrt. Er wird als der einzige, allgenügsame Schatz offenbart, in dem wir ‹Freuden in Fülle und Segensgaben in seiner Rechten ewiglich› finden (Psalm 16,11). Aus diesem Grund geht es bei der Anbetung ganz um die Verherrlichung Gottes, wenn wir unsere persönliche Befriedigung in ihm finden. Wenn du anbetest, verherrlichst du Gott, indem du freudig alles empfängt, was er dir gibt!»

Nach dieser Unterhaltung sollte ich meine Behauptungen sorgfältig erklären, um nicht missverstanden zu werden. Bei der Anbetung geht es nicht um meinen Genuss per se, sondern um meinen Genuss, den ich in Gott finde. Es geht nicht um mein Vergnügen oder meine Freude oder meine Zufriedenheit. Es geht um mein Vergnügen und meine Freude an Gott und meine Zufriedenheit in ihm. Bei der Anbetung geht es nicht einfach um die Verherrlichung Gottes; es geht um die Verherrlichung Gottes, indem wir ihn für immer genießen.

Die Frage ist nicht, ob die Anbetung etwas mit der Verherrlichung Gottes zu tun hat. Darüber sind sich alle einig. Die Frage ist: Wie verherrlicht man Gott am besten? Sollen wir uns versammeln, um einen verarmten Gott mit unserem vermeintlichen Angebot zu bereichern oder um von einem allgenügsamen Gott, der in Güte uns gegenüber überfließt, bereichert zu werden? Kommen wir in unserem angeblichen Reichtum, um Gott damit zu überschütten, oder kommen wir nicht vielmehr in unserer erbärmlichen geistlichen Armut mit der Bitte um Hilfe, Hoffnung und Glückseligkeit zu dem Gott, der alles besitzt? Es ist klar: Wir verherrlichen Gott am meisten, indem wir ihn für immer genießen, unseren Durst am Überfluss seines Hauses stillen und am Strom seiner Wonnen trinken (siehe Psalm 36,9).

Komm arm und bedürftig

Man hat mir zu verstehen gegeben, dass es sündig und selbstsüchtig sei, zur Anbetung im Bewusstsein meiner Not, meines Wunsches nach Freude und meines Hungers nach Befriedigung zu kommen. Es wurde mir eingeredet, wenn ich zur Anbetung in Erwartung oder mit dem Wunsch oder der Hoffnung auf Freude käme, verlöre der Lobpreis seinen moralischen Wert. «Komm und schau auf Gott, nicht auf dein Bedürfnis», sagte man mir (meist ziemlich streng). Aber was ist, wenn ich mir bei der Anbetung meiner Abhängigkeit von Gott bewusst bin und ihn durch mein Bekenntnis verherrliche, dass er allein meine Seele befriedigt und die Not meines Herzens erfüllt?

Durchdenken wir das anhand von Psalm 63,2-6, in dem Davids Erlebnis beschrieben ist: «O Gott, du bist mein Gott: Dich suche ich, es dürstet nach dir meine Seele; es lechzt nach dir mein Leib wie dürres, schmachtendes, wasserloses Land» (Vers 2).

Ungeniert verkündet der Psalmist seine Not mit Wörtern wie suchen, dürsten, lechzen. Nicht nur ist er bedürftig, er ist verzweifelt. Ist das falsch? Sollte man ihn wegen Egoismus tadeln? Ist seine Motivation, Gott zu suchen, unangebracht und sündig? Offensichtlich nicht. Nirgends wird angedeutet, dass sein Durst oder sein Verlangen nach Stillung seines Durstes sündig ist. Er fährt fort: «So hab' ich nach dir im Heiligtum ausgeschaut, um deine Macht und Herrlichkeit zu erblicken, denn deine Gnade ist besser als das Leben: Meine Lippen sollen dich rühmen» (Verse 2-3). Hier sagt David wieder, dass er Gott rühmt, weil Gottes Liebe zu ihm die Leere seiner Seele erfüllt. Gottes Gnade lindert und befriedigt den verzweifelten Schmerz in seinem Herzen, geliebt, angenommen, bestätigt und beschützt zu werden. Ist das falsch? Hätte David die Leidenschaften seines Herzens nicht betonen sollen? Warum hat er dann in Psalm 4,8 gesagt: «Du hast mir größere Freude ins Herz gegeben als ihnen zur Zeit, wo sie Korn und Wein in Fülle haben»?

Dasselbe wird in Psalm 84 ausgedrückt. Die Seele des Psalmisten «sehnte» sich nach den Vorhöfen des Herrn; er «schmachtete» (84,3) danach, in Gottes Wohnstatt zu sein. Warum? Weil er sie äußerst «lieblich» fand. Die Vorhöfe Gottes sind in ihrer Schönheit und Kostbarkeit besser als alle irdischen Orte. In Vorbereitung auf die Anbetung unternahm der Autor von Psalm 84 eine Vergleichsstudie, in der er sich das Beste, Meiste, Kostbarste, Höchste und Glücklichste anschaute, das die Welt anzubieten hat. Er zog die tiefschürfende Schlussfolgerung: «Denn ein einziger Tag in deinen Vorhöfen ist besser als tausend andere; lieber will ich stehen an der Schwelle im Hause meines Gottes, als wohnen in den Zelten der Gottlosen» (84,11).

Nirgends im Leben können wir dem Entscheidungszwang zwischen konkurrierenden Vergnügen entgehen, auch wenn wir uns dessen nicht immer bewusst sind. Immer wieder müssen wir miteinander wetteifernde Ansprüche auswerten und uns entscheiden. Worauf beruhen die kritischen Entscheidungen des Lebens? Sie entstehen nicht aus einem Vakuum, sondern haben entweder Gott oder die Welt als Ursache. Der Psalmist erklärt in 84,11: «Ich entscheide mich für Gott und die Vergnügen des Lebens in seinen Vorhöfen», denn «Sonne und Schild ist Gott der HERR». Die Welt dagegen lässt mich versengt und schutzlos zurück. «Gnade und Ehre verleiht der HERR», die vergänglichen Vergnügungen der Sünde hingegen führen nur zu Elend und Verzweiflung. «Nichts Gutes versagt er denen, die unsträflich wandeln», die Menschen dagegen stellen gnadenlose Forderungen. Genau das sehen wir auch in Psalm 63: «So will ich dich preisen mein Leben lang, in deinem Namen meine Hände erheben. Wie an Mark und Fett ersättigt sich meine Seele, und mit jubelnden Lippen lobpreist mein Mund» (Verse 5.6).

Aber was hat die Anbetung mit der Sättigung meiner oder deiner Seele zu tun? Ist es nicht klar, dass David Gott «preist», weil dieser seine Seele befriedigt? Wir sehen, dass David nicht einfach Gott lobt, nicht einfach Lieder singt, sondern es mit «jubelnden Lippen» tut – ist der Grund nicht, dass Gott seine Seele befriedigt?

Ist der Lobpreis ein Problem?

Sprechen wir hier kurz ein Problem an, das viele bei der Anbetung haben. Schon C. S. Lewis hat sehr damit gerungen. Die wiederholte Forderung der Christen, dass wir alle «Gott loben» sollen, beschäftigte ihn sehr. Noch schlimmer: Gott selbst forderte das Lob Gottes. Das war fast mehr, als Lewis ertragen konnte. In einem aufschlussreichen Auszug aus dem Aufsatz: *«A Word About Praising»* (Ein Wort über den Lobpreis) beschreibt er seinen inneren Kampf und wie er ihn bewältigte. Achte beim Lesen darauf, wie Lewis sich Schritt für Schritt auf dieselbe Schlussfolgerung hinarbeitet, die ich in diesem Kapitel über unsere Motivation bei der Anbetung Gottes ziehe. Ich werde der Versuchung widerstehen, irgendwelche erklärenden Kommentare einzufügen, um das kumulative Gewicht seiner Logik nicht zu schmälern.

> Wir alle verachten den Menschen, der die fortwährende Zusicherung seiner Tugend, Intelligenz oder Herrlichkeit verlangt; noch mehr verachten wir die Menschenmenge um jeden Diktator, jeden Millionär, jeden Star, die diese Forderung befriedigt. Aus diesem Grund drohte sich mir ein Bild, zugleich grotesk und entsetzlich, von Gott und seinen Anbetern aufzudrängen. Die Psalmen waren in dieser Hinsicht besonders störend – «Lobe den Herrn», «Oh, lobt den Herrn mit mir», «Lobt ihn». Noch schlimmer war die Aussage, die Gott selber zugeschrieben wurde: «Wer mir Dank und Lobpreis darbringt, der ehrt mich» (Psalm 50,23, nach der englischen KJV). Das war abscheulich, als ob er sagte: «Ich wünsche mir am meisten, dass man mir sagt, wie gut und großartig ich bin.» Es war äußerst erschütternd und suggerierte Gedan-

ken, die man bestimmt nicht haben wollte. Dankbarkeit gegenüber Gott, Ehrerbietung, Gehorsam – das glaubte ich zu verstehen, aber nicht dieses ewige Lobpreisen....

[Teil meines anfänglichen Problems war:] Ich hatte nicht gesehen, dass Gott uns bei der Anbetung seine Gegenwart vermittelt. Natürlich nicht nur dann, aber vielen wird die «holde Schönheit des Herrn» häufig oder ausschließlich bei der gemeinsamen Anbetung offenbart. Selbst im Judaismus bestand das Wesen des Opfers nicht darin, dass die Menschen Gott Bullen und Ziegen gaben, sondern dass sich Gott dadurch selbst den Menschen hingab. Bei der zentralen Handlung unseres Gottesdienstes ist das natürlich viel klarer – dort ist es Gott, der erkennbar und sogar greifbar gibt, und wir sind die Empfänger. Die miserable Idee, dass Gott in irgendeiner Weise unsere Anbetung braucht, wie eine eitle Frau nach Komplimenten bettelt oder wie ein eingebildeter Autor seine neuen Bücher wildfremden Menschen aufdrängt, wird voll und ganz von den Worten beantwortet: «Hätte ich Hunger: Ich brauchte es dir nicht zu sagen» (Psalm 50,12). Selbst wenn man sich solch einen absurden Gott vorstellen könnte, würde er wohl kaum zu uns, den niedrigsten aller rationalen Geschöpfe, kommen, um seinen Hunger zu befriedigen. Ich selber möchte nicht, dass mir mein Hund seine Anerkennung meiner Bücher zubellt.

Aber die offensichtlichste Tatsache über das Preisen – ob es Gott oder etwas anderes betraf – fiel mir merkwürdigerweise nicht auf. Ich assoziierte es mit Komplimenten, Anerkennung oder Ehrerweisung, hatte aber nie bemerkt, dass aller Genuss spontan in Lob überfließt, es sei denn, es wird absichtlich durch Schüchternheit oder die Angst, andere zu langweilen, gebremst. Die Welt hallt von Lob wieder – Liebende preisen einander (Romeo preist Julia und umgekehrt), Leser ihren Lieblingsdichter, Spaziergänger die Landschaft, Spieler ihr Lieblingsspiel – wir preisen Wetter, Wein, Speisen, Schauspieler, Motoren, Pferde, Hochschulen, Länder, historische Persönlichkeiten, Kinder, Blumen, Berge, außergewöhnliche Briefmarken, seltene Käfer, manchmal sogar Politiker oder Gelehrte. ... Sofern nicht unerträglich widrige Umstände dazwischenkommen, erscheint das Lob beinah hörbar gemachte innere Gesundheit zu sein. ... Ebenso war mir nicht aufgefallen: Genauso wie man spontan das preist, was man schätzt, so drängt man andere spontan, es ebenfalls zu loben: «Ist sie nicht hübsch? War das nicht herrlich? Findest du das nicht auch umwerfend?!» Wenn die Psalmisten alle auffordern, Gott zu loben, tun sie das, was alle Menschen tun, wenn sie über etwas sprechen, das ihnen am Herzen liegt. Mein ganzes, allgemeineres Problem mit dem Loben Gottes beruhte darauf, dass ich uns in Hinblick auf das höchste Gut absurderweise das abstreiten wollte, was wir hinsichtlich aller geringeren Werte gern tun und gar nicht umhin kommen zu tun.

Ich glaube, wir loben gern, was wir genießen, weil das Lob den Genuss nicht nur ausdrückt, sondern ihn vervollständigt. Das hat Gott so beabsichtigt. Wenn Liebende einander sagen, wie schön der andere ist, wollen sie damit nicht in erster Linie ein Kompliment ausdrücken, sondern ihre Freude vervollständigen. Es ist frustrierend, einen neuen Autor entdeckt zu haben und niemandem sagen zu können, wie gut er ist, oder an einer Kurve plötzlich auf ein Bergtal von unerwarteter Erhabenheit zu stoßen und dann still sein zu müssen, weil es den Begleitern nicht mehr bedeutet als eine leere Dose am Straßenrand, oder einen guten Witz zu hören und ihn niemandem weitererzählen zu können.

Wenn es einer Seele möglich wäre, das wertvollste Objekt von allen voll zu «würdigen», das heißt, zu lieben und sich an ihm zu erfreuen, und gleichzeitig dieser Freude in jedem Augenblick vollkommenen Ausdruck zu geben, dann würde diese Seele in der höchsten Seligkeit schweben. ... Um zu se-

> hen, was die Lehre wirklich bedeutet, müssen wir uns vorstellen, wir seien vollkommen in Gott verliebt und vor Freude wie betrunken und aufgelöst. Es wäre kaum erträglich, diese Begeisterung einzupferchen und unsere Glückseligkeit anderen nicht mitzuteilen; stattdessen fließt sie unaufhörlich in mühelosem und vollkommenem Ausdruck von uns. Unsere Freude drückt sich dabei ebenso unweigerlich im Lobpreis aus, wie ein Spiegel die Helligkeit reflektiert, die er erhält. Nach dem schottischen Katechismus ist das Hauptziel des Menschen, «Gott zu verherrlichen und ihn für immer zu genießen». Aber dann wissen wir, dass dies das gleiche ist. Ihn voll zu genießen heißt ihn zu verherrlichen. Wenn er uns gebietet, ihn zu verherrlichen, lädt Gott uns ein, ihn zu genießen.»[137]

Uff! Lies das möglichst noch einmal. Solche eine Aussage kann man nicht gleich beim ersten Lesen völlig verdauen. Lewis hat hier die Verbindung hergestellt, die den Sinn ergibt.

Gottes Streben nach meinem Lobpreis ist keine klägliche Ichbezogenheit, sondern der höchste Ausdruck selbstgebender Liebe! Wenn ich nur dann vollständig mit ihm zufrieden sein kann, wenn ich ihn für seine Güte lobe, dann kann Gott nichts Besseres tun, als um meine Anbetung zu werben: Es ist das Liebevollste, was er für mich tun kann, und das Herrlichste, was er für sich tun kann, weil seine Herrlichkeit in mir in meiner Freude an ihm liegt.

Das Abendmahl als Anbetung

Ich möchte mich kurz mit einer anderen Bemerkung von Lewis beschäftigen. Teil seines Problems mit dem Lobpreis bestand darin, dass er nicht sah, «dass Gott uns bei der Anbetung seine Gegenwart vermittelt». Das glaube ich auch. Und

137 C. S. Lewis: *Reflections on the Psalms* (New York, 1958), S. 90-98

nichts bestätigt Gottes Gegenwart bei der Anbetung klarer als das Abendmahl. Wenn dir die Idee des Abendmahls als Anbetung merkwürdig vorkommt, hast du wie unzählige andere die Rolle der Sakramente im Leben der Gemeinde aus den Augen verloren. Das Singen ist zwar die offensichtlichste Weise der Anbetung, aber keinesfalls die einzige. Erlaube mir, das zu erklären.

Als Jesus in der Nacht, in der er verraten wurde, die eindrucksvollen Worte sprach: «Dies ist mein Leib, dies ist mein Blut», gab er den Jüngern gewissermaßen ein Gelöbnis seiner immerwährenden Anwesenheit bei seinem Volk, an die sie sich beim gemeinsamen Brotbrechen greifbar erinnern sollten. Trotz seines unmittelbar bevorstehenden Todes und seiner Erhöhung zur Rechten des Vaters würde Jesus dennoch wahrhaftig und mächtig «da» sein, so oft seine Nachfolger sich versammelten, um das Sakrament zu feiern. Daraus folgt logischerweise, dass Brot und Wein des Abendmahls trotz des körperlichen Weggangs Christi in gewisser Weise dazu dienen, den Gläubigen, die ihn kennen und lieben, seine geistliche Gegenwart zu vermitteln. Die Elemente erinnern uns nicht nur an seinen Tod, sondern sie machen uns auch darauf aufmerksam, dass Christus in seiner rettenden und heiligenden Macht immer in unserer Mitte ist.

Paulus' Aussage in 1. Korinther 10,16-21 ist in dieser Hinsicht besonders wichtig. Wir lesen in Vers 16: «Der Kelch des Segens, den wir segnen: Ist er nicht die Gemeinschaft mit dem Blute Christi? Das Brot, das wir brechen: Ist es nicht die Gemeinschaft mit dem Leibe Christi?» Die Teilnahme an den Elementen der Tafel des Herrn bedeutet, unter seinen Einfluss und seine Macht zu kommen, mit ihm Gemeinschaft zu haben und auf besondere Weise alle jene rettenden Vorteile und Segen zu erleben, die Christi Leib und Blut für uns erlangt haben.

Anders ausgedrückt: Das Abendmahl ist ein Mittel der Gnade. Lass dich von diesem Ausdruck nicht irreführen. Ich bin durch und durch Protestant! Was ich hier vertrete, hat nichts mit der

Lehre von der Transsubstantiation[138] oder ähnlichen römisch-katholischen Ideen zu tun.

Die katholische Lehre der Transsubstantiation behauptet, dass in dem Augenblick, in dem der Priester die Worte der Weihung oder des Segens spricht, eine echte Verwandlung des gewöhnlichen Brotes und Weins in den tatsächlichen Leib und das Blut Christi vor sich geht. Obwohl die Elemente nach dieser Verwandlung immer noch genauso wie Brot und Wein aussehen, schmecken, riechen und erscheinen, macht Rom eine Unterscheidung zwischen der Substanz einer Sache und ihren Äußerlichkeiten. Brot und Wein erscheinen weiter als solche, aber sie sollen dem Wesen nach wahrhaftig und buchstäblich Leib und Blut Jesu sein.

Wenn ich das Abendmahl als Mittel der Gnade bezeichne, meine ich damit gewiss nicht, dass Brot und Wein irgendwie aufhören, Brot und Wein zu sein. Außerdem werden wir durch unsere Teilnahme an dieser oder irgendeiner anderen Zeremonie nicht gerettet. Durch die Taufe erhalten wir weder die Vergebung der Sünden noch die Regenerierung. Das Abendmahl «sühnt» auf keine Weise für Sünde. Die Sakramente vermitteln dem Gläubigen kein ewiges Leben, aber sie bestätigen, stärken und erhöhen das Bewusstsein und den Genuss dieses Lebens. Durch die Instrumente von Brot und Wein stärkt uns Gott und hilft uns, den heiligenden Einfluss des Heiligen Geistes und seinen einzigartigen Dienst, durch den er das Licht der Erleuchtung und der Herrlichkeit auf Jesus scheint, zu begreifen, zu verstehen, zu erleben und uns zu veranschaulichen.

Die Schrift vergleicht den Empfang und das Erlebnis des geistlichen Segens häufig mit Essen und Trinken (siehe besonders Hesekiel 47,12; zusammen mit Offenbarung 22,2; Matthäus 4,4;

138 Der Begriff *Transsubstantiation* (lat.: «Wesensverwandlung») bezeichnet in der römischkatholischen Theologie die Wandlung von Brot und Wein in den Leib und das Blut Jesu Christi in der Heiligen Messe. (Quelle: Wikipedia)

5,6; 8,11; Lukas 14,15; Johannes 4,13; 6,33.35.41.48.50-51; Offenbarung 2,17; 19,9; 21,6; 22,1.17). Könnten wir daraus nicht schließen, was Charles Hodge andeutet? «So wie die natürliche Nahrung dem Körper Leben und Kraft vermittelt, so ist dieses Sakrament eins der von Gott bestimmten Mittel, um das Prinzip des Lebens in der Seele des Gläubigen zu stärken und seinen Glauben an die Verheißungen des Evangeliums zu bestätigen.»[139]

Das kann sicherlich auch auf andere Art und Weise geschehen, aber jene Mittel werden dadurch nicht zu «Gnadenmitteln», wie ich den Ausdruck hier verwende. Zum Beispiel bewegt und erbaut es mich tief, wenn ich die Majestät der Schöpfung Gottes betrachte oder einem kleinen Kind beim Beten zuschaue oder vom Mut eines sterbenden Heiligen lese. All das mag durchaus dazu dienen, mich Christus näher zu bringen und mich zum Dienen, zur Dankbarkeit und zum Opferbringen zu motivieren. Aber sie sind strenggenommen keine «Gnadenmittel». Ich kann nicht genau sagen, auf welche Weise sich der Einfluss des Heiligen Geistes im Abendmahl von seinem Einfluss durch andere «natürliche» Phänomene unterscheidet. Ich bin mir nicht sicher, dass ich es muss. Der Punkt ist einfach: Anders als bei vielen anderen Aktivitäten und Erlebnissen, die einen durchaus erbauen mögen, ist das Abendmahl von Gott eingesetzt und von der Schrift vorgeschrieben, um als Mittel zu fungieren, die geistliche Gegenwart Jesus in den Herzen des Volkes Gottes zu vermitteln.

Für mich ist die Teilnahme am Tisch des Herrn unweigerlich ein tiefsinniger Moment vermehrten geistlichen Segens. Ich glaube kaum, dass meine Erfahrung da einzigartig ist. Wenn ich im nachdenklichen Gebet am Abendmahl teilnehme, manifestiert der Herr meinem religiösen Bewusstsein seine Herrlichkeit, Liebe, Barmherzigkeit und Freundlichkeit. Der Geist wirkt tief in mir, um die ewige Bedeutung des vollendeten Werkes Christi auf Golgatha und seine Liebe, nicht

139 Charles Hodge: *Systematic Theology* (Grand Rapids, 1970), III:647

nur zu den Menschen im Allgemeinen, sondern zu mir im Besonderen, in meinem Verstand zu erwecken und meinem Herzen einzuschärfen.

Was du tun sollst, wenn dir nicht nach Anbetung zumute ist

Wenn du Gott nur aus moralischer Pflichterfüllung anbetest, wäre es ihm lieber, wenn du ihn überhaupt nicht anbetest. Zu behaupten, dass Gott leidenschaftslose Anbetung gefällt, heißt zu sagen, dass er Heuchelei befürwortet. Wie kann man je die scharfe Zurechtweisung vergessen, die Jesus in dieser Hinsicht den Pharisäern zukommen ließ?

> 7 «Ihr Heuchler! Treffend hat Jesaja von euch geweissagt mit den Worten 8 ‹Dieses Volk ehrt mich nur mit den Lippen, ihr Herz aber ist weit entfernt von mir; 9 doch vergeblich verehren sie mich, weil sie Menschensatzungen als Lehren vortragen.›» (Matthäus 15,7-9)

Wenn es einen erschreckenden Vers in der Bibel gibt, dann ist es dieser. Der Gedanke, dass ich gleichzeitig «singende Lippen» und ein «weit entferntes Herz» haben kann, jagt mir Angst ein. Mein Körper mag sich voll an der Anbetung beteiligen, während mein Herz ganz woanders ist.

Die Leidenschaft ist für die Anbetung unentbehrlich. Zugegeben, du magst in einer Phase deines Lebens sein, wo du als einzige Leidenschaft Schmerz oder Zerbrochenheit oder Leere verspürst. Du magst dich leidenschaftlich danach sehnen, gefüllt zu werden, wo du dir doch so leer vorkommst. Deine Leidenschaft mag aus Verzweiflung und Hilflosigkeit bestehen oder du bist voller erwartender Sehnsucht nach dem, was du unbedingt zum Überleben brauchst, aber noch nicht hast. Aber es handelt sich nichtsdestoweniger um Leidenschaft.

Versetze dich an Gottes Stelle und versuche die Sache aus seiner Sicht zu sehen. Vor dir steht oder kniet eins deiner Kinder, das du durch das Blut deines Sohnes erlöst hast. Dieses Kind sagt zur dir im Prinzip:

> Eigentlich möchte ich jetzt gar nicht hier sein, Gott. Momentan habe ich keinerlei Gefühle für dich. Deine Schönheit überwältigt mich nicht gerade, und deine Pracht und Herrlichkeit lassen mich ganz kalt. Aber trotzdem will ich dich anbeten und deinen Wert verkünden, weil du es mir im Wort geboten hast und weil du Gott bist.

Ich mag mich irren, aber ich glaube nicht, dass Gott davon begeistert sein wird.

Was sollen wir also tun, wenn wir nichts spüren, wenn wir gelangweilt, indifferent und innerlich tot sind, wenn wir vor lauter Bedrückung kaum den Mund zum Singen aufkriegen? Was sollen wir tun, wenn wir unser Gefühl der innigen Verbundenheit mit dem Herrn verloren haben, wenn wir nichts von seiner Gegenwart spüren, wenn es nur ein quälendes Echo seiner Entfernung gibt? Einige von euch haben Mühe, den Gottesdienst überhaupt zu besuchen. Du findest ihn wenig anziehend, fühlst dich aber verpflichtet zu gehen, weil du von Freunden oder Familie dazu gedrängt wirst. Kannst du unter diesen Umständen immer noch Gott verherrlichen? Ja!

Obwohl du jetzt in seiner Gegenwart keine Freude oder Befriedigung spürst, wünschst du es dir. Du erinnerst dich daran, wie dein Herz und Geist in der Vergangenheit von der Leidenschaft für Gott und dem Gefühl seiner Gegenwart entflammt waren. Du hattest Freude an seiner Güte und der Lobpreis war leicht, natürlich, frei. Das wünschst du dir wieder – danach schreist du verzweifelt, aber es entgeht dir. Noch.

Vielleicht bist du emotional völlig zerbrochen. Rings um dich zerfällt alles, nichts ist so gelaufen, wie du es dir erhofft hattest. Alle deine Bemühungen scheitern vor deinen Augen und du bist hilflos, den Lauf der Dinge aufzuhalten. Was du einst geschätzt hast, ist am Verschwinden. Du fühlst nichts. Dein Geist ist trocken und unfruchtbar und du spürst eine hässliche Wut und Bitterkeit in deinem Herz aufsteigen. Kannst du auf eine Weise anbeten, die Gott ehrt und verherrlicht? Ja, aber wie?

Sing trotzdem. Bete trotzdem an. Lobe Gott für seinen unvergleichbaren Wert und seine unübertroffene Schönheit. «Moment mal, Sam. Das klingt so, als ob du mich zur Heuchelei ermutigst. Ich dachte, du hättest gerade genau das verurteilt, was du jetzt zu befürworten scheinst. Ich bin ganz durcheinander.» Das kann ich gut verstehen. Aber es ist keine Heuchelei, weil Gott von deiner Sehnsucht nach der Freude verherrlicht ist, die in ihm zu finden ist, selbst wenn du sie noch nicht erlebst. Gott wird von dem geehrt, was John Piper den «Funken der erwarteten Freude» nennt, der dich dazu führt, ihn zu loben, selbst wenn dir nicht danach zumute ist.

Zerbrochen wie du bist, weißt du, dass nur Einer dich heilen und deine Wunden verbinden kann. In deiner geistlichen Lustlosigkeit weißt du, dass nur ein Einziger deiner ausgedörrten Seele Erfrischung und Erneuerung geben kann. In der Kälte deines Herzens weißt du, dass nur Einer lebensbringende Wärme spenden kann. In deiner Freudlosigkeit weißt du, dass nur Einer deinem Geist wieder Freude geben kann. Und genau dieses tiefe und verzweifelte Verlangen in deiner geistlichen Wüste ehrt Gott zutiefst.

Um meinen Punkt zu illustrieren, stell dir Gott als Oase in der Wüste vor. Man kann eine Oase auf zweierlei Weise verherrlichen. Die offensichtlichste Weise ist, in ihre erfrischenden, kühlen, lebensspendenden Gewässer zu springen und nach Herzenslust zu trinken. Aber man kann die Oase auch durch den schmerzhaften Kummer ehren, den man weit entfernt von ihr beim Schleppgang durch die geistliche Wüste spürt. Wenn du dich nach der Erfrischung der Oase sehnst, obwohl du noch heiß und trocken und durstig bist, wenn du wegen der Abwesenheit ihrer lebensspendenden Gewässer trauerst, dann verherrlichst du die Oase, noch bevor du die Gelegenheit hast, sie zu genießen. Das gilt auch für Gott.

Falls du daher am letzten Wochenende in den Gottesdienst gegangen bist und nichts für Gott gespürt hast, falls du das Gefühl hattest, dass er unendlich weit entfernt war, dann konntest und solltest du ihn trotzdem anbeten.

Sehen wir das nicht in Psalm 42,2-3? «Wie der Hirsch lechzt nach Wasserbächen, so lechzt meine Seele nach dir, o Gott! Meine Seele dürstet nach Gott, dem lebendigen Gott.» Was ehrt das Wasser - der Hirsch, der sich vorbeugt, um nach einer langen Reise in der Wüste zu trinken, oder der Hirsch, der eifrig nach dem Wasser lechzt, während er noch in der Wüste ist? Beides! Das Wasser tatsächlich zu trinken ist die beste und befriedigendste Weise, das Wasser zu ehren, aber bis du dorthin kommst, lechze weiter nach ihm.

Und in der Zwischenzeit ...

Komm in der Anbetung zu Gott und genieße den ganzen Reichtum dessen, was er für dich in Jesus ist. Falls dir das noch schwerfällt, sind hier ein paar praktische Ratschläge. Bekenne *zuerst* die Sünde der Freudlosigkeit. Freudlosigkeit, schreibt John Ortberg, «ist eine ernsthafte Sünde.»[140] Gib die Kälte und Indifferenz deines Herzens zu. Tu nicht so, als sei es egal, was du empfindest. Deine Gefühle sind wichtig, nicht nur für dich, sondern besonders für Gott.

Bete *zweitens* um eine Offenbarung der Pracht, Schönheit, Majestät und Köstlichkeit Gottes und seiner all-befriedigenden, all-genügsamen Güte. Bitte den Heiligen Geist, dir geistliche Ohren zu schenken, damit du hörst, wie der Vater sich über dich mit lautem und ausgelassenem Gesang freut (Zefanja 3,17). Bitte den Heiligen Geist, dir geistliche Augen zu

140 John Ortberg: *The Life You've Always Wanted* (Grand Rapids, 1997), S. 68

schenken, damit du noch einmal die Güte des Herrn im Land der Lebenden schaust.

Fange *drittens* mit den in der Schrift vorgeschriebenen Schritten zur Erneuerung deiner Freude an: Bibellesen, Gebet, Teilnahme am Abendmahl, Erinnerung an Gottes freundliche Taten in der Vergangenheit, Meditation über das Kreuz, Gemeinschaft mit anderen Gott-Genießern und so weiter.

Denke *viertens* an die Hölle. Ja, du hast richtig gelesen. Denke über die Hölle nach. Jonathan Edwards fasste unter anderem den persönlichen Vorsatz: «Wenn es mir nicht gut geht, will ich an die Schmerzen des Märtyrertums und der Hölle denken.»[141] Du wirst staunen, wie eine kurze Zeit der Meditation über die Qualen der Hölle, von denen du so gnädigerweise befreit worden bist, dazu dient, deine Freude und Dankbarkeit zu vermehren und zu vertiefen!

Preise ihn *fünftens* trotz allem. Tue deine Pflicht äußerlich in der gebetsvollen Hoffnung und Erwartung, dass dadurch die innere Freude wieder entfacht wird. Das ist, wie gesagt, keine Heuchelei, weil du die äußere Handlung in der Hoffnung vollziehst, die innere Freude dadurch wiederzugewinnen. Dein Motiv ist nicht, dich zu verstellen, um andere von deiner Frömmigkeit zu überzeugen, während du Gott in Wirklichkeit gar nicht preist.

Kurz, komme in Zeiten der Anbetung nicht zu Gott in der Anmaßung, ihm etwas geben zu wollen. Komme demütig in der Sehnsucht zu empfangen, denn Gott nährt immer das hungrige Herz.

---

141 Jonathan Edwards: *The Works of Jonathan Edwards: Letters and Personal Writings*, Band 16, herausgegeben von George S. Claghorn (New Haven, 1998), S. 754

KAPITEL 11

Sex und Integrität

Ursprünglich schrieb ich dieses Kapitel am 18. August 1998, dem Tag nach der noch nie dagewesenen Zeugenaussage eines amerikanischen Präsidenten vor einer Grand Jury. Es ist auch der Tag nach einer kurzen Rede des Präsidenten, in der Bill Clintons «bekannte», seine Familie und das amerikanische Volk im Hinblick auf seine Beziehung zu einer einundzwanzigjährigen Praktikantin im Weißen Haus getäuscht zu haben. Egal welcher Partei man nahesteht oder was man von unserem Präsidenten hält, die Geschehnisse vom 17. August sind für die moralische Krankheit in unserem ganzen Land und tatsächlich in der ganzen Welt symptomatisch.

Noch schlimmer war die Reaktion am Tag danach. Erstaunlicherweise schien es der Mehrheit der von den Medien interviewten Leute egal zu sein, dass sich unser Präsident sexuell mit einer jungen Dame eingelassen hatte, die nicht viel älter als seine Tochter war. Man war sogar noch weniger aufgebracht, dass er alle darüber in der landesweiten Fernsehansprache angelogen hatte! Solange sie eine Arbeit haben, das Leben relativ friedvoll ist und es mit der Versorgung klappt, ist es ihnen einfach völlig egal, was «hinter geschlossenen Türen» im Weißen Haus – oder irgendeinem anderen Haus – vor sich geht.

Sexuelle Reinheit und Integrität scheinen unwichtig zu sein, es sei denn, man ist arbeitslos, wird davon beeinträchtigt oder gehört einer anderen politischen Partei an. Nun, Gott sind sie immer wichtig. Im Kern der Reinheit ist die Reinheit des Herzens. Und im Zentrum der Reinheit des Herzens sind sexuelle Reinheit und persönliche Integrität.

Ich habe mir diese beiden Themen nicht wegen der Mätzchen des Präsidenten ausgesucht, sondern weil sie in unserer Gesellschaft so auffällig abwesend sind. Selbst in der Gemeinde sind sie am Verschwinden. Etwas muss unternommen werden.

Sex

Beim Thema der sexuellen Reinheit darfst du vor allem eins nicht vergessen: Gott ist für dich! Er möchte, dass du siegst. Man sieht Gott in Punkto Sex oft als den Gegner an: «Er ist gegen mich, weil er Sex hasst. Er schämt sich meiner und hält mich für abstoßend. Ehrlich gesagt kann ich es ihm nicht verdenken.» Solche Missverständnisse dienen nur dazu, uns zu überzeugen, dass unsere Situation hoffnungslos ist. Sie treiben uns von den Armen Gottes weg, obwohl nur seine Liebe, Unterstützung und Bestätigung uns diesen Kampf gegen das Fleisch gewinnen lassen.

Wir müssen die Wahrheit voll akzeptieren, dass niemand unsere sexuelle Befriedigung mehr wünscht als Gott, so bizarr das klingen mag. Deshalb hat er alles Nötige für deinen Erfolg und für deine Heiligkeit bereitgestellt. Es ist wichtig, das zu verstehen, weil Menschen, die mit sexueller Sünde ringen, sich hoffnungslos in einen endlosen Kreislauf des Versagens eingeschlossen vorkommen. Ihre Erfahrung hat sie davon überzeugt, dass es keine realistische Chance des Erfolgs gibt. Noch schlimmer, sie sind davon überzeugt, dass Gott von ihnen angeekelt ist und dass sie in der Gemeinde nie zu etwas taugen werden. Gewiss ist Gott über sexuelle Sünde betrübt, aber es ist ein Kummer, der in Liebe verwurzelt ist. Gott ist über unser Versagen nur deshalb traurig, weil er uns so sehr liebt. Wenn er dich nicht liebte, wenn sein Herz nicht für dich schlüge, warum sollte es ihm dann nicht egal sein, was du tust?

Woher weiß ich, dass Gott beim Sex auf unserer Seite steht? Paulus hat es klar in 1. Thessalonicher 4,3-8 ausgedrückt:

> 3 Denn das ist der Wille Gottes, eure Heiligung, dass ihr die
> Unzucht meidet, 4 dass ein jeder von euch wisse, sein eigenes
> Gefäß sich zu erwerben in Heiligkeit und Ehrbarkeit, 5 nicht
> in leidenschaftlicher Begierde wie die Heiden, die Gott nicht
> kennen, 6 dass niemand sich Übergriffe zuschulden kommen
> lasse und in Geschäften seinen Bruder übervorteile; denn ein
> Rächer ist der Herr über alle solche Verfehlungen, wie wir es
> euch schon früher gesagt und nachdrücklich bezeugt haben;
> 7 Gott hat uns ja nicht zur Unsittlichkeit berufen, sondern
> zur Heiligung. 8 Mithin wer diese Weisungen missachtet, der
> missachtet damit nicht einen Menschen, sondern Gott, denselben, der euch auch seinen heiligen Geist ins Herz gibt.

«Der Wille Gottes». Schauderst du bei diesem Wort? Ruft es Assoziationen von einem grimmigen Aufseher hervor, der mit größtem Vergnügen dafür sorgt, dass niemand Sex hat? Versuche etwas Radikales: Ersetze das Wort «Wille» durch «Wunsch» und höre auf das Herz des Vaters hinsichtlich deiner Heiligkeit: «Ich möchte, dass du die Freude und Befriedigung erlebst, die von der Fülle der sexuellen Freuden kommen, die ich für Adam und Eva im Sinn hatte. Verdrehe nicht das, was ich zu deinem Vergnügen geschaffen habe.»

Die meisten von uns stellen sich beim Wort «Gottes Wille» instinktiv ein himmlisches Stirnrunzeln vor. Wir denken an einen inflexiblen und farblosen Gesetzgeber, dessen einzige Sorge sein eigener Ruf ist. Aber wenn ich Paulus von Gottes «Willen» über die menschliche Sexualität reden höre, denke ich an den Wunsch im Herzen Gottes: Er ist voller Sehnsucht und väterlicher Leidenschaft, dass wir eins seiner kostbarsten Geschenke so gut wie möglich genießen. Gott sagt: «Ich sehne mich danach, dass du als sexuelles Wesen lebst. Deshalb habe ich dich mit diesen sexuellen Impulsen und Hormonen geschaffen. Glaube mir, ich weiß viel besser als du, was dir die größte Freude bringt.» Es geht einfach darum, dass Gottes «Wille» für dich und mich immer ein Ausdruck seiner Liebe ist. Was also genau «wünscht» sich Gott von uns in Hinsicht auf unser sexuelles Verhalten?

Enthaltsamkeit kann Spaß machen

Gottes Wunsch für seine Kinder ist, dass sie «die Unzucht meiden». Paulus verwendet hier das Wort porneia, von dem unser Wort Pornographie abgeleitet ist. Aber es geht ihm nicht nur um aufreizende Zeitschriften oder nicht jugendfreie Filme, sondern um jede Form unerlaubter sexueller Aktivität und ganz besonders um den Geschlechtsverkehr vor oder außerhalb der Ehe (siehe 1. Korinther 6,15-20).

Falle nicht auf die Propaganda herein, mit der die Welt hausieren geht. Gott möchte dich nicht des sexuellen Genusses berauben, sondern ihn steigern. Sein Verbot soll die Schönheit und Freude des ehelichen Geschlechtsverkehrs schützen, genauso wie unsere Gesetze gegen Diebstahl und Mord wegen des hohen Wertes existieren, den wir auf den persönlichen Besitz und das menschliche Leben legen. Gottes möchte unbedingt etwas schützen und steigern, was weitaus aufregender ist und mehr Spaß macht als die sexuelle Sünde: die eheliche Liebe.

Die biblischen Aufforderungen, der sexuellen Sünde zu widerstehen, sind von der Erkenntnis motiviert, auf welche Weise die Sünde uns einer größeren Befriedigung beraubt. Wir sagen zur physischen Unmoral vor allem deshalb Nein, weil sie die Fähigkeit des Herzens untergräbt, die vielfältigen Freuden, die Gott seinen Kindern gibt, voll zu genießen. Die sexuelle Sünde vermindert unsere Kapazität, Gottes Freude an dem zu spüren, was wir sind. Sie raubt uns Energie und verhärtet uns gegenüber den liebevollen Annäherungen des Heiligen Geistes.

Als ich in der Schlange an der Kasse des Lebensmittelgeschäfts stand, beging ich den Fehler, die Titelblätter mehrerer ziemlich schäbiger Boulevardblätter zu überfliegen. Auf einem schrie die Überschrift den unbedachten Kunden förmlich an: «Der großartigste Sex, den Sie je hatten!» Nein, ich widerstand der Versuchung, den Artikel zu lesen – weil ich das Buch, Gottes Buch, gelesen habe! Gott selber hat für sein Volk ein Rezept für großartigen Sex.

Paulus spricht in 1. Thessalonicher 4,4 davon, wie jeder von uns wissen soll, «sein eigenes Gefäß sich zu erwerben in Heiligkeit und Ehrbarkeit». Was um Himmel willen soll das bedeuten?

Das Wort, das in der Menge-Bibel mit «sich erwerben» übersetzt ist, bedeutet, die Herrschaft über etwas zu erlangen. Das Wort «Gefäß» ist wahrscheinlich eine Umschreibung für die sexuellen Organe. Es handelt sich um ein anschauliches Bild: Jeder von uns muss lernen, wie man seinen Sexualtrieb und die eigenen Impulse beherrscht, wie man sie nach Absicht des Schöpfers ausdrückt und wie man täglich Gott seinen Körper in Heiligkeit und Reinheit hingibt.

Diese sexuelle Selbstbeherrschung soll in «Heiligkeit» und «Ehrbarkeit» geschehen. Vor allem das zweite Wort ist interessant. Wenn wir in sexueller Reinheit leben, «ehren» wir nicht nur Gott, dessen «Willen» wir akzeptieren, sondern auch andere Menschen. Sexuelle Unmoral entehrt die andere Person, da man ihr die Gelegenheit vorenthält, den Sex so genießen, wie es der Schöpfer beabsichtigte. Gott weiß, dass der wirklich gute Geschlechtsverkehr nur in einer monogamen, heterosexuellen Beziehung zu finden ist.

Dieser Punkt wird noch einmal in Vers 6 betont, wo Paulus uns auffordert, unseren Bruder (oder unsere Schwester) nicht «in Geschäften» zu «übervorteilen». Bei den «Geschäften» denkt Paulus in diesem Zusammenhang an die sexuelle Reinheit im täglichen Umgang miteinander (siehe NGÜ und Schlachter), nicht an Handelsgeschäfte. Er warnt hier, dass Christen ihre Vertrautheit oder Freundschaft mit anderen in der Gemeinde nicht sexuell ausnützen dürfen. Aber wie übervorteilt oder schädigt sexuelle Unmoral oder Unreinheit einen anderen Christen? In 1. Korinther 6 sagt Paulus, dass derjenige, der außerehelichen Geschlechtsverkehr begeht, gegen seinen eigenen Leib sündigt, aber hier geht er weiter und sagt, dass er auch gegen andere Christen oder Christinnen verstößt und sie übervorteilt. Wie geschieht das?

Auf zweierlei Weise. Erstens ist der Ehebruch eine offensichtliche Verletzung der Rechte eines anderen. Und zweitens betrügt der voreheliche Sex den zukünftigen Ehepartner der Person, mit der du dich eingelassen hast. Du beraubst diese Person ihrer Jungfräulichkeit und der exklusiven Intimität, die in eine Ehe eingebracht werden sollen. Daher ist die sexuelle Unreinheit genauso eine soziale Ungerechtigkeit gegenüber Menschen wie eine persönliche Sünde gegen Gott.

Darüber hinaus entehrt das unerlaubte sexuelle Verhalten auch die eigene Person. Wir sind zu etwas Besserem bestimmt. Wenn wir die Grenzen von Gottes «Willen» übertreten und nach sexueller Befriedigung auf eine Weise suchen, die langfristig nur Desaster, Entehrung und oft Krankheit bringt, beschmutzen wir unsere Würde als Ebenbild Gottes und berauben unseren Körper seiner von Gott ordinierten Funktion.

Was macht den Sex so attraktiv?

Warum stellt die sexuelle Sünde solch eine mächtige Versuchung dar? Was macht den unerlaubten Sex so anziehend? Vielleicht sagst du schnell: «Na klar – Sex fühlt sich gut an!» Aber ich bin davon überzeugt, dass hinter der Kraft, die die sexuelle Unreinheit anheizt, mehr als Biochemie steckt. Außer dem körperlichen Genuss tragen mindestens fünf Komponenten dazu bei. Als erstes fallen einem seelische Verletzungen ein, die häufig von Selbstmitleid geschürt werden. Wir benutzen unsere Verwundungen häufig als Erlaubnis zum Sündigen. Es ist so einfach für uns zu sagen: «Wenn du nur wüsstest, wie schlecht er oder sie mich behandelt hat, würdest du mich nicht so schnell wegen meiner Taten verurteilen.» Mit anderen Worten, die sexuelle Sünde ist so attraktiv, weil sie begründet erscheint. Gelegentlich können wir sie sogar als persönliche Gerechtigkeit ausgeben: «Jeder, der so sehr gelitten hat wie ich, verdient ein bisschen Erleichterung.» Einmal entschuldigte sich ein Mann vor mir in der Sprechstunde: «Niemand versteht den Druck, unter dem ich stehe – meine Frau am allerwenigsten. Sie hat keine Ahnung, wie einsam ich mir vorkomme. Ich bin es müde, allen anderen ein Vorbild zu sein und nichts zurückzubekommen. Wenn ich überleben soll, brauche ich unbedingt die bedingungslose Zuneigung einer Frau.»

Andere ziehen es vor, aus ihrer Bitterkeit zu schöpfen. Man sagt uns, wir sollen einem liebevollen Gott vertrauen, der es dann versäumt, uns vor den harten Umständen des Lebens zu schützen. Plötzlich erscheint es sinnlos und dumm, für andere zu leben. «Wenn es wirklich auf den Gehorsam gegenüber Gott ankäme, hätte ich nicht solche Schwierigkeiten. Warum soll ich da nicht Sex haben?»

Für manche ist es einfach eine Sache des Egoismus. «Immer wieder habe ich so vielen so viel gegeben; jetzt bin ich mal dran, etwas für mich zu tun.» Das ist der Grund, warum die Sünde uns so fest im Griff hat: Wir meinen, wir hätten ein Recht zu sündigen. Wiederum andere haben die Reinheit aus einem überwältigenden Gefühl der Hoffnungslosigkeit abgeschrieben. «Ich habe alles versucht und nichts funktioniert. Ich habe mich so lang wie möglich bemüht, aber ich mache mir nichts vor. Es wird sich doch nichts ändern. Warum soll ich mich also abmühen?»

Falls keine dieser Ausreden genügend Gründe zur Unmoral liefert, dann vielleicht der gute, altmodische Schmerz. Wir alle spüren ihn. Wir sind erschöpft, schlapp, erschlagen – und das tut weh. Die sexuelle Sünde verspricht sofortige Erleichterung, auch gerade, wenn das Herz wegen kaputter Beziehungen weh tut: «Ich habe ihm vertraut, und er hat mich verraten.» «Ich habe ihr mein Herz geöffnet und sie hat mich abgelehnt.» Die sexuelle Sünde hat eine mächtige Anziehungskraft, weil sie zumindest kurzfristig Linderung verspricht. Die Lüge Satans scheint besser zu funktionieren als die Wahrheit Gottes.

Worauf beruhen all diese Rationalisierungen? Auf einer Lüge, der schädlichsten, abscheulichsten, satanischsten Lüge von allen. Der Teufel behauptet, Gott sei letztendlich doch nicht gut und weder fähig noch bereit, für deine Seele oder deinen Körper das zu tun, was sie so verzweifelt brauchen. Daher könnest du Gott deine Befürchtungen und Zweifel und Hoffnungen und Verwundungen nicht anvertrauen. Weil wir Gott egal seien und ihm nicht trauen können, sollten wir woanders Befriedigung finden. Und so tun wir das oft.

Sünde tut weh

In einem kannst du dir sicher sein: Gott wird es seinen Kindern nicht erlauben, ungestraft zu sündigen. Sexuelle Unreinheit hat Folgen. Aber Gottes Züchtigung bedeutet nicht, dass er von dir angewidert ist. Im Gegenteil: Nach Hebräer 12,5-13 züchtigt und straft Gott, weil er liebt.[142]

Vor allem sollten wir der Reinheit nachjagen, weil Gott uns zur Heiligkeit, nicht zur Unreinheit erlöste. Die Unsittlichkeit läuft allen Absichten Gottes bei der Schöpfung, Berufung und Erlösung in Jesus zuwider (1. Thessalonicher 4,7). Wenn wir uns sexueller Unsittlichkeit hingeben, erinnert uns Paulus,

142 Siehe mein Buch: *The Singing God: Discover the Joy of Being Enjoyed by God* (Orlando, 1998), S. 77-85

missachten wir den Gott, «der euch auch seinen heiligen Geist ins Herz gibt» (Vers 8).

Das Verb «gibt» in Vers 8 steht hier in der Gegenwart, nicht in der Vergangenheit, die Paulus sonst immer bei Hinweisen auf die Gabe des Heiligen Geistes verwendet. Es geht nicht in erster Linie darum, dass Gott uns in der Vergangenheit seinen Geist «gab», als wir das erste Mal den rettenden Glauben hatten (obwohl das gewiss wahr ist), sondern dass Gott uns gerade jetzt in der Gegenwart beisteht, indem er uns immer wieder seinen Geist vermittelt. Selbst inmitten unseres Kampfes darüber, ob wir seinem Willen hinsichtlich sexueller Reinheit gehorchen sollen oder nicht, gibt er uns durch den Geist ständig Kraft und unterstützt uns.

Noch besser ist die Tatsache, dass Gott uns nicht einfach den Geist gibt, sondern ihn «ins Herz» gibt. Er gibt ihn nicht nur «an» uns, sondern durch einen Akt höchstpersönlicher Vermittlung wohnt sein Geist in uns, um uns zu ermutigen, zu kräftigen und zu befähigen. Der Geist ist nicht nur einfach da, er ist in unserem Innersten.

In dieser Wahrheit liegt enorme Hoffnung. Zwar sagt Gott: «Ich möchte, dass du den Versuchungen der Welt oder den Leidenschaften des Fleisches nicht nachgibst», aber er sagt auch: «Dazu gebe ich dir gerade jetzt meinen Heiligen Geist, um dir zu helfen, Ja zur Reinheit sagen!» Er fordert dich auf: «Komm zu mir, denn ich werde dich nicht beschämen oder auslachen. Ich möchte dich wiederherstellen, schützen, reinigen und deine Seele mit göttlicher Kraft beleben, um zu den unerlaubten Begierden Nein zu sagen. Und so werde ich es tun: Ich werde dir die unübertrefflichen Freuden zeigen, an meine Verheißungen von überlegenen Genüssen zu glauben.»

Es gibt Hoffnung! Es gibt Hilfe! Was immer Gott verlangt, das gibt er dir. Er verlangt Heiligkeit und gibt daher die unendliche Kraft des Heiligen Geistes, dir und mir dabei zu helfen. Gib nicht auf. Finde dich nicht mit der Gebundenheit ab.

Schon beim Lesen dieser Worte erfüllt Gott dein Herz mit seiner Kraft, um die Macht der Sünde zu brechen.

Wenn wir unsere Kinder zur Erfüllung ihrer moralischen Pflicht auffordern – was immer wir dafür halten – erwarten wir häufig, dass sie sich mit wenig oder gar keiner Hilfe von uns sozusagen am eigenen Schopf aus dem Sumpfe ziehen. Wer weiß warum – vielleicht haben wir keine Zeit oder wir denken nicht einmal daran. Oder wir meinen, dass jede Hilfe die Entwicklung ihrer moralischen Reife unterminieren würde. Wenn sie trotz unserer Ermutigungen versagen, greifen wir auf Drohungen oder beschämende Warnungen zurück. Gott tut das nicht. Mit jeder Aufforderung kommt der Wind seines Geistes, um uns zu kräftigen und zu tragen, zu belehren und zu inspirieren. Wenn du zu zweifeln anfängst, wo Gott hinsichtlich deiner sexuellen Impulse steht, wenn du Angst hast, er wird dich verlassen, wenn du ihnen nachgegeben hast, dann erinnere dich an diese einfache Wahrheit: Er ist durch seinen Geist immer gegenwärtig in dir, um dein Ja zur sexuellen Reinheit zu ermöglichen.

Integrität

Mein Lieblingstext über Integrität ist Psalm 15:

> 1 HERR, wer darf Gast sein in deinem Zelte,
> wer wohnen auf deinem heiligen Berge?
> 2 Wer unsträflich wandelt und Gerechtigkeit übt
> und die Wahrheit redet, wie's ihm ums Herz ist;
> 3 wer keine Verleumdung mit seiner Zunge umherträgt,
> seinem Nächsten kein Unrecht zufügt und keine
> Schmähung ausspricht gegen Verwandte;
> 4 wer Verworfene als wirklich verächtlich ansieht,
> aber Gottesfürchtigen Ehre erweist; wer sich selbst zum
> Schaden schwört und den Eid doch hält;

> 5 wer sein Geld nicht ausleiht gegen Zins
> und Bestechung nicht annimmt gegen Schuldlose: wer solches tut, wird ewiglich nicht wanken.

Einige Leute haben Davids Absicht in diesem Psalm missverstanden. Es geht nicht um Vorbedingungen für die Annahme bei Gott, sondern um eine Beschreibung, wie Gläubige handeln. Es geht nicht darum, wie Außenseiter ins Königreich gelangen können, sondern wie die Untertanen den König genießen können. David stellt die Frage: «Wer wird Gemeinschaft mit Gott genießen?» Gott kann und wird nicht in der Gegenwart moralischer Korruption verweilen und sie auch nicht segnen (siehe Psalm 5,5-8).

Wie reagierst du auf die Botschaft, dass Gott Gehorsam und Integrität gefallen? Macht dir das Mut oder deprimiert dich das? Begeistert dich Psalm 15? Seine moralischen Richtlinien sind nur für die Menschen bedrückend und legalistisch, die noch ihre Sünde lieben. Zum Beispiel könnte die Integrität dir nur dann eine Last sein, falls du gern unehrlich bist. Gerechte Taten sind nur lästig, weil du ungerechte bevorzugst. Die Wahrheit zu sprechen tut nur weh, weil das Lügen sich gut anfühlt.

Gehorsam gegenüber den gerechten Geboten Gottes fällt denen leicht, deren Herz von der Gnade ergriffen worden ist und deren Leben von dieser Gnade Kraft erhalten hat. Nach der Wiederholung der strikten Forderungen des mosaischen Gesetzes sagte Gott zu Israel: «11 Dieses Gesetz, das ich dir heute gebiete, ist für dich nicht zu schwer und nicht unerreichbar. ... 14 Nein, ganz nahe ist dir das Wort, in deinem Munde und in deinem Herzen hast du es, so dass du es befolgen kannst» (5. Mose 30,11.14). Jesus bezeichnete sein Joch als «sanft» und seine Last als «leicht» (Matthäus 11,30). Der Apostel Johannes hätte nicht deutlicher sein können, als er sagte: «Seine Gebote sind nicht schwer» (1. Johannes 5,3).

Es ist klar, dass Gott unser Gehorsam sehr gefällt. Aber sein Vergnügen am Gehorsam, sagt Piper, «ist nicht wie das sadistische Vergnügen eines herzlosen Feldwebels, der gern seine Rekruten schikaniert und sie bei unmöglichen Konditionsübungen schwitzen lässt».[143] Tatsächlich verflucht Jesus in Lukas 11,46 solche moralischen Zuchtmeister: «Wehe ... euch Gesetzeslehrern! Denn ihr bürdet den Menschen schwer zu tragende Lasten auf, rührt aber selber die Lasten mit keinem Finger an.» Nicht so Gott. «Mit jedem Gebot [wie denen in Psalm 15] rührt er nicht nur seinen Finger, sondern stellt seinem Kind alle seine kostbaren Verheißungen und seine ganze allmächtige Kraft zur Verfügung.»[144]

Gott gefällt dein Gehorsam, weil alle seine Gebote dir zu deinem Nutzen dienen. Sie alle sind wie die Verordnung eines Arztes, die anfangs nicht immer angenehm sein mag, aber auf deine Gesundheit zugeschneidert und zu deinem Glück gedacht ist. Wenn es gelegentlich schmerzhafte Nebenwirkungen gibt, dann deshalb, weil die Krankheit so ernst ist, dass starke Medizin erforderlich ist (siehe 5. Mose 6,24; 10,12-13). Unser geistlicher Arzt freut sich über unseren Gehorsam gegenüber seinen Geboten, weil es ihm wirklich am Herzen liegt, dass wir gesund werden.

Um eine andere Analogie zu verwenden: Die liebevolle Mutter verbietet das Naschen vorm Mittagsessen, nicht weil sie eine herzlose Spaßverderberin ist, sondern weil sie lange an einem tollen Essen gearbeitet hat, das die kühnsten kulinarischen Träume übersteigt.

Deine Einstellung gegenüber den moralischen Geboten von Psalm15 hängt ganz davon ab, ob du Gottes Gerechtigkeit durch deine Werke oder im Glauben verfolgst (siehe Römer 9,31-32). Gott zu gehorchen, als ob es eine Sache deiner Werke sei, heißt, aus deiner eigenen Kraft mit einem Blick auf

---

143 John Piper: *The Pleasures of God: Meditations on God's Delight in Being God* (Portland, 1991), S. 250

144 Piper, S. 250

deinen eigenen Verdienst zu gehorchen. Gott zu gehorchen, weil es eine Sache des Glaubens ist, heißt, ihm aus seiner Kraft heraus mit einem Blick auf seine Herrlichkeit zu gehorchen (siehe 1. Petrus 4,11; 2. Thessalonicher 1,11-12).

Aber wie produziert dein «Glaube» deinen «Gehorsam»? Wie Piper erklärt: «Wenn du Christus deine Zukunft anvertraust (‹Der Glaube ist ein zuversichtliches Vertrauen auf das, was man hofft›), dann führt das unweigerlich dazu, dass sündhafte Strategien zum Erlangen des Glückes in der friedvollen Zuversicht untergehen, dass Gott dir auf seine Weise eine größere Freude bereiten wird.»[145] Wir widersetzen uns ja Gottes Gesetzen und verfolgen unsere eigenen sündigen Strategien, weil wir glauben, wir könnten besser für unser Glück sorgen als Gott.

In Kapitel 5 sahen wir, wie dieses Prinzip in Moses Leben wirkte (siehe Hebräer 11,24-26). Sein Glaube an das, was Gott ihm bot, führte zu seinen Werken. Er war zuversichtlich, dass Christi Angebot den vorübergehenden Genuss der Sünde übertraf. Piper sagt uns: «Mose schaute auf die Belohnung der Verheißungen Gottes, wog diese gegen den Lohn der Ungerechtigkeit ab und ruhte zufrieden in Gott.»[146]

In Gott verweilen

David führt zehn Charakteristiken der Person auf, die in Gottes Zelt «verweilen» (Schlachter) und auf seinem heiligen Berg «wohnen» darf.

Zum einen wandelt diese Person unsträflich oder in Unschuld (Psalm 15,2; Schlachter). Dieses Wort «unsträflich» (in der englischen NASB mit Integrität wiedergegeben) ist so etwas wie eine Zusammenfassung von allem, was folgt. Unschuld oder Integrität bedeutet hier nicht Sündlosigkeit, sondern beschreibt jemanden, der durch die Gnade Gottes «we-

145 Piper, S. 253
146 Piper, S. 255

niger sündigt». Dieser Mensch ist ganzheitlich, vollständig, solide.

Diese Art der Integrität habe ich bei einem Golfturnier miterlebt. Einer der erfolgreichsten Golf-Pros disqualifizierte sich selber freiwillig von einem Turnier, weil er die Vorschrift verletzt hatte, den Ball nicht näher am Loch fallen zu lassen. Kein menschliches Auge hatte mitgekriegt, dass er das getan hatte, und niemand würde es je herausgefunden haben. Andere Spieler hatten wahrscheinlich dieselbe Regel verletzt und den Mund gehalten. Warum die Aufmerksamkeit auf sich lenken, indem man sich selber verpfiff? Warum das Risiko eingehen, als moralisch überheblich verschrien zu werden? Diese Gedanken gingen ihm zweifellos durch den Kopf, aber sie waren nicht ausschlaggebend. Durch seine Entscheidung entgingen ihm Zehntausende von Dollar, aber für manche Leute ist die Integrität unbezahlbar.

Zweitens übt ein integrer Mensch Gerechtigkeit (15,2). Er tut tatsächlich das, was recht und ehrlich ist, anstatt nur davon zu reden. Gott ist ausgesprochen davon angetan, wenn wir das Richtige tun, ob privat oder in der Öffentlichkeit, in der Gemeinde oder im Büro.

Zum Beispiel besagt Sprüche 11,1: «Falsche Waage ist dem HERRN ein Gräuel, aber volles Gewicht ist ihm wohlgefällig.» Derselbe Gedanke befindet sich in Sprüche 20,10: «Zweierlei Gewicht und zweierlei Maß, die sind alle beide dem HERRN ein Gräuel» (vergleiche auch 20,23). Was ist so scheußlich, dass Gott es als ein «Gräuel» betrachtet?

Der Autor bezieht sich auf einen uralten Gebrauch unter skrupellosen Händlern. Falls man zum Beispiel fünf Pfund Zucker kaufen wollte, legte der Händler einen Stein, der angeblich fünf Pfund wog, auf die eine Seite der Waage. Dann schüttete er den Zucker auf die andere Waagschale, bis sich die Waage ausglich. Falls der Stein aber nur vier Pfund wog, wurde der Kunde betrogen, da er für einen Pfund Zucker bezahlte, den er nicht erhalten hatte. Falls ein unehrlicher Käufer einkaufte, konnte er einen sechspfündigen Stein mitbringen, der als fünf Pfund beschriftet war. In beiden Fällen ist eine solche Täuschung dem Herrn ein Gräuel. Man kann es nicht einfach als schlauen Tauschhandel abtun oder sich herausreden, dass «alle es tun» – es ist dem Herrn einfach abscheulich.

Betrachten wir ein paar weitere, zeitgenössische Beispiele. Vor ein paar Jahren waren die Zeitungen voll von der Geschichte eines Jungen, der von einem naiven, ahnungslosen Kassierer eine Nolan-Ryan-Baseballkarte für zwölf Dollar erwarb. Der tatsächliche Preis war *zwölfhundert* Dollar! (Oh, wie ein Komma an der falschen Stelle schmerzen kann!) Der Vater des Jungen hatte tatsächlich die Frechheit, seinen Sohn zu verteidigen und sich zu weigern, die Karte zurückzugeben. Der Geschäftsinhaber ging schließlich vor Gericht. Ich weiß nicht, wie die Sache ausging. Aber was hätte die Integrität verlangt?

Stelle dir diese Fragen: Verlangt die Integrität, dass der Verkäufer eines Hauses oder Autos gegenüber einem potentiellen Käufer die unsichtbaren, aber unbestreitbaren Mängel des Produktes erwähnt? Wie stünde es, wenn dir diese Mängel vom vorherigen Eigentümer stillschweigend weitergereicht worden sind? Rechtfertigt das dein Schweigen, wenn die Zeit zum Weiterverkauf kommt? Wie steht es mit Leuten, die das Copyrightgesetz verletzen, indem sie ausgeliehene DVDs oder Computersoftware kopieren? Ist es dem Herrn ein Gräuel, wenn jemand es vernachlässigt, in seiner Steuererklärung das kleine Einkommen aufzuführen, für das es keine nachweisbare Dokumentierung gibt? Ist es ethisch, ein Radarwarngerät zu verwenden, um Geschwindigkeitsbeschränkungen zu umgehen? (Ja, ich weiß, ich rücke einigen von euch ziemlich dicht auf die Pelle!)

Wie steht es mit dem Vater, der sein zwölfjähriges Kind als elf ausgibt, um zwei Dollar bei einer Eintrittskarte zu sparen («Aber sie ist gerade erst letzte Woche zwölf geworden! Nun sei mal nicht so!»)? Oder wie steht es mit der Person, die nur eine Kinoeintrittskarte kauft, sich dann aber nach der Vorstellung über den Flur schleicht und eine zweite Show sieht? Wenn man dir aus Versehen zu viel Wechselgeld an der Kasse herausgegeben hat, hast du dein Stillschweigen jemals mit dem Gedanken rationalisiert: «Nun, man hat mich bestimmt an anderer Stelle übervorteilt, also gleicht sich das alles aus?»

Gott sind die kleinen Dinge genauso wichtig wie die großen. Es ist überwältigend zu denken, dass Gott alles, was wir im Leben tun oder denken, entweder als Gräuel oder als etwas Erfreuliches sieht! Wir müssen uns diese Fragen stellen: Betrachten wir diese kleinen Schwindeleien im Geschäftsleben, beim Einkaufen oder beim Sprechen lediglich als Teil des Spieles, das alle spielen, oder sehen wir sie wie Gott als Gräuel?

Drittens redet solch ein Mensch Wahrheit im Herzen (Psalm 15,2). Gedanken und Worte stimmen im Wesentlichen überein. Er gebraucht weder Heuchelei, Lobhudelei noch Schmeichelei. Das bedeutet nicht, dass wir alles sagen sollen, was in unserem Herzen ist (vergleiche Epheser 4,29 und zahlreiche Sprüche). Es heißt aber, wenn wir reden, sagen wir die Wahrheit.

Hier ist ein Fall zum Nachdenken. Was sollen wir von einem amerikanischen professionellen Footballspieler halten, der vorgibt, den Ball aufgefangen zu haben und den Schiedsrichter bewusst täuscht, um einen unfairen Vorteil für sein Team zu ergattern? Sind wir hier zu pingelig? Setzt man ein solches Verhalten nicht von vorneherein als Teil des Spieles voraus? Oder ist die integere Persönlichkeit verpflichtet, die Spielregeln zu beachten, egal welche anderen Umstände mitspielen?

Viertens verleumdet der integre Mensch andere nicht (15,3). Dieses Wort bedeutet wörtlich «ausspionieren»: Man sieht sich im Leben eines anderen nicht bewusst nach Dingen um, die man gegen ihn verwenden kann.

Die *fünfte* und *sechste* Eigenschaft sind sich ähnlich. Er fügt seinem Nächsten kein Unrecht zu (15,3) und spricht gegen seinen Nachbarn keine Schmähung aus (15,3; Schlachter). David spielt hier auf die Verbreitung und den Genuss übler Nachrede an. Ein integrer Mensch trägt weder zu Klatsch bei noch toleriert er ihn.

Siebtens verachtet ein solcher Mensch die Verworfenen, ehrt aber die Gottesfürchtigen (15,4). Ein «Verworfener» ist für Böses bekannt, in Verderbtheit verhärtet, unbußfertig und stolz auf seine Sünde. Wen bewunderst du? Wen lobst du? Versuche dir vorzustellen, wie die Gesellschaft (von der Gemeinde ganz abgesehen!) aussehen würde, wenn wir alle plötzlich aufhörten, die Verworfenen unserer Welt, besonders die in Hollywood, der Sportswelt und in der Politik, zu loben oder zu belohnen, sie zu achten oder ihnen besondere Privilegien zu geben.

Achtens schwört dieser Mensch sich selbst zum Schaden und hält den Eid doch (15,4). In der *New International Version* heißt es sinngemäß: «Er hält den Eid, selbst wenn es wehtut!» Mit anderen Worten, seine Ehre ist ihm wichtiger als sein Geldbeutel. Um der Ehrlichkeit willen ist er bereit, materielle und physische Opfer zu bringen. Solange es kein Risiko des Verlustes oder schmerzhafter Konsequenzen gibt, weiß man oft nicht, ob man Integrität hat. Man wird nicht herausfinden, ob man von moralischer Überzeugung oder moralischer Zweckdienlichkeit motiviert ist, bis man gezwungen ist, einen Verlust zu erleiden, weil man standhaft bleibt oder sein Wort hält.

Neuntens leiht er sein Geld nicht gegen Zins aus (15,5; siehe 2. Mose 22,24; 3. Mose 25,35-38; 5. Mose 23,20-21). Das Hauptziel dieser Gesetzgebung war es, die Armen zu schützen. Mit anderen Worten, sie war von Barmherzigkeit motiviert. Heutzutage verleiht man Geld, um Geld zu verdienen, die Industrie zu fördern, Kapital aufzubringen und so fort. Aber falls ein Israelit auf ein Darlehen an seinen Nachbarn Zinsen verlangte, hätte das die Krise verschärft, die das Darlehen überhaupt erst erforderlich gemacht hatte und ihn daher tiefer in die Verschuldung getrieben. Man könnte es heutzutage mit einem Bankier vergleichen, der Wucherzinsen für ein Darlehen verlangt – wie diese Kreditkarten zu 22 Prozent, die wir womöglich mit uns herumtragen.

Und schließlich nimmt *zehntens* der Mensch mit Integrität keine Bestechungsgelder gegen Schuldlose (15,5). Die Armen wurden häufig vor Gericht gezerrt und von den Reichen ausgenutzt, die es sich leicht leisten konnten, ein Bestechungsgeld zu zahlen, um die Gerechtigkeit massgeblich zu verhindern (siehe 5. Mose 16,19-20).

Und welchen Nutzen hat die Integrität? Davids Antwort ist: «Wer solches tut, wird ewiglich nicht wanken» (15,5). Wanken in welcher Hinsicht? Höchstwahrscheinlich ist die Verheißung, dass diese Person nie aufhören wird, in Gottes Zelt zu «verweilen» (Vers 1) oder auf Gottes «heiligem Berge» zu «wohnen» (Vers 1). Nun, sieh mal einer an ... Ehrlichkeit macht sich also doch bezahlt!

Fallbeispiele

Man bekommt die Bedeutung der Integrität am Besten in den Griff, indem man eine Vielzahl von Situationen durchdenkt, in denen sich die Menschen ethischen Entscheidungen gegenüber sahen. Was ist Integrität in jedem dieser Fälle? Einige sind einfach und leicht auszuwerten. Andere sind komplexer. Ich werde sie nicht für dich beantworten – urteile selber.

1. Verlangt die Integrität, dass man im Grenzverkehr alle zollpflichtigen Waren angibt, selbst wenn der Betrag, den man schuldet, minimal ist?
2. Als ich mich an dem *Dallas Theological Seminary* einschrieb, musste ich ein Gelöbnis unterschreiben, dass ich mich während meiner Studienzeit alkoholischer Getränke enthalten würde. Darf ich am Abend ein Glas Wein trinken, wenn auch nur in den Sommerferien, nur weil dieses Verbot eine Bedingung ist, die nicht von der

Schrift belegt ist? Falls ich in den Semesterferien nach Frankreich reise, wo man großzügig Wein trinkt, verlangt die Integrität, dass ich mich selbst dann enthalte?

3. Eric Liddell, der schottische Sprinter, der durch den Film «Die Stunde des Siegers» berühmt wurde, weigerte sich, bei einer Vorrunde bei den Olympischen Spielen mitzumachen, weil sie am Sonntag angesetzt war. Das hätte den Sabbat verletzt, zu dessen Einhaltung er sich mehrfach verbal verpflichtet hatte. Bobby Fischer, der frühere Weltschachmeister, weigerte sich ebenfalls, ein Turnierspiel am Samstag, seinem Sabbat, zu spielen. (Fischer war Mitglied der *Worldwide Church of God*, die damals eine bekannte Kultgruppe war.) Seine Entscheidung kostete ihn mehrere Jahre bei seinem Kampf um die Weltmeisterschaft. Beeinträchtigt die Tatsache, dass Liddell Christ war und Fischer nicht, die Integrität ihrer Entscheidungen?

4. Was hältst du von dem Rechtsanwalt, der, um seinen Fall zu gewinnen, während des Kreuzverhörs versucht, einen Zeugen, von dem er weiß, dass er die Wahrheit spricht, so hinzustellen, als sei er verwirrt oder sogar verlogen? Er versucht bewusst, die Jury zu täuschen, damit sie einem Zeugen, der die Wahrheit spricht, nicht glaubt. Dabei behauptet er, dass er so handeln muss, um seine gesetzliche Pflicht zu erfüllen, seinen Mandanten so gut wie möglich zu verteidigen. Was verlangt die Integrität in solch einem Fall?

5. Oder wie steht es mit der Integrität, wenn ein Rechtsanwalt einen Mann energisch verteidigt, von dem er weiß, dass er schuldig ist? Kann der Anwalt seine Integrität bewähren, indem er an seinen Eid appelliert, sein Bestes zur Verteidigung seines Mandanten zu tun? Kann er sich damit rechtfertigen, dass jeder zu einer kompetenten Verteidigung berechtigt ist?

6. Das folgende Fallbeispiel stammt aus Stephen Carters Buch *Integrity*:

> Ein Mann, der fünfzig Jahre lang verheiratet war, gesteht seiner Frau auf seinem Sterbebett, dass er ihr vor 35 Jahren untreu war. Die Unehrlichkeit tötet seinen Geist, sagt er. Jetzt hat er sein Gewissen erleichtert und kann in Frieden sterben.[147]

War das ein Akt der Integrität? Carter analysiert diese Entscheidung:

> Der Ehemann ist ehrlich gewesen – in gewisser Hinsicht. Sicher, er hat sein Gewissen erleichtert und dabei gleichzeitig seine Frau (die bald seine Witwe ist) unglücklich gemacht, denn selbst wenn sie ihm vergibt, wird sie nicht in der Lage sein, sich an ihn mit ganz dem leuchtenden Bild der Liebe und Treue zu erinnern, wie sie es sich erhofft hatte. Durch die Regelung seiner emotionellen Angelegenheiten zur Erleichterung seines Sterbens hat er die Last der Verwirrung und des Schmerzes auf seine Frau verlagert, vielleicht für den Rest ihres Lebens. Darüber hinaus hat er seinen Versuch der Ehrlichkeit zu dem einen Zeitpunkt in seinem Leben gewagt, als er kein Risiko bedeutet – und so zu handeln, wie man es für richtig hält und dabei nichts zu riskieren ist eine ziemlich dünne und nicht sehr bewundernswerte Form der Integrität. Obwohl der Mann in gewissem Sinn ehrlich war, ist er ihr nun zweimal untreu gewesen: Einmal vor 35 Jahren, als er seine Affäre hatte und jetzt ein zweites Mal, als er kurz vor dem Tod beschließt, dass sein eigener Seelenfrieden wichtiger ist als ihrer. Bei seinem Versuch der Ehrlichkeit hat er sein Ehegelöbnis verletzt, indem er seiner Frau gegenüber nicht in Liebe, sondern in

147 Stephen L. Carter: *Integrity* (New York, 1993), S. 53

unverhülltem und vielleicht sogar grausamem Selbstinteresse gehandelt hat. Das bedeutet nicht, dass die Affäre des Mannes vor 35 Jahren angesichts des Todes moralisch irrelevant ist. Aber wenn er sein Ehegelöbnis mit Integrität behandelt, dann heißt die Frage, die er sich stellen sollte, nicht: «Habe ich vor meinem Tod alles gestanden?», sondern vielmehr: «Habe ich meine Frau für das damalige Unrecht in den 35 Jahren danach entschädigt?» Wenn er die zweite Frage mit Ja beantworten kann, müsste er in relativem Frieden sterben können.[148]

Stimmst du Carter zu?

7. Ein berühmter Fall betraf den Erwerb von Tabak in New Orleans während des Krieges von 1812. Wegen der britischen Blockade waren die Preise äußerst niedrig. Sobald der Krieg vorbei war, würde der Preis in die Höhe schnellen. Der Käufer hatte gehört, dass der Krieg vorbei war, was dem Verkäufer bei den schlechten Kommunikationsmitteln noch nicht bekannt war. Der Käufer versuchte, diese augenblickliche Spanne im Preis auszunützen und verschwieg dem Verkäufer, was er wusste. Kurz darauf erfuhr der Verkäufer, dass der Krieg vorbei war, stornierte den Vertrag und nahm den Tabak zurück, woraufhin ihn der Käufer vor Gericht verklagte. Die Frage ist folgende: «War der Käufer verpflichtet, dem Verkäufer zu sagen, dass der Krieg vorbei war?» Dieser Fall ging 1817 unter dem Namen *Laidlaw vs. Organ* an den obersten Gerichtshof. Was meinst du, wie das Gericht entschied? Wie würdest du entscheiden?

---

148 Carter, S. 53f

Das Wesen der Integrität

Worin besteht die Integrität? Unten habe ich aufgeführt, was ich für die zehn grundlegenden Charakteristiken einer integren Persönlichkeit halte. Gut möglich, dass es mehr als zehn gibt, aber ich kann mir nicht weniger als zehn vorstellen.

1. Ein Mensch mit Integrität hält seine Versprechen. Sein Wort zu halten, besonders wenn es (hinsichtlich Geld, Bequemlichkeit, körperlichen Wohlbefindens und so weiter) kostspielig ist, ist eine Grundeigenschaft der Integrität.
2. Ein Mensch mit Integrität spricht die Wahrheit, er ist ehrlich und lügt nicht.
3. Er ist aufrichtig und hasst Heuchelei.
4. Er hat einen gesunden Charakter, der Freundlichkeit, Barmherzigkeit, Gnade und Sanftmut einschließt.
5. Er sucht Gerechtigkeit und Fairness aufrechtzuerhalten.
6. Er liebt wie, wenn und was Gott liebt.
7. Er ist demütig, vermeidet Stolz und Hochmut.
8. Er befolgt das Gesetz und hält sich sowohl an die Vorschriften der Bibel als auch an die Gesetze des Landes.
9. Er ist von Grund auf altruistisch. Das heißt, er ist nicht nur Gesetzen und Regeln verpflichtet, sondern auch anderen Menschen. Könnte eine egoistische Person viel Integrität haben? Wie steht es mit jemandem, der ehrlich und gesetzestreu ist und seine Versprechen hält, der aber ganz mit sich beschäftigt und selbstsüchtig ist? Schließt das die Möglichkeit der Integrität aus?
10. Ein Mensch mit Integrität ist in hohem Grad konsistent. Das heißt, er ändert nicht dauernd die Grundsätze, nach

> denen er lebt, es sei denn, er wird dazu von der Bibel oder rationalen Überzeugungen gezwungen.

Die Probleme unseres Präsidenten Clinton sind mittlerweile Geschichte. Wir dagegen befinden uns noch mitten im Kampf gegen diese Probleme. Bei unserem Kampf gegen das Fleisch und die Mächte der Finsternis lasst uns nie diese herrliche Verheißung vergessen: «Selig sind, die reinen Herzens sind, denn sie werden Gott schauen!» (Matthäus 5,8)

KAPITEL 12

Die Anatomie der Versuchung

Nichts ist in dieser Welt sicher als Tod und Steuern, das hat schon Benjamin Franklin gesagt. Nun, da hat er sich geirrt, denn es gibt noch ein drittes: die Versuchung. Vielleicht hast du beim Lesen dieses Buches den Eindruck gewonnen, dass die Faszination mit Gott und das Verliebtsein in Jesus das Ende der Versuchung bedeutet. Falls du das von mir hast, entschuldige bitte. Ich wollte nie auch nur im Entferntesten andeuten, dass die Faszination mit der Herrlichkeit Gottes oder die überlegenen Vergnügen in seiner Gegenwart die Notwendigkeit der geistlichen Wachsamkeit aufhebt.

Ich wünschte, es wäre nicht so, und wir wären vom unablässigen Angriff des Feindes frei. Aber Satan ist von Natur aus ein Betrüger und Verführer, der jeden verschlingen will, der es wagt, sich in den Sohn Gottes zu verlieben. Zweimal wird er der «Versucher» genannt (Matthäus 4,3; 1. Thessalonicher 3,5).

Niemand war mehr von der Schönheit des Vaters hingerissen als der Sohn, niemand zielstrebiger in seinem geistlichen Fokus als Jesus. Dennoch lesen wir in Lukas 4,13, dass Satan nur «bis zu einer gelegenen Zeit» von Jesus fortging, obwohl er in der Wüste entschieden geschlagen worden war. Wenn seine Angriffe gegen unseren Herrn endlos waren, sollten wir kaum weniger erwarten.

Satan konzentriert sich immer auf das Gleiche: Er will uns vorgaukeln, dass die vorübergehenden Genüsse der Sünde befriedigender sind als der Gehorsam. Dabei geht er auf vielfältige Weise und mit heimtückischem Einfallsreichtum vor. Wir müssen uns unbedingt mit seinen Taktiken vertraut machen.

Erkenne deinen Feind

Das erinnert mich an eine besonders aufschlussreiche Szene aus dem Film *Patton – Rebell in Uniform* mit George C. Scott als dem umstrittenen General des Zweiten Weltkrieges. Kurz nach Beginn des Krieges und des Filmes steht Patton vor einer Schlacht gegen Feldmarschall Erwin Rommel, dem meistdekorierten Heerführer Deutschlands, dessen Spezialität der Panzerkrieg war. Rommel plant einen massiven Angriff auf die alliierten Truppen in Nordafrika. Pattons Geheimdienst hat die Nachricht über den bevorstehenden Angriff von einem deutschen Radiosender abgefangen. Am Morgen der Schlacht wird Patton von seinen Hilfskräften geweckt. Auf seinem Nachttisch liegt ein Buch mit dem Titel: *Panzer greift an* von Erwin Rommel [149]. Nachdem die Alliierten ihren Überraschungsangriff ziemlich erfolgreich durchgeführt haben, kann man Patton grimmig lächelnd durch ein Fernglas auf das Gemetzel der Schlacht schauen sehen. «Rommel, du wunderbarer Schweinehund, ich habe dein Buch gelesen!», ruft er.

Wie gewinnt man eine Schlacht? Indem man das Buch des Feindes liest. Vertrautheit mit seinen Taktiken ist für den erfolgreichen Krieg wesentlich, nicht nur im physischen Krieg, sondern auch im geistlichen Kampf. Patton gewann einen unermesslichen Vorteil, als er herausfand, wo Rommel aller Wahrscheinlichkeit nach seinen Angriff konzentrieren würde. Er studierte Rommels Persönlichkeit, seine Strategie in bisherigen

149 Das ist eine fiktive Szene, denn Rommel hatte dieses Buch zwar geplant, aber nie vollendet. (Anmerkung der Übersetzerin)

Schlachten, seine Philosophie des Panzerkriegs – alles Nötige, um jeden vorstellbaren Schritt vorauszusehen und zu kontern. Satan hat kein Buch, aber er kommt in unserem vor.

Manchen Leuten erscheint es merkwürdig, dass Satan eine Strategie haben soll. Sie schließen irrtümlicherweise, dass unser Feind genauso dumm sein muss wie er abscheulich sündhaft ist. Solch eine Logik ist der Ruin von vielen im Leib Christi. Satan handelt nicht willkürlich oder ohne ein Ziel im Auge. In 2. Korinther 2,11 warnt der Apostel: «Wir wollen uns doch nicht vom Satan überlisten lassen, dessen Gedanken uns ja wohlbekannt sind.» Das Wort «überlisten» bedeutet, jemanden zu täuschen oder betrügen. Satan hatte eine klare Vision oder Agenda für die Situation in Korinth. Es liegt in seinem Interesse, uns glauben zu lassen, dass er zufällig und ziellos handelt.

Ziemlich dieselbe Idee findet man in Epheser 6,11, wo Paulus wiederum von satanischen «Kunstgriffen» (Schlachter) spricht. Hier verwendet er das griechische Wort *methodia*, von dem wir unser Wort «Methode» ableiten. Dabei denkt er an gerissene und listige Strategien (vergleiche Epheser 4,14), die sorgfältig entworfen wurden, um arglose Christen zu verschlingen. Bist du von dem Gedanken überrascht, dass Satan bei der Bildung und der Verbreitung von Wertesystemen in unserer Gesellschaft mitwirkt, dass er Institutionen, Organisationen, philosophische Bewegungen und politische, soziale und wirtschaftliche Systeme beeinflusst? Du kannst Gift darauf nehmen: Satan schmiedet Pläne und verwendet dann die effektivsten Mittel unter Vermeidung aller Hindernisse, um seine diabolischen Ziele zu erreichen.

Andererseits darf die Tatsache, dass Satan Pläne und Absichten hat, denen er sein beträchtliches und pervertiertes Können widmet, uns nicht dazu führen, ihm einen Platz einzuräumen, an dem er mit Gott entweder in Bedeutung oder in Macht gleich ist. Es ist einfache Logik: Satan ist ein Engel. Weil alle Engel geschaffen wurden (Kolosser 1,16; Johannes 1,1-3), ist

Satan ein Geschöpf, das man als «Gottes Teufel» bezeichnen könnte. Satan ist Gott nicht ebenbürtig und entgegengesetzt (das wäre Dualismus). Er ist nicht ewig, seine Macht ist nicht unendlich, er besitzt keine göttlichen Eigenschaften. Kurz, er ist Gott nicht gewachsen! Wenn überhaupt, dann ist Satan die gleiche und entgegensetzte Macht zum Erzengel Michael, nicht aber zu Gott.

Vier Wahrheiten über die Versuchung

Erlaube mir mit vier wichtigen Wahrheiten über die Versuchung zu beginnen. Diese Prinzipien sind für unseren Kampf, mit Gott zufrieden zu bleiben, grundlegend.

Während Gott unseren Glauben auf die Probe stellt, versucht er ihn niemals (Jakobus 1,13). Der Zweck der göttlichen Prüfung ist unsere Heiligung und Stärkung, der Zweck der satanischen Versuchung unsere Täuschung und Zerstörung. Das Böse existiert weder im Herzen Gottes, noch ist er sein Autor. Es existiert ganz gewiss in unserem Herzen, und wir sind seine Quelle. Das führt direkt zum zweiten Punkt.

Die Versuchung beginnt fast immer im Fleisch (Jakobus 1,14). Unser Fleisch setzt die Sünde in Brand und Satan facht einfach das Feuer an. Satan ist machtlos, solange wir nicht Ja zur Sünde gesagt haben. Er nutzt unsere Entscheidung zum Sündigen aus; meistens, indem er das Problem verschärft, das wir uns selbst bereitet haben.

Paulus illustriert dieses Argument in Epheser 4,26-27, wo er uns auffordert: «Zürnet ihr, so sündiget dabei nicht; lasst die Sonne über eurem Zorn nicht untergehen und gebt dem Verleumder keinen Raum!» Nicht Satan hat unseren Zorn hervorgebracht, sondern wir sind dafür verantwortlich. Satan versucht aber, diese und andere Sünden zu gebrauchen, um Zugang zu unserem Leben zu gewinnen und unser selbstgewähltes Verhalten auszunutzen und zu verstärken.

Man könnte meinen, dass Lukas 22,31 eine Ausnahme zu dieser Regel darstellt. Jesus sagt zu Petrus: «Simon, Simon, Satan hat sich erbeten, euch schütteln zu dürfen wie den Weizen im Sieb» (NGÜ). Man bemerke, dass Satan offensichtlich die Erlaubnis erhielt, alle Jünger zu versuchen. Es gibt keinen Grund zu glauben, dass Petrus vorhatte, Jesus zu verleugnen oder dass sein «Fleisch» es irgendwie wollte. Jesus scheint dem Teufel die Schuld an dem zu geben, was bald passieren sollte.

Satans Absicht für das «Sieben» des Petrus war offensichtlich bösartig. Er wollte Petrus zerstören, indem er ihn antrieb, Jesus zu verleugnen. Aber Gott gab Satan aus einem ganz anderen Grund die Erlaubnis dazu. (Es ist klar, dass Satan nicht außerhalb der Grenzen handeln kann, die vom Willen Gottes gesteckt sind. Er muss erst Gott um Erlaubnis bitten.) Gott beabsichtigte, Petrus zu belehren und zu demütigen, vielleicht ihn zu züchtigen und bestimmt, ihn als Beispiel für menschliche Arroganz und die Möglichkeit der Vergebung und Wiederherstellung hinzustellen. Der Punkt ist einfach, dass wir häufig nicht leicht sagen können: «Satan hat es getan» oder «Gott hat es getan». In Fällen wie diesem trifft beides zu (mit dem Verständnis, dass Gottes Wille souverän, absolut und vorrangig ist), aber die jeweiligen Absichten sind klar entgegengesetzt. Sydney Page bemerkt über dieses Ereignis:

> Lukas 22,31-32 offenbart, dass Satan die Treue der Nachfolger Jesu schweren Prüfungen unterziehen kann, die so angelegt sind, dass sie scheitern müssen. So intensiv ist der Druck, dem Satan die Gläubigen aussetzen kann, dass sich der Glaube selbst der Mutigsten als mangelhaft herausstellt. Satan ist jedoch in dem, was er tun kann, beschränkt: durch das, was Gott erlaubt und durch die Fürbitte Jesu für die, die zu ihm gehören (vergleiche Römer 8,34; Hebräer 7,25; 1. Johannes 2,1). Darüber hinaus können diejenigen, die zeitweilig wanken, wiederhergestellt werden und sie können wie

Petrus sogar wieder leitende Positionen einnehmen. Das bedeutet, dass Satan keinen endgültigen Sieg über diejenigen erlangen kann, für die Jesus in Fürbitte eintritt.[150]

Das dritte Prinzip ist, dass die Versuchung an und für sich nicht Sünde ist. Das ist von äußerster Wichtigkeit, vor allem für diejenigen, die unter einem überaus sensiblen und zarten Gewissen leiden. Jesus wurde wiederholt versucht (Hebräer 2,17-18; 4,15; Matthäus 4), war aber ohne Sünde. Wir müssen dem Gedanken widerstehen, dass wir geringere Christen oder weniger geistlich sind, weil wir häufig versucht werden. Der große Reformator Martin Luther sagte als erster: «Man kann die Vögel nicht davon abhalten, über den Kopf zu fliegen, aber man kann sie daran hindern, ein Nest im Haar zu bauen.» Damit wollte er ausdrücken, dass eine Versuchung erst dann zu einer Sünde wird, wenn man sie annimmt, «tätschelt» und «genießt».

Die Kraft der Versuchung kommt auch von einer Neigung, Tugenden so zu übertreiben, dass sie zu Lastern werden. Zum Beispiel wird die Freude am Essen allzu leicht zur Völlerei, der Segen des Ruhens zur Faulheit, der Frieden des Schweigens zur Nichtkommunikation oder die Freiheit zur Ausrede für Zügellosigkeit. Wir alle wissen, was es heißt, wenn das Vergnügen zur Sensualität wird, die Selbstfürsorge zum Egoismus, der Selbstrespekt zur Überheblichkeit, die weise Vorsicht zum Zynismus und Unglauben, der gerechtfertigte Zorn zur ungerechten Rage, die Freude am Sex zur Unzucht oder die Gewissenhaftigkeit zum Perfektionismus. Die Liste könnte endlos so weitergehen.

Das illustriert auch die Geschichte von Ananias und Saphira in Apostelgeschichte 5. Das Lehrreichste daran ist, dass Satan den Niedergang dieses Ehepaar nicht durch einen offenkundigen und fürchterlichen Akt menschlicher Verdorbenheit herbeiführt, sondern durch einen Akt religiöser Hingabe. Diese

150 Sydney H. T. Page: *Power of Evil: A Biblical Study of Satan and Demons* (Grand Rapids, 1995), S. 124

erschreckende Geschichte der sofortigen Hinrichtung fing mit einem Akt der Großzügigkeit an! Wie Page schreibt: «Es ist ernüchternd zu denken, dass gerade das Gute, das Gottes Volk zu tun versucht, zu seinem Ruin führen kann.»[151]

Ein weiteres Beispiel, in dem Satan die sonst guten Absichten der Gemeinde auszunutzen sucht, wird in 2. Korinther 2,10-11 beschrieben. Angeblich um die Reinheit der Gemeinde zu bewahren, zögerten gewisse Menschen in Korinth, dem verirrten, aber nun reuigen Bruder zu vergeben und ihn wiederherzustellen. Ihre Härte hätte Satan die Gelegenheit geben, den Geist des reuigen Sünders zu zerstören und ihn zur Verzweiflung zu treiben, was höchstwahrscheinlich dazu geführt hätte, dass er für immer die Gemeinde verlassen hätte.

Man beachte, wie Satan diese Taktik beim Geschlechtsverkehr in der Ehe verwendet (1. Korinther 7,5). Paulus billigt die Entscheidung, dass Ehepaare sich sexueller Beziehungen enthalten, um sich dem Gebet hinzugeben – aber nur eine Zeitlang. Wenn man sich längere Zeit völlig enthält, setzt man sich unnötiger Versuchung aus (das heißt, der sexuellen Begierde und der Befriedigung seiner sexuellen Wünsche außerhalb der Ehe). Wiederum sehen wir ein Beispiel, wie der Feind eine sonst gottgefällige Absicht nimmt und sie zu seinen eigenen schändlichen Zwecken ausbeutet.

Taktiken der Versuchung

Wie gesagt hat Satan eine Strategie. Das Folgende ist gewiss keine erschöpfende Liste seiner Strategien, aber sie ist ein guter Anfang.

Satan versucht uns besonders gern, wenn unser Glaube neu ist, das heißt, wenn sich der Christ erst vor kurzem bekehrt hat und daher kaum weiß, wie er sich seinen verführerischen Vorschlägen widersetzt. Genau aus diesem Grund warnt Paulus

151 Page, S. 132

gegen die vorzeitige Promotion eines neuen Christen in 1. Timotheus 3,6. Ein Ältester oder Vorsteher, sagt Paulus: «... darf auch kein Neubekehrter sein, sonst könnte er leicht in Hochmut geraten und der Beurteilung des Verleumders anheimfallen.» Der letzte Teil des Satzes ist wahrscheinlich ein Hinweis auf die Verurteilung, der Satan selbst unterliegt. Damit soll nicht angedeutet werden, dass ältere, reifere Gläubige nicht angesprochen sind, denn nach 1. Timotheus 3,7 ist Satan in der Lage, jeden Schandfleck auf dem Ruf eines jeden christlichen Leiters auszunutzen.

Satan versucht uns auch dann besonders gern, wenn wir uns besonders stark im Glauben fühlen und meinen, wir seien gegen die Sünde gefeit. Wenn wir überzeugt sind, dass wir die Situation im Griff haben, werden wir leicht nachlässig. Die schon zitierte Bemerkung von Oswald Chambers passt auch hier: «Eine unbewachte Stärke ist doppelte Schwäche». Wenn wir uns einreden, wir seien in einem bestimmten Bereich vor dem «Fallen» sicher, hören wir auf, wachsam zu sein. Das macht uns gegenüber Satans Versuchungen doppelt verwundbar. So sagte ein wohlbekannter Pastor nach den Problemen von Bakker und Swaggart: «Gegen diese Versuchung bin ich gefeit. Mein Leben in Gott und meine Beziehung mit meiner Frau sind zu stark, als dass ich der sexuellen Sünde verfallen könnte.» Meiner Ansicht nach ist solches Rühmen gefährlich.

Satan versucht uns besonders gern dann, wenn wir in einer fremden Umgebung sind. Gordon McDonald erklärt:

> In der häuslichen Umgebung mit Familie und Freunden gibt es die Routine eines festgelegten Tagesablaufs und eine Reihe von Unterstützungssystemen. Sie helfen einem, verantwortlich zu leben und hindern umgekehrt die Unverantwortlichkeit. Wenn jemand Hunderte von Kilometern von zu Hause weg ist, fallen praktisch alle diese äußerlichen Stützen weg.[152]

152 Gordon McDonald: *Rebuilding Your Broken World* (Nashville, 1988), S. 100

Gewiss wünschen wir uns, dass unser innerer Widerstand in solchen Umständen ausreichen würde, zur Versuchung Nein zu sagen. Mit anderen Worten, es wäre schön, wenn unsere Faszination mit Gott und die Freude an seiner Schönheit in Christus stark genug wären. Aber wenn die äußeren Grenzen, die unser Verhalten oft unbewusst beherrschen, entfernt oder erweitert worden sind, entdecken wir bald, wie tief (oder seicht) die Reife in unserer Seele wirklich ist.

Satan versucht uns auch gern, wenn unser Glaube im Feuer des Leidens geprüft wird. Wenn wir müde oder ausgebrannt sind oder verfolgt werden, wenn wir uns ausgeschlossen und ignoriert vorkommen, dann pirscht sich Satan heran. Seine wichtigste Taktik ist anzudeuten, dass Gott nicht fair ist und uns ungerecht behandelt; auf dieser Grundlage beschießt er uns dann mit seinem verführerischen Vorschlag, dass wir nicht länger gehorchen müssen. Körperlicher Schmerz oder Verluste auf Beziehungs- oder finanzieller Ebene, zusammen mit dem Schweigen des Himmels, dienen nur dazu, den Reiz der Versuchung zu verstärken. Das sieht man nirgends besser als bei Hiob, dessen Geschichte wichtig ist, damit wir unsere Reaktion auf Gott verstehen, wenn wir inmitten der schlimmsten vorstellbaren Tragödien versucht werden.

Wir lesen in Hiob 1,9-12, dass Satan wegen Hiobs treuem Gehorsam gegenüber Gott rätselte. Er zweifelte nicht an Hiobs Frömmigkeit, konnte aber einfach nicht glauben, dass sie uneigennützig sein sollte. Daher blieb ihm nur ein Angriff auf Hiobs Motive übrig. Hiobs Frömmigkeit, meinte der Teufel, musste eine kalkulierte Bemühung sein, Gott wegen seiner Gaben zu umschmeicheln. «Nimm den Lohn weg und er verlässt Gott», dachte er. Satan war davon überzeugt, dass die Anbetung grundlegend selbstsüchtig ist und darauf abzielt, dass Gott großzügig ist. Wenn Gottes Großzügigkeit aufgehoben wäre, dachte Satan, würde sich Hiobs Lob in Fluch verwandeln.

Kurz, Satan klagt Gott an, Hiobs Loyalität durch Gesundheit und Wohlstand erkauft zu haben: «Hiob dient dir nicht umsonst. Schmeichle dir nicht, Gott! Niemand tut es.» Im Prinzip sagt er: «Er liebt dich nicht für das, was du bist, sondern nur für das, was du ihm geben kannst.» Mit anderen Worten, Satan klagt nicht nur Hiob an, sondern auch Gott! Hiob steht wie wir alle vor der Frage: «Verdient Gott unsere Liebe und unseren Gehorsam, weil er Gott ist, unabhängig von allen anderen Überlegungen?» Ist Hiob genügend motiviert, treu zu bleiben, wenn er keinen Nutzen davon hat? Satan sagt Nein. Er klagt Gott des Betrugs an und Hiob der selbstsüchtigen Heuchelei.

Wir alle wissen, was als Nächstes passiert. Kaum hat Hiob sein Opfer im Namen seiner Kinder beendet (1,5), als er die schockierende Nachricht von ihrem Ableben erhält. Als erstes erzählt man ihm vom Totschlag seiner Diener und seines Viehs. Nach kaum einer Verschnaufpause kommt das Wort, dass seine Kinder getötet worden sind. Aber Hiob weigert sich, der Versuchung nachzugeben, Gott zu verfluchen: «Bei allen diesen Heimsuchungen versündigte sich Hiob nicht und tat nichts Ungebührliches vor Gott» (1,22).

Als ob das noch nicht reichte – und in Satans pervertierter Logik tat es das offensichtlich noch nicht – gehen seine Leiden weiter. Der Versucher beharrt in seiner Skepsis hinsichtlich der Aufrichtigkeit Hiobs. «Das war wirklich keine große Prüfung», faucht Satan. «Sie war bestenfalls oberflächlich. Es gibt immer noch zu viele Einschränkungen.» Satans argumentiert, dass das Experiment, so grausam es war, zu keinem eindeutigen Ergebnis geführt hat, weil die Bedingungen, unter denen es ausgeführt wurde, nicht strikt genug waren. Seine Anklage ist schneidend, die Art, wie er den Allmächtigen anredet, unverschämt: «So lange wie du ihm Gesundheit und Leben gibst, bleibt er dir treu. Erlaube mir, seinen Körper zu schlagen, und wir werden sehen, wie lange er dich liebt!»

Satan verschwendet keinen Augenblick. Als Hiob in tiefer

Trauer versucht, mit dem unbeschreiblichen Verlust zurande zu kommen, schlägt der Feind mit brutaler Grausamkeit zu (2,7-10). Das Ausmaß des Angriffs Satans auf Hiob wird nicht nur hier, sondern auch an anderen Stellen des Buches offensichtlich. Einige meinen, Hiob litt unter Aussatz. Was immer die «bösartigen Geschwüre» waren, sie waren gewiss qualvoll. Die Krankheit bedeckte seinen Körper (2,7) und führte zu unerträglichem Jucken (2,8; er kratzte wahrscheinlich Eiter von den Geschwüren). Sein Aussehen war entstellt (2,12; 19,19). Er litt unter Appetitlosigkeit (3,24), Depression (3,24-26; 7,16) und Schlaflosigkeit (7,4). Wenn er mal schlief, hatte er immer wieder Albträume (7,14). Er litt unter Eiterbeulen und offenen Wunden (7,5), Schorf, der schwarz wurde und sich pellte (30,30), hohem Fieber (30,30), übermäßigem Weinen und Brennen der Augen (16,16), faul riechendem Atem (19,17), einem ausgemergelten Körper (17,7) und chronischem Schmerz (30,17). Es schien nur passend, dass er sich auf einem Aschenhaufen ansiedelte, wo Hunde zwischen Kadavern und Müll nach Essbarem stöberten.

Alle von uns bestätigen die Güte und Größe Gottes. Aber das bedeutet nicht, dass wir alles erklären können, was unser guter und großartiger Gott entweder verursacht oder erlaubt. Ob es eine Terroristenbombe ist, die unschuldige Menschenleben zerstört oder der Betrug hilfloser, alter Menschen oder die Krebsdiagnose einer alleinerziehenden Mutter – vieles in unserer Welt übersteigt unsere Fähigkeit, es zu verstehen. Autor Philip Yancey drückt es so aus:

> Ungerechtigkeit ist für uns heute nicht weniger leicht zu schlucken als für Hiob vor Tausenden von Jahren. Man denke an eins der häufigsten Schimpfwörter im Englischen: «God», gefolgt von «damned» («gottverdammt»). Man sagt es nicht nur angesichts großer Tragödien, sondern auch, wenn das Auto nicht anspringt, wenn das Lieblingssportsteam verliert, wenn das Picknick verregnet ist. Dieser Fluch fällt ein ins-

> tinktives Urteil, dass das Leben fair sein und Gott bei der Leitung seiner Welt irgendwie «bessere Arbeit leisten» sollte.[153]

Yancey fährt fort:

> Das Buch Hiob erscheint deshalb so modern, weil auch für uns die Realität keinen Sinn ergibt. Hiobs schrille Botschaft der Ungerechtigkeit des Lebens erscheint besonders für unser schmerzerfülltes Jahrhundert geeignet. Man setze einfach moderne Beispiele in seine Argumente ein: ... verhungernde Kinder in der Dritten Welt; treue Pastoren im Gefängnis im Iran; christliche Leiter, die in den besten Jahren sterben; Mafiabosse und verwöhnte Entertainers, die von ihrer verächtlichen Missachtung der Regeln Gottes obszön profitieren; die Millionen in Westeuropa, die ein ruhiges, glückliches Leben führen und nie einen einzigen Gedanken an Gott verschwenden. Hiobs Fragen sind nicht nur nicht verschwunden, sie sind lauter und schriller geworden. Wir erwarten immer noch, dass ein Gott der Liebe und Macht auf Erden gewissen Regeln folgt. Warum tut er es dann nicht?[154]

Genau diese Verwirrung über die geheimnisvollen Wege Gottes stärkt die Versuchung, Gott zu verfluchen und zu sterben. Das war Hiobs Problem, und es ist auch unseres.

Hiobs drei Freunde bestanden darauf, dass Gott tatsächlich gewissen Regeln folgt, die keine Ausnahmen zulassen. Dazu gehört speziell das Gesetz der ausgleichenden Gerechtigkeit. Wenn man gut ist, wird man belohnt, wenn man böse ist, wird man entsprechend seiner Sünden bestraft. Hiobs Freunde waren überzeugt, dass sie Gottes Wege vollkommen verstanden. Ihre Zuversicht erinnert mich an die Geschichte vom kleinen Jungen, der mit seinen Buntstiften fieberhaft an einem Bild

153 Philip Yancey: *Disappointment with God* (Grand R., 1988), S. 177
154 Yancey, S. 178

malte. «Was malst du denn?», fragte sein Vater. «Gott», antwortete der kleine Junge, ohne zu zögern. «Aber niemand weiß, wie Gott aussieht», erwiderte sein Vater. «Man wird es wissen, wenn ich fertig bin!»

Hiobs Freunde waren davon überzeugt, dass sie Gottes Charakter besser als alle anderen kannten. Sie hielten ihre Interpretation, warum Hiob litt, für die einzig richtige. Einerseits hatte Hiob Glück, Freunde zu haben, die sich die Zeit nahmen und die Mühe machten, ihn in seinen Schwierigkeiten zu trösten. Treue und liebevolle Freunde sind schwer zu finden. «Viele Menschen werden gütige Leute genannt, aber einen wirklich treuen Mann – wer findet den?» (Sprüche 20,6). Hiobs Freunde waren in der Tat treu, loyal und liebevoll. Aber leider wurden sie von einer fehlerhaften theologischen Perspektive behindert, die sie Dinge sagen ließ, die sich für Hiob als schmerzhafter herausstellten als selbst die Geschwüre an seinem Körper. Sie nahmen einfach an, dass Sünde und Leiden immer untrennbar in Ursache und Wirkung miteinander verbunden sind. Trotz ihrer Kenntnis des makellosen Charakters Hiobs weigerten sie sich, ihre Meinung zu ändern und die Möglichkeit zu erlauben, dass ein gerechter Mensch gelegentlich, so mysteriös das erscheinen mag, sehr leiden könnte.

Falls seine Feinde das gesagt hätten, hätte es Hiob vielleicht noch nicht so viel ausgemacht, aber von seinen Freunden war es besonders schwer zu ertragen (vergleiche Psalm 55,13-15). Nichts schlägt so tiefe Wunden wie ein Freund, der kaltes Wasser auf die flackernde Flamme der Hoffnung wirft. Dann sind wir leer, unmotiviert und entmutigt.

Die meisten Leser erwarten die fünf abschließenden Kapitel des Buches Hiob mit großer Spannung. Nach dem schier endlosen Kreislauf der Leiden Hiobs und der Reden der Menschen ist jetzt endlich Gott an der Reihe. Was wird er wohl sagen? Erstaunlicherweise nicht das, was man meinen könnte.

Zum einen verurteilt Gott Hiob nicht; er revidiert nicht das göttliche Urteil über seinen Charakter, das in Kapitel 1 und 2 gegeben wurde, und er stimmt der Bewertung durch Bildad, Zophar, Eliphaz und Elihu nicht zu. Er sagt nichts, das uns glauben lässt, dass Hiobs Leiden das direkte Ergebnis seiner Sünde war.

Zweitens entschuldigt Gott sich nicht, indem er in etwa sagt: «O lieber Hiob, es tut mir leid, dass du meinetwegen so viel leiden musstest. Ich möchte, dass du weißt, wie sehr ich es schätze. Du hast durchgehalten und dich als echt stark erwiesen. Du hast der Versuchung widerstanden, meinen Namen zu verfluchen. Ich verspreche, mein Bestes zu tun, dass so etwas nicht wieder vorkommt.» Wie Larry Crabb es ausdrückt: «Scheinbar erwartete Hiob, dass Gott ihn anhörte, sich langsam am Bart zupfte und antwortete: ‹Danke, Hiob, für deine Sicht der Dinge. Da ist etwas dran. Ehrlich gesagt hatte ich die Sache nicht ganz so erfasst wie du. Schau, ich habe einen kleinen Fehler gemacht, aber ich werde ihn sofort berichtigen.›»[155] Nein und nochmal nein!

Drittens macht Gott keine Komplimente. Nach allem, was Hiob durchgemacht hat, damit Gott dem Teufel gegenüber ein Argument gewinnen kann, sagt er nicht: «Hiob, ich bin gerührt von deiner Tapferkeit! Du hast keine Ahnung, wie stolz ich auf dich bin. Du hast alle meine Erwartungen übertroffen. Wir haben es dem Teufel wirklich gezeigt!» Nichts von dem, was Gott zu Hiob sagt, scheint für jemanden angebracht, der so viel erlitten hat. Es gibt keine Worte der Ermunterung oder des Trostes; keine Worte darüber, wie viel Gutes sein Erlebnis im Leben anderer zustande bringen würde, die Ähnliches durchmachen; keine Worte des Lobes, dass er im Feuer der Auseinandersetzung mit seinen drei Freunden nicht nachgegeben hat; keinen Dank, dass er den Mund gehalten und Gott nicht verflucht hat, als es das Vernünftigste erschien.

Viertens gibt es keine Erklärungen, was vielleicht am schockierendsten ist. Man würde zumindest erwarten, dass Gott

155 Larry Crabb: *Inside Out* (Colorado Springs, 1988), S. 146

Hiob eine klipp und klare Erklärung gibt. Aber Gott sagt nirgends: «Hiob, lass mich zuerst einmal erklären, wie es zu dieser Sache überhaupt gekommen ist. Eines Tages kam Satan zu mir und bestand darauf, dass du mich nur deshalb anbetest, weil ich so gut zu dir bin. Das konnte ich nicht durchgehen lassen. Ich musste ihm beweisen, dass er Unrecht hatte und, nun ... den Rest der Geschichte kennst du!»

Gott sagt auch nicht: «Hiob, ich weiß, du hast dich gewundert: Wie konnte ich das zulassen und nicht gleichzeitig ungerecht oder hartherziger Grausamkeit schuldig sein. Nun, damit steht es folgendermaßen ...» Wir sehen auch nicht: «Hiob, du hast damit gerungen, warum die Gerechten leiden und es den Bösen gut geht. Setz dich mit deinem Schreibblock hin. Es gibt zehn Gründe, warum du, ein gerechter Mann, so fürchterlich gelitten und zahllose Versuchungen erlitten hast. Nummer Eins: ...»

Erstaunlicherweise gibt es keine Diskussion über das Problem des Bösen, der göttlichen Gerechtigkeit oder der menschlichen Sünde. Tatsächlich beantwortet Gott keine der Fragen, die Hiob oder seine Freunde oder wir aufgeworfen haben! Stattdessen ist es Gott, der die Fragen stellt! Nicht Gott erscheint auf dem Zeugenstand, um ins Kreuzverhör genommen zu werden, damit man im Geschehenen einen Sinn entdeckt. Vielmehr wird Hiob ins Kreuzverhör genommen. Über siebzig Mal stellt Gott Hiob eine Frage, die unbeantwortbar ist.

Fünfunddreißig Kapitel lang hat Hiob geschrien: «Gott, versetze dich mal in meine Lage!» Jetzt antwortet Gott und sagt: «Nein, Hiob, versetze du dich mal in meine Lage! Bis du mich belehren kannst, wie man jeden Tag die Sonne aufgehen lässt oder dem Blitz gebietet oder einen Pfau gestaltet, gib kein Urteil darüber ab, wie ich meine Welt manage.» Mit anderen Worten, Gott sagt: «Bis du ein bisschen mehr darüber weißt, wie man das physische Universum regiert, schreibe mir nicht vor, wie ich das moralische Universum regiere. Wie erwartest du, die Komplexitäten meines Umgangs mit der Menschheit zu verstehen, wenn du nicht einmal meinen unkomplizierten Umgang mit der Natur verstehst?»

Anstatt sich mit den Komplexitäten der Versuchung und der menschlichen Tragik zu befassen, beharrt Gott laut auf seiner absoluten Souveränität über alle Schöpfung. Er kennt und beherrscht jeden Quadratzentimeter des Universums, ob belebt oder unbelebt. Keine Schneeflocke, kein Regentropfen entgeht seiner Vorsehung. Jede Naturmacht und jedes Lebewesen unterliegt seinen Absichten. Da dies auf Gottes Beziehung zur Natur zutrifft, leuchtet es ein, dass er noch sich mehr um die kümmert, die in seinem Ebenbild erschaffen worden sind. Jetzt erscheint es lächerlich, dass ein bloßes Geschöpf wie Hiob von Gott Erklärungen verlangen würde. Wenn Hiob die Schöpfung weder verstehen noch beherrschen kann, wie kommt er darauf, dass er Gottes Herrschaft über die Menschheit verstehen kann?

Warum weigert sich Gott häufig, uns Antworten über seinen Umgang mit uns, über unser Leiden und über die daraus entspringenden Versuchungen zu geben? Ich bin mir nicht sicher, aber Yancey deutet an, dass Gott uns im Dunkeln lässt, «weil Aufklärung uns vielleicht nicht hilft»[156]. Wir fragen: «Warum? Warum?» in der Annahme, dass wir mit der Situation besser umgehen könnten, weniger bitter wären und demütiger und ergebener reagieren würden, wenn wir eine vernünftige Erklärung hätten. Aber würden wir das? Vielleicht hält Gott uns in Unwissenheit, weil wir nicht fähig sind, die Antwort zu verstehen.

Darüber hinaus gilt, wie Yancey bemerkt: «Vielleicht war Gottes majestätische Scheinantwort an Hiob kein Trick, kein cleverer Weg, Fragen auszuweichen; vielleicht erkannte Gott einfach eine offensichtliche Gegebenheit des Lebens. Ein winziges Wesen auf einem winzigen Planeten in einer entfernten Galaxis konnte einfach nicht den großartigen Entwurf des Universums

156 Yancey, S. 191

verstehen. Man könnte ebenso versuchen, einer blinden Person die Farben zu beschreiben oder einem Menschen, der taub geboren worden ist, eine Mozartsymphonie zu vermitteln oder einem Menschen, der noch nicht einmal etwas von Atomen weiß, die Relativitätstheorie zu erklären.»[157]

Es wäre, als ob man versuchte, den Ozean in einen Fingerhut zu gießen! Gott hat uns gesagt: «So viel der Himmel höher als die Erde ist, soviel höher sind meine Wege als eure Wege und meine Gedanken höher als eure Gedanken» (Jesaja 55,9). Und wiederum: «Gleichwie du nicht weißt, welches der Weg des Windes ist oder wie die Gebeine im Schoße der Schwangeren sich bilden, ebenso wenig kennst du das Walten Gottes, der alles wirkt» (Prediger 11,5).

Vielleicht hält Gott uns in Unkenntnis, weil Unkenntnis der fruchtbarste Boden ist, in dem der Glaube wachsen kann. Mit anderen Worten, Unwissenheit inmitten der Versuchung drängt uns, eins von zwei Dingen zu tun: entweder Gott ganz aufzugeben oder ihm noch stärker zu vertrauen.

In einem Sinn hat Gott Hiobs Fragen beantwortet. Wenn Gott wirklich ein solch majestätisches und souveränes Wesen ist, das jedes Molekül mit herrlicher Präzision und Absicht beherrscht, dann muss das, was er in Hiobs Fall getan oder erlaubt hat, vollkommenen Sinn ergeben. Auch darf man nicht vergessen, dass es etwas Wichtigeres gibt als zu wissen, warum Gott das tut, was er tut: nämlich, sich im Glauben an ihn zu klammern, wenn alles andere die Seele zu zerstören droht.

Die Zyniker unter uns mögen behaupten, dass es letzten Endes leicht für Hiob war, der Versuchung zu widerstehen und sich treu unter Gottes souveräne Ziele zu beugen. Schließlich hatte Gott alles, was er verloren hatte, überreichlich wiederhergestellt (siehe Hiob 42,10-17). «Kein Wunder, dass er den Mund gehalten hat. Schau nur, was es ihm gebracht hat!» Aber diese Leute, sagt Yancey, übersehen einen wichtigen Punkt: «Hiob

157 Yancey, S. 193

sprach seine reuigen Worte [40,3-5], ehe irgendeiner seiner Verluste erstattet worden war. Er saß immer noch nackt und von Geschwüren bedeckt auf einem Schutthaufen und lernte unter diesen Umständen, Gott zu preisen. Nur eins hatte sich geändert: Gott hatte Hiob einen Einblick in das große Ganze gegeben. Ich habe das Gefühl, Gott hätte irgendetwas sagen können – er hätte sogar aus dem Telefonbuch vorlesen können – und es hätte bei Hiob dieselbe erstaunliche Wirkung gehabt. Was er sagte, war bei weitem nicht so wichtig wie die einfache Tatsache seines Auftritts. Gott beantwortete Hiobs größte Frage auf spektakuläre Weise: Gibt es dort draußen jemanden? Nachdem Hiob die unsichtbare Welt gesehen hat, verblassen alle seine dringenden Fragen.»[158]

Hiobs Fall war sowohl ungewöhnlich als auch außergewöhnlich. Aber das schmälert auf keine Weise, was er uns über Satans Taktiken sagt. Er ist so unerbittlich wie er sadistisch ist: Er tritt unter die Gürtellinie und tritt sein Opfer, wenn es am Boden liegt. Auch wir werden in Zeiten des körperlichen Leidens sehr versucht werden, Gott zu verfluchen und zu sterben. Hiob schwankte, aber er brach nicht zusammen. Gott helfe uns!

Noch eine andere Taktik verwendet Satan, indem er uns sofort im Anschluss an geistliche Höhe- und Tiefpunkte versucht. Zeiten geistlichen Hochgefühls und körperlichen Wohlbefindens können zu Selbstgefälligkeit, Stolz und einem falschen Gefühl der Sicherheit führen. Dann sind wir leichte Zielscheiben für die Pfeile des Feindes. Das gilt auch während der Flauten, wenn wir uns fragen, ob wir Gott wirklich irgendetwas bedeuten. Wir werden bitter und verzweifelt und die Sünde erscheint plötzlich richtig.

Vielleicht Satans wirksamste Taktik der Versuchung ist, uns seine Gedanken einzugeben und uns dann die Schuld daran geben, dass wir sie haben. William Gurnall kommentierte:

---

158 Yancey, S. 240

> Wenn sich Gedanken oder Neigungen entgegen dem Willen und den Wegen Gottes einschleichen, verwechseln viele liebe Christen diese miserablen Waisen mit ihren eigenen Kindern und übernehmen die volle Verantwortung für diese fleischlichen Leidenschaften. So geschickt steckt der Teufel seine eigenen Gedanken den Heiligen zu, dass er schon außer Sicht ist, wenn sie zu wimmern anfangen. Und da er niemanden als sich selbst zu Hause sieht, nimmt der Christ an, dass diese ekeligen Gedanken seine eigenen sind. Daher trägt er selbst die Scham und Satan hat seinen Zweck erreicht.»[159]

Der Titel «Teufel» *(diabolos)* wird in der Bibel 35 Mal verwendet. Er bedeutet wörtlich «Verleumder» oder «Ankläger». In Lukas 4,2.13 und Offenbarung 12,9.12 ist es die Absicht des Teufels zu diffamieren. Er ist eine ständige Quelle falscher und bösartiger Berichte. Manchmal verleumdet er dich vor Gott und erzählt ihm Lügen über dich (Offenbarung 12,10), um deine Beziehung mit dem Vater zu unterbrechen. Aber dank der unaufhörlichen Fürbitte Jesu für dich gelingt es ihm nicht (1. Johannes 2,2; Römer 8,33-39).

Wenn es nichts nutzt, Gott über dich anzulügen, lügt er dich über Gott an. Er tut alles in seiner Macht, um dich zu überzeugen, dass Gott nicht gut ist, dass du ihm nicht vertrauen kannst, dass er dir etwas vorenthält, dass er nicht für dich da sein wird, wenn du ihn am meisten brauchst (1. Mose 3; Matthäus 4). Und wenn das noch nicht reichte, lügt er dich über dich selbst an (Epheser 6,16) und verführt dich zu glauben, dass du das nicht bist, was Gott sagt, und dass du nie das sein wirst, was Gott dir versprochen hat.

In einer ähnlichen Versuchungstaktik erhebt er seine Anklage so, als käme sie vom Heiligen Geist. Mit anderen Worten, er redet zu bestimmten Gelegenheiten so, dass wir seine

159 William Gurnall: *The Christian in Complete Armour*, 3 Bände (Carlisle, 1991), S. 262

Stimme leicht für die Stimme Gottes halten können. Wie unterscheiden wir also zwischen satanischer Anklage und göttlicher Überführung? Satan verdammt dich und führt dich in die Hoffnungslosigkeit, indem er behauptet, dass deine Sünde dich jenseits der Hoffnung der Gnade und der Macht der Vergebung gebracht hat. Dabei weist er nie auf die Hinlänglichkeit des Kreuzes hin. Gott hingegen zeigt bei der Überführung der Sünde gleichzeitig auf die Vollständigkeit und Endgültigkeit des vergossenen Blutes Christi, zusammen mit der Verheißung der Hoffnung und der Freude der Vergebung.

Vier Strategien, um der Versuchung zu widerstehen

Wir können uns auf zahlreiche Weise uns auf die dämonische Verlockung vorbereiten, aber ich möchte mich besonders auf vier konzentrieren:

1. *Die erste und vielleicht wichtigste Taktik, der Versuchung zu begegnen, ist die zentrale Wahrheit dieses Buches anzunehmen und ihr nachzujagen.* Satans «feurige Pfeile» durchdringen nicht leicht einen Verstand, dessen einziger Gedanke «Oh!» ist. Wenn unser Herz mit ständiger Faszination schlägt und unsere Gedanken von der Schönheit und Pracht und Genügsamkeit Gottes erfüllt sind, dann bleibt wenig Raum für den Teufel übrig (siehe Philipper 4,8).

Als ich einen verzweifelten Telefonanruf von einem Freund erhielt, dessen Schwester sich anschickte, ihre Familie zu verlassen, sagte ich zu ihm:

> «Jerry, deine Schwester braucht einen guten Grund, bei ihrer Familie zu bleiben. Momentan glaubt sie nicht, dass sie den hat. Sie hat ihre Entscheidung so gerechtfertigt, dass

sie mit ihrem Gewissen leben kann. Die Auswirkungen dieser Entscheidung auf ihre Kinder, ihren Ruf und ihren Sinn der moralischen Verpflichtung überzeugen sie nicht ausreichend, um ihren Hunger nach Abenteuer zu beseitigen. Vielleicht hat sie sich eingeredet, dass die Auswirkungen gar nicht so schlimm sein werden. Vielleicht ist sie aus Selbstmitleid an dem Punkt, wo es ihr egal ist. Nicht, dass ihr die Kinder egal sind, aber verglichen mit ihren eigenen Bedürfnissen und ihrem Verlangen nach Erfüllung ist alles andere zweitrangig. Ich glaube nicht, dass sie das je zugeben würde. Für sie ist jetzt nur der Herzenshunger wichtig, etwas zu erleben, was weder ihr Ehemann, noch ihre Kinder, noch irgendwelche «religiösen Aktivitäten» (und so denkt sie über das Christentum) ihr geben können. Sie hat Recht! Sie können es ihr nicht geben. Sie weiß nichts von der Freude, dem Frieden, der Bestätigung und der Vergebung, die dem Kind Gottes angeboten werden. Sie hat wahrscheinlich keine Ahnung, was du meinst, wenn du von den Vergnügen der innigen Beziehung mit Jesus redest. Aber du musst sie ihr auf eine Weise beschreiben, die wie eine Einladung klingt, nicht wie eine Verurteilung.

Danach ist sie in Wirklichkeit hungrig; sie weiß es nur noch nicht. Gott hat in sie einen Geschmack, einen Durst und eine Leidenschaft für die erlesensten Leckerbissen und den köstlichsten Wein gelegt, und sie ist erpicht darauf, sich mit einer Bratwurst von vorgestern, kalten Pommes und abgestandenem Sprudel zufriedenzugeben. Diese sind akzeptabel, so wie ziemlich alles andere als ihre jetzige Routine für sie annehmbar ist. Darin liegt die wahre Gefahr für sie. Unmerklich ist sie für ziemlich jede minderwertige Versuchung anfällig, die ihr selbst im Geringsten Reiz verspricht. Wenn man so hungrig ist wie sie, erscheint fast alles wünschenswert. Darüber hinaus meint sie selbstmitleidig, sie hätte es verdient. Sie muss unbedingt das, was du in Jesus geschmeckt hast, sehen und hören.

Wahrscheinlich glaubt sie nicht, dass Gott gegen sie ist. Aber sie hält Gott augenblicklich für jemanden, der vor allem von ihr verlangt, das Schwierige, Undankbare und Aufopfernde zu tun, weil ‹es das Richtige ist›. Das hat sie ihr Leben lang getan, und sie ist es gründlich satt. Zapfe ihren Hunger an! Wahrscheinlich erwartet sie, dass du sie verurteilst oder ihr böse bist, weil sie etwas ‹haben möchte›. Tu das nicht. Bestätige ihre Wünsche und weise sie auf die endlose Erfrischung und Befriedigung hin. Zeige auf Jesus, dessen Liebe zu ihr den langweilen und leblosen Alltag in echte Freude verwandeln kann. Erlaube dem Aroma des lieblich riechenden Duftes der Erkenntnis und Liebe Jesu, an ihrer Nase vorbeizuziehen. Dann bete, dass sie davon ‹Wind bekommt› und ihre Richtung ändert.»

2. *Kenne dich selbst.* Stelle dir häufig die Frage: «Wenn ich der Teufel wäre, wo würde ich mich angreifen?» Mit anderen Worten, sei immer bereit, deine Schwächen, deine verwundbaren Stellen, die Bereiche, wo du zuvor versagt hast, zu identifizieren – und unternimm außergewöhnliche Schritte, dich in Zukunft zu schützen. Falls du den Auswirkungen des Alkohols anfällig bist, spiele nicht mit einem gelegentlichen Drink. Falls deine Phantasie leicht von erotischen Bildern erregt wird, halte dich von nicht jugendfreien Filmen fern.

3. *Gehe radikal mit der Sünde um.* In Jesu Worten: «Wenn dich also dein rechtes Auge ärgert, so reiß es aus und wirf es weg von dir; denn es ist besser für dich, dass eines deiner Glieder dir verloren geht, als dass dein ganzer Leib in die Hölle geworfen wird» (Matthäus 5,29). Im nächsten Vers sagt er dasselbe von der rechten Hand. Es ist gut zu sagen, dass wir radikal mit der Sünde umgehen müssen, aber empfiehlt Jesus wirklich die Selbstverstümmelung als

Antwort? Eine nähere Betrachtung des Zusammenhangs zeigt uns, was er meinte.

Jesus ging es in erster Linie um die Pharisäer, die dachten, ihre moralische Verpflichtung sei nur oberflächlich. Zum Beispiel meinten sie, sie wären des Mordes nicht schuldig, solange sie es vermieden, buchstäblich Blut zu vergießen. Dabei ignorierten sie ihren Zorn und mörderischen Hass, die die Ursache des Mordes sind. Dasselbe gilt für den Ehebruch. Sie hielten die lustvolle Begierde für irrelevant und meinten, Mose könnte sie dafür nicht verurteilen, solange sie den eigentlichen Geschlechtsverkehr vermieden. Jesus war da anderer Meinung. In Matthäus 5,21-26 weist er darauf hin, dass das Mordverbot den zornigen Gedanken und das beleidigende Wort einschließt. In 5,27-30 erweitert er dieses Prinzip auf den Ehebruch; nicht nur der eigentliche Akt, sondern auch der lüsterne Blick und das begierige Herz müssen gedrosselt werden.

Damit will er sagen, dass wir mit der Sünde drastisch umgehen müssen. Donald Carson stellt die Sache unverblümt dar: «Wir dürfen sie nicht verhätscheln, mit ihr flirten oder an ihrem Rande herumknabbern. Wir sollen sie hassen, vernichten und mit den Wurzeln ausgraben.»[160] Im Fall der ehebrecherischen Begierde bedeutet das, falls dein Auge dich irreführt, «reiß es aus». Dass Jesus keine wörtliche Verstümmelung meint, wird durch eine einfache Illustration offenbar.

Stelle dir John und Mary, seine Verwaltungsassistentin, vor. Von Anfang an hat Marys Schönheit John begeistert, aber in letzter Zeit ist sein Blick in Begierde umgeschlagen. Solange er einfach schaute und ihre natürliche Schönheit lobend anerkannte, sündigte er nicht. Das änderte sich, als er begierig schaute, über eine Affäre phantasierte und seinen sexuellen Drang im Geist befriedigte. Jetzt hat er ein Problem.

John nimmt Jesu Worte wörtlich und sticht sich sein rechtes

160 Donald A. Carson: *The Sermon on the Mount* (Grand Rapids, 1978), S. 44

Auge aus. Nach der Reha kehrt er zur Arbeit zurück im Glauben, das Problem sei gelöst. Fehlanzeige! Sein linkes Auge begehrt Mary ebenfalls! Nachdem er es ebenfalls entfernt hat, kommt er mit einem Blindenhund zur Arbeit. Seine Arbeit leidet natürlich, aber er ist davon überzeugt, dass er Christus gegenüber gehorsam gewesen ist und Mary nicht mehr begehrt. Aber dann hört er ihre Stimme, und das verbotene Verlangen kocht wieder in seinem Herzen. Daher zerstört er sich sein Gehör! Wieder kehrt er zur Arbeit zurück, ein Wrack von einem Mann. Zuversichtlich, dass er nicht wieder sündigen wird, geht er an ihrem Schreibtisch vorbei und riecht ihr Parfüm! Die Begierde entzündet sich wieder. Daher schneidet er sich die Nase ab. Noch nicht einmal das löst sein Problem, denn als er sich in seiner Blindheit durchs Büro tastet, streifen seine Hände aus Versehen gegen Marys Körper, und sein Fleisch wird wieder erregt. Daher schneidet er sich (irgendwie?) die Hände ab. Erst danach geht John auf, dass er noch ein Gedächtnis hat, in dem die Erinnerung an Mary lebendig bleibt.

So irrsinnig diese Geschichte ist, illustriert sie meinen Punkt: Das Problem ist nicht das Körperteil oder der physische Sinn, das Problem ist das korrupte und trügerische Herz. Unsere Glieder sind lediglich unsere äußerlichen Werkzeuge zur Befriedigung unserer innerlichen Begierde. Was unser Herr befürwortet, behauptet John R. W. Stott: «...war keine wörtliche, physische Selbstverstümmelung, sondern eine schonungslose moralische Selbstverleugnung. Nicht Selbstverstümmelung, sondern Abtötung ist der Pfad zur Heiligkeit, lehrte Jesus.»[161]

Wie sollen wir dann also auf die sexuell verführerischen und stimulierenden Dinge reagieren, die wir in der Welt, in den Medien und bei der Arbeit antreffen? Wir sollen so handeln, «als ob» wir blind seien. Stott sagt:

---

161 John R. W. Scott: *Christian Counter-Culture: The Message of the Sermon on the Mount* (Downers Grove, 1978), S. 89

> Verhalte dich so, als hättest du dir tatsächlich die Augen ausgerissen und weggeworfen, als wärst du jetzt blind und könntest daher die Objekte nicht sehen, die dich zur Sünde verführen. Falls Hand oder Fuß dich zur Sünde verführen, weil die Versuchung durch deine Hände zu dir kommt (durch Dinge, die du tust) oder durch deine Füße (an Orten, die du besuchst), dann hacke sie ab, das heißt: Tue es nicht! Geh nicht! Verhalte dich so, als ob du tatsächlich deine Hände und Füße abgehackt und sie weit fortgeworfen hättest. Tu so, als wärst du jetzt verkrüppelt und könntest die Dinge nicht tun oder die Orte nicht besuchen, die dich zuvor zur Sünde führten.[162]

Und richte dabei deine Gedanken auf die himmlischen Dinge; konzentriere dein Herz auf die Verheißung eines überlegenen Vergnügens in Christus und denke über die Freude dieses Flusses des Vergnügens nach, der nie versiegt.

4. Konfrontiere und überkomme die Versuchung am Anfang, nicht am Ende. Mit anderen Worten, die beste und wirksamste Taktik gegen die Versuchung ist, aus einer Position der Stärke gegen sie anzugehen, ehe sie die Gelegenheit gehabt hat, dich zu schwächen. Besser, von vornherein alles zu tun, die Versuchung (falls möglich) zu beseitigen, als mit ihr später konfrontiert zu sein, wenn deine Abwehrkräfte geschwächt sind.

Für mich ist dieses Prinzip besonders hilfreich, wenn ich auf Geschäftsreise bin. Ich bin wie jeder andere Mann, ob Pastor oder Rechtsanwalt oder Geschäftsmann oder Computertechniker. Ich weiß, wie es ist, wenn man allein in einem einsamen Hotelzimmer sitzt, fern aller normalen häuslichen Einschränkungen, die ich so leicht für gegeben halte.

162 Stott, S. 89

Daher habe ich mir selber etwas versprochen. Ehe ich mein Hotelzimmer beziehe, verlange ich, dass die Rezeption mir alle erotischen Filme auf dem Zimmer unzugänglich macht. Warum vor dem Einchecken? Weil ich ein Mann des Fleisches bin, genauso wie du. Es ist unvergleichbar einfacher, Nein zu sagen, ehe ich in einer Lage bin, Ja zu sagen. Wenn ich erst einmal im Zimmer bin und die Fernbedienung das Einzige ist, das zwischen mir und der Sünde liegt, wird meine Abwehr schwächer. Mein Entschluss, Nein zu sagen, ist viel schwächer als vor 15 Minuten. Meine Neigung, einen erotischen Film zu rationalisieren, wird mit jedem Augenblick größer. Wenn ich die Versuchung besiegen soll, muss ich sie mit allen Mitteln beseitigen, ehe sie ihren Angriff startet. Ich muss ihre Kraft entschärfen, solange ich in einer Position bin, das zu tun, anstatt arrogant anzunehmen, dass ich mich später genauso stark fühlen werde wie jetzt.

Täusche dich nicht. Es gibt einen Verführer, der nur einen Plan hat: dich zu verlocken, die flüchtigen Vergnügungen und vorübergehenden Sünden anzunehmen. Seine Stimme klingt beruhigend. Seine Versprechen klingen vernünftig. Aber am Ende steht der Tod. Nur mit Jesus kannst du den «Weg des Lebens» (Psalm 16,11) gehen. Nur in seiner Gegenwart findest du «Freuden in Fülle» und «Segensgaben ewiglich». Edwards sagt:

> Die Vergnügen, das unendliche Wesen, das beste aller Wesen, den ewigen Jahwe zu lieben und ihm zu gehorchen, ihn zu lieben und zu verehren, zu segnen und zu loben; die Vergnügen, auf Jesus Christus zu vertrauen, seine Schönheiten, Vortrefflichkeiten und Herrlichkeiten zu betrachten; seine Liebe zur Menschheit und zu uns zu betrachten, seine unendliche Güte und erstaunliche liebevolle Gnade zu betrachten; die Vergnügen der Gemeinschaft des Heiligen Geistes bei der Unterhaltung mit Gott, dem Schöpfer und Regenten der Welt; das Vergnügen, das daraus entspringt, wenn wir unsere Pflicht erfüllen und würdig und ausgezeichnet handeln. Dies,

> dies sind die Vergnügen, die einem so edlen Wesen wie dem Menschen würdig sind.[163]

Wozu bist du dann eingeladen, wenn du eingeladen bist, der Versuchung zu widerstehen? Edwards sagt: «Du bist zu den ausgezeichneten und edlen Befriedigungen der Religion eingeladen; du bist eingeladen, so glücklich zu sein wie die Engel. Das vermag deine Wünsche zu erfüllen. Lasse dich daher davon überzeugen, dieses Glück zu schmecken und zu sehen, wie gut es ist. Krieche nicht länger im Schmutz und iss nicht mehr die Hülsen bei den Schweinen.»[164]

---

163 Jonathan Edwards: «Christian Happiness», *The Works of Jonathan Edwards: Sermons and Discourses* 1720-1723), Band 10, herausgegeben von Wilson H. Kimnach (New Haven, 1992), S. 305f

164 Edwards, S. 305

KAPITEL 13

Gnade, die größer ist als alle unsere Sünde

Heilig! Unbeschreiblich schön! Unergründlich herrlich! Dreieinig! Ewig! Allwissend! Allgegenwärtig! Allmächtig! Unveränderbar! Welch Pracht! Welche Majestät! Oh!

Unser Gott, auf den dies zutrifft, ist in der Tat ein großes und beeindruckendes Wesen. Wer ist wie der Herr und mit wem können wir ihn vergleichen? Gibt es einen Anderen, dessen Wissen und Macht ohne Grenzen ist, dessen Leben immerwährend ist, dessen Wille und Wege sich nicht ändern und für den die Grenzen des Universums kein Hindernis darstellen? In der Tat, dieser Gott ist ein großer Gott!

Aber es reicht nicht, von Gott zu sagen, dass er groß ist. Was wäre, wenn dieser unendlich große Gott unmoralisch oder kapriziös wäre oder den Leiden seiner Schöpfung gleichgültig gegenüberstünde? Nein, wir müssen diesen Gott weiter beschreiben und neben seiner Größe auch von seiner Güte reden. Dieser Gott der grenzenlosen Macht und Gegenwart ist nicht weniger reich an Liebe und Geduld, Barmherzigkeit und Gnade.

Aber ich denke hier an mehr als Gottes Güte im Allgemeinen: Ich denke an seine Güte, wie man sie in seiner großzügigen Gnade gegenüber Sündern sieht, die die Hölle verdient haben. Selbst dann erfordert nicht Gottes Gnade im Allgemeinen unsere Aufmerksamkeit, so groß und erstaunlich sie sein mag, sondern seine spezielle Gnade, die unserem Gehorsam Kraft gibt und unsere Liebe zu ihm aufrechterhält.

Ein Buch über Heiligkeit ohne ein Kapitel über die Gnade ist wie ein neues Auto mit einem leeren Benzintank. Du kannst dich über das sorgfältig verarbeitete Polster oder das schicke Design des Autos freuen. Vielleicht hast du das Auto zu einem sehr günstigen Preis bekommen. Aber ohne Benzin sitzt du fest. Genauso wenig bedeuten die bisherigen Kapitel etwas ohne den Brennstoff der Gunst oder Gnade Gottes. Sie allein gibt dem menschlichen Herzen die Kraft, Nein zur Sünde zu sagen.

Missverständnisse der Gnade

Es ist mir rätselhaft, wie sehr bekennende Christen das Wesen der göttlichen Gnade missverstehen. Sie verstehen nicht, dass die Gnade die Sünder nicht nur als unwürdig, sondern als viel schlimmer betrachtet. So oft meinen wir, dass wir vor unserer Erlösung in Gottes Sicht «neutral» waren. Wir geben gern zu, dass wir nichts getan haben, um seine Gunst zu verdienen. So edel unsere Werke sein mögen, sind sie in seiner herrlichen Gegenwart völlig unzureichend. Aber es ist nicht einfach so, dass wir die Gnade nicht verdienen – wir verdienen die Hölle! Die gefallene und unerlöste Menschheit ist nicht nur völlig hilflos, sondern Gott gegenüber offen und vehement feindlich. Es ist eine Sache, ohne eine Gerechtigkeit zu sein, die vor Gott akzeptabel ist. Es ist etwas ganz anderes, durch und durch ungerecht zu sein und daher Gottes Zorn zu verdienen. Die göttliche Gnade muss daher vor dem Hintergrund verstanden werden, dass wir einst die Feinde Gottes waren (Römer 5,10).

Ein weiterer, nicht weniger schwerwiegender Irrtum über die Gnade ist die Idee, dass sie immer bedingungslos ist. Während die Gnade gewiss gratis ist, ist sie nicht immer bedingungslos. Die Gnade der Erwählung ist bedingungslos (Römer 9,11). Aber viele der Handlungen und Segen Gottes sind mit Bedingungen verknüpft. Man betrachte zum Beispiel die folgenden Texte:

> 24 Die Gnade sei mit allen, die unsern Herrn Jesus Christus lieben mit unverbrüchlicher Treue. (Epheser 6,24)

> 6 Gott widersteht den Hoffärtigen, den Demütigen aber gibt er Gnade. (Jakobus 4,6; vergleiche 1. Petrus 5,5)

> 9 Der HERR, euer Gott, ist gnädig und barmherzig und wird sein Angesicht nicht von euch wegwenden, wenn ihr zu ihm zurückkehrt! (2. Chronik 30,9)

> 19 Gewisslich wird er sich dir gnädig erweisen auf deinen Hilferuf hin: Sobald er ihn vernimmt, wird er dich erhören. (Jesaja 30,19)

> 22 Deine Gnade walte über uns, o HERR, gleichwie wir auf dich geharrt haben! (Psalm 33,22)

> 17 Doch die Gnade des HERRN erweist sich von Ewigkeit zu Ewigkeit ... 18 bei denen, die seinen Bund bewahren. (Psalm103,17-18)

Gnade, die von der Erfüllung einer Bedingung abhängt, ist nicht dasselbe wie verdiente Gnade. Piper erklärt den Grund: «Wenn Gottes Gnade aufgrund einer Bedingung versprochen wird, dann ist auch [die Erfüllung der] Bedingung ein Werk der Gnade Gottes. ... Gottes Freiheit wird nicht geschmälert, wenn er einige seiner Gnaden von Bedingungen abhängig macht, die er selber großzügig ermöglicht.»[165] Mit anderen Worten, bedingte Gnade ist «gratis und unverdient, weil die Bedingung des Glaubens letztendlich ein Geschenk der Gnade ist. In sei-

165 John Piper: *Future Grace* (Sisters, 1995), S. 79

ner Gnade ermöglicht Gott die Erfüllung der Bedingungen, die er verlangt.»[166] Oder wiederum: «Diese Bedingung der zukünftigen Gnade, die von unserer Bundestreue abhängig ist, bedeutet nicht, dass wir die Gewissheit unserer Erlösung verlieren, denn Gott hat sich verpflichtet, das Werk zu vollenden, das er in den Auserwählten begonnen hat (Philipper 1,6). Gott bewirkt in uns den Wunsch, ihm zu gehorchen, und er gibt uns auch die Kraft, das zu tun, was ihm Freude macht (Philipper 2,12-13; Neues Leben). Er bewirkt in uns das, was in seiner Sicht gefällig ist (Hebräer 13,21) und erfüllt die Bedingungen des Bundes durch uns (Hesekiel 36,27). Unsere Sicherheit ist so sicher, wie Gott treu ist.»[167]

Triumphierende Gnade

Die Gnade taucht an Stellen in der Schrift auf, wo man sie am wenigsten erwartet – wie zum Beispiel in der Ahnentafel Jesu. Seine Genealogie in Matthäus 1 enthält eins der erstaunlichsten Porträts der göttlichen Gnade.

Um die Identität und Mission Jesu zu verstehen, muss man etwas über seine Wurzeln im Alten Testament wissen. Jesus trat nicht in einem historischen Vakuum auf. Er betrat die Welt nicht nur als Mensch, sondern auch als Jude, der das Alte Testament zu seiner gerechten Erfüllung brachte. Christopher Wright hat dazu gesagt: «Was die Geschichte des Alten Testaments angeht, ist Jesus der ‹Endpunkt›. Ihre Vorbereitung ist abgeschlossen und jetzt ist das Ziel oder der Höhepunkt erreicht.»[168]

Warum fängt Matthäus mit einer Ahnentafel an? Der moderne Leser liest gelangweilt darüber hinweg, aber in der antiken jüdischen Gesellschaft verankerte sie das Recht eines Men-

---

166 Piper, S. 235

167 Piper, S. 248

168 Christopher *Wright: Knowing Jesus Through the Old Testament* (Downers Grove, 1992), S. 7

schen auf Mitgliedschaft in der Gemeinschaft des Volkes Gottes (vergleiche 1. Chronik 1-9; Esra 2 und 8). Wright erklärt:

> In jenen Tagen bestimmten die Ahnen Identität und Status. Jesus war daher nicht nur «ein Mann». Er war ein bestimmter Mensch inmitten einer lebendigen Kultur. Wie bei allen seinen Zeitgenossen wurden sein Hintergrund, seine Ahnen und seine Wurzeln von der Geschichte und dem Schicksal seines Volkes geformt und beeinflusst.[169]

Zudem will Matthäus unbedingt zeigen, dass Jesus der Messias ist. Er ist der rechtmäßige, gesetzliche Nachkomme des Königshauses von König David und damit Erbe der Verheißungen, die den Vorvätern gegeben worden waren.

Schlage bitte deine Bibel bei Matthäus 1 auf und lies die Liste der Namen durch. Die erwähnte Offenbarung der Gnade gibt es bei vier Leuten: Tamar (Vers 3), Rahab (Vers 5), Ruth (Vers 5) und Bathseba, der Frau Urias (Vers 6). Matthäus hätte im Alten Testament keine unwahrscheinlicheren Vorfahren für Jesus entdecken können. Keine jüdische Familie würde je ihren Kindern vor dem Schlafengehen die Geschichte von Tamar oder Rahab oder Bathseba erzählt haben (mit der möglichen Ausnahme von Ruth).

In der Antike wurden Frauen nur selten in einer Genealogie erwähnt. Sie hatten keine Rechte vor dem Gesetz und waren auf einen niedrigen sozialen Status relegiert. Dazu kam, dass alle vier Frauen Ausländerinnen oder zumindest keine Jüdinnen waren. Tamar war Kanaaniterin, Rahab war in Jericho geboren, Ruth war Moabiterin und Bathsheba wurde, obwohl sie die Tochter eines Israeliten war, wegen ihrer Ehe mit Uria als Hethiterin betrachtet. Der Zweck der meisten Ahnentafeln war gerade zu zeigen, dass der Stammbaum einer Person frei von der Verunreinigung durch heidnisches Blut war. In Jesu Ahnen-

169 Wright, S. 3

tafel tauchte dagegen immer wieder heidnisches Blut auf! Die Ur-Ur-Ur-Großmutter (Tamar) von König David war eine Kanaaniterin. Seine Ur-Ur-Großmutter Rahab stammte aus Jericho. Seine Ur-Großmutter Ruth war Moabiterin, und er hatte eine Hethiterin zur Frau!

Am bemerkenswertesten ist bestimmt jedoch, dass jede dieser vier Frauen entweder selbst sexuell unmoralisch war oder durch sexuelle Unmoral erzeugt worden war. Rahab (Josua 2,5) war Prostituierte und Bathsheba eine Ehebrecherin. Matthäus scheint schon beim Aussprechen des Namens Bathsheba zu erröten und nennt sie daher einfach «die Frau Urias» (Vers 6). Obwohl Ruth selbst nicht unmoralisch war, gehörte sie als Moabiterin zu den Nachfahren der inzestuösen Beziehung zwischen Lot und seiner erstgeborenen Tochter (1. Mose 19,30-37; nach 5. Mose 23,4 waren die Moabiter für immer von der Gemeinde des Herrn ausgeschlossen.)

Zucke nicht mit der Wimper – es steht in der Bibel!

Und dann ist da Tamar (1. Mose 38). Auch wenn dir der Name nichts sagt, übertrumpft ihre Geschichte alles, was man in einer Klatschzeitung lesen oder in einer Seifenoper sehen kann.

Obwohl das damals in Israel nicht erlaubt war, verliebte sich Juda, einer der zwölf Söhne Jakobs, in eine kanaanitische Frau, die Tochter Suas. Wie wir gleich sehen werden, gehörte Juda nicht zu den Leuten, die sich einen Genuss einfach um der Tradition willen verkneifen! Sie wurde schwanger und gebar einen Sohn namens Er und bald darauf zwei weitere Söhne, Onan und Sela. Als guter Vater arrangierte Juda für Er eine Ehe mit Tamar.

Bedauerlicherweise war Er, milde ausgedrückt, ein Trottel – ein solcher Trottel, dass Gott ihn tötete. Mose drückte es noch krasser aus: «Aber Er, der Erstgeborene Judas, war böse in den Augen des HERRN, darum tötete ihn der HERR» (1. Mose 38,7; Schlachter). Interessanterweise bedeutet das hebräische Wort für

«Er», rückwärts gelesen, «böse». Was hatte er getan? Wie ging er irre? Was immer es gewesen war, es muss schwerwiegend gewesen sein, denn seine Hinrichtung war geschwind und gerecht.

Danach befiehlt Juda seinem zweitgeborenen Sohn Onan, mit Tamar zu schlafen. Ich weiß, was du denkst, aber im Alten Testament gab es das sogenannte «Gesetz der Schwagerehe» (siehe 5. Mose 25,5-6). Falls ein Bruder kinderlos starb, war der andere dafür verantwortlich, in seinem Namen ein Kind mit seiner Witwe großzuziehen. Das Problem war, dass Onan etwa genauso böse wie Er war. Natürlich war er nur zu willig, sein sexuelles Verlangen durch Tamar zu befriedigen («Was für ein großartiges Gesetz!»). Aber er beabsichtigte überhaupt nicht, die Verantwortung eines Sohnes auf sich zu nehmen, der an Ers Stelle erben und seine eigene Erbschaft schmälern würde. «Da Onan aber wusste, dass die Kinder nicht als seine eigenen gelten würden, ließ er, so oft er zu der Frau seines Bruders einging [das heißt, mit Tamar schlief], den Samen zur Erde fallen, um seinem Bruder keine Nachkommen zu verschaffen» (1. Mose 38,4). Nebenbei möchte ich darauf hinweisen, dass seine Sünde nicht die sexuelle Perversion oder die Empfängnisverhütung war. Gott war über Onans Habgier und Egoismus erzürnt, da er sich weigerte, seine gesetzliche Pflicht gegenüber dem Namen seines Bruders zu erfüllen. Daher tötete Gott auch ihn.

Die arme Tamar saß nun in der Patsche. Juda sagte ihr, sie sollte unverheiratet bleiben, bis Sela, der letzte seiner Söhne, alt genug war, um sie zu heiraten und Kinder mit ihr zu zeugen. Er verschwieg ihr aber, dass er Sela keinesfalls erlauben wollte, sich Tamar auch nur irgendwie zu nähern, weil er sich dachte: «Diese Frau ist verflucht. Zwei Männer in ihrem Bett bedeutete zwei Leichen. Ich will nicht den einzigen Sohn verlieren, den ich noch habe!»

In der Zwischenzeit starb Judas Frau. Man kann nur Mitleid mit ihm haben. Innerhalb kurzer Zeit verlor er zwei Söhne und seine Frau. Nachdem die offizielle Trauerperiode vorbei war, beschlossen Juda und sein Freund Hira, eine Reise nach Thimna zu unternehmen. Vielleicht war es Hiras Idee, weil er meinte, dass ein Tapetenwechsel Juda aufheitern könnte.

Mittlerweile wurde Tamar ungeduldig. Es ging ihr auf: «Sela ist jetzt erwachsen, aber Juda hat nicht die geringste Absicht, ihn auch nur in meine Nähe kommen zu lassen. Es ist klar, dass ich die Sache in die Hand nehmen muss.» Als Tamar erfuhr, dass Juda nach Thimna reisen würde, verwirklichte sie ihren gerissen Plan. Sie nahm an, dass sie am besten «Gerechtigkeit» bekommen könnte, wenn sie die Einsamkeit und Schwäche des Witwers ausnutzte. Daher verkleidete sie sich als Prostituierte, verschleierte ihr Gesicht und begab sich auf die Straße.

Juda ging in die Falle. Ohne zu ahnen, dass sie seine Schwiegertochter war, begann er, mit ihr um den Preis ihrer Dienste zu feilschen.

«Ich schicke dir ein Böckchen von meiner Herde», sagte Juda.

«Für was für einen Trottel hältst du mich eigentlich? Ich bin doch nicht von gestern!», sagte Tamar, «Du musst mir ein Pfand geben, dass du deine Zusage hältst. Wenn du mir dein Siegel, deine Schnur und den Stab in deiner Hand gibst, tue ich es.»[170]

«Ok.»

So schlief Juda mit seiner Schwiegertochter. Wenn es nicht in der Bibel stünde, würde ich diese Geschichte hier nicht erzählen.

«Hira», sagte Juda, «kannst du ein Geheimnis wahren? Ich brauche deine Hilfe.» Juda erzählte ihm, was geschehen war und bat ihn, der Prostituierten den Ziegenbock im Tausch gegen sein Pfand zu geben. Trotz seiner Sünde hielt Juda sein Wort. Oder vielleicht hatte er einfach Angst, sie könnte eines Tages vor seiner Tür erscheinen und ihre Bezahlung fordern.

---

170 Ein «Siegel» war ein Zylinder aus geschnitztem Quarz, der an einer «Schnur» um den Hals hing. Hätte Juda auch nur einen Augenblick lang nachgedacht, wäre ihm aufgegangen, wie unsagbar dumm und gefährlich das war. Aber seine fleischliche Leidenschaft war stärker als seine Weisheit.

Wie dem auch sei, er schickt Hira fort, die schmutzige Arbeit für ihn zu verrichten.

Aber die «Prostituierte» war nirgendwo zu finden. «Trotzdem vielen Dank», sagt Juda. «Dann soll sie eben mein Zeug behalten. Schließlich war ich ehrbar und habe versucht, meinen Teil der Abmachung einzuhalten. Es ist nicht meine Schuld, dass sie weggerannt ist.»

Drei Monate später erfährt Juda, dass Tamar schwanger ist. «Sie hat ihren Körper verkauft», sagt man. «Tamar ist eine Hure.»

«Bringt sie her und verbrennt sie!» ruft Juda mit aller selbstgerechten Entrüstung, die er aufbringen kann. «Solch eine Unmoral dulden wir in unserer Familie keinesfalls!»

Jetzt ist Tamar an der Reihe und spielt ihren Trumpf aus. «Ja, ich bin schwanger, aber ich weiß, wer der Vater ist. Es ist der Mann, dem Siegel, Schnur und Stab hier gehören.» Die Bibel beschreibt Judas Gesichtsausdruck beim Anblick seines Besitzes nicht. War es Schock? Scham? Angst? Demütigung? Reue? Eine Mischung aus allem? Auf jeden Fall bekannte er Farbe. «Ich bin es», bekannte er. «Tamar ist gerechter als ich. Es wäre nie geschehen, wenn ich nur das Gesetz und Tamar geehrt hätte und ihr meinen Sohn Sela gegeben hätte.»

Das war der schmutzige Teil der Geschichte, und nun zu ihrem erstaunlichen Ende. Tamar brachte Zwillinge zur Welt, die sie Perez und Serach nannte. Kommen dir diese Namen bekannt vor? Sie sollten es. Lies noch einmal Verse 2 und 3 (Schlachter) in der Ahnentafel von Jesus in Matthäus 1: «Abraham zeugte den Isaak; Isaak zeugte den Jakob; Jakob zeugte den Juda und seine Brüder; 3 Juda zeugte den Perez und den Serach mit der Tamar ... »

Ja, der menschlichen Natur nach ist Jesus der direkte Nachkomme dieser hässlichen, perversen, sexuellen Begegnung zwischen einem Mann und seiner Schwiegertochter.

Die Herrlichkeiten der Gnade

Ehe ich fortfahre, möchte ich vor dem Missverständnis meiner Ausführungen über die Gnade warnen. Judas und Tamars Vergehen war keine Bagatelle, sondern heimtückisch, böse und sündig. Es gibt uns keineswegs die Erlaubnis, es ihnen nachzumachen und munter drauf los zu sündigen. Im Römerbrief sprach der Apostel Paulus dasselbe Problem an: «Wo aber die Sünde zugenommen hatte, da ist die Gnade erst recht überreich hervorgetreten» (5,20). «[1] Was folgt nun daraus? Wollen wir in der Sünde verharren, damit die Gnade sich umso reicher erweise? [2] Nimmermehr!...» (6,1-2)

Mit dieser Einschränkung ist das, was wir über das Wesen der göttlichen Gnade lernen, fast zu gut, um wahr zu sein. Zunächst einmal zeigt diese Ahnentafel das gnädige, doch geheimnisvolle Werk der göttlichen Herrschaft über die Geschichte. Gott benutzt Gerechte und Ungerechte, um seine Absichten zu verwirklichen: Auf den bösen Rehabeam folgte der böse Abia und danach der gute König Asa (Matthäus 1,7). Asa hatte den guten König Josaphat zum Sohn, der wiederum der Vater des bösen Königs Joram war (Matthäus 1,8). «Ob gut oder böse», bemerkt D. A. Carson, «sie gehörten zu den Ahnen des Messias; zwar ist die Gnade nicht vererbbar, aber Gottes Vorsehung kann nicht überlistet oder ausmanövriert werden.»[171]

Zweitens sagt uns Matthäus durch die Aufnahme von Tamar und den anderen Frauen in diese Ahnentafel, dass in Jesus die Schranken zwischen Mann und Frau beseitigt sind (Galater 3,28). Männer und Frauen stehen gleichberechtigt vor Gott. Gleichzeitig sagt uns Matthäus auch, dass in Jesus die Barrieren zwischen Juden und Heiden niedergerissen sind. In Jesus gibt es weder Juden noch Heiden.

Als drittes bemerken wir, dass Jesus ein bereitwilliger Nach-

---

171 D. A. Carson: Matthew, *The Expositor's Bible Commentary* (Grand Rapids, 1984), S. 67

fahre menschlicher Schande war! «Doch ... schämt er sich auch nicht, [uns] ‹Brüder› zu nennen», schrieb der Autor des Hebräerbriefes in 2,11. Man vergleiche das mit Herodes dem Großen, der zur Zeit von Jesu Geburt König war. Aus Eitelkeit ließ er seine genealogischen Urkunden zerstören, weil er verhindern wollte, dass man seinen Hintergrund mit dem von anderen verglich. Jesus hingegen kam nicht nur zu Sündern, er kam auch durch Sünder. Er kam nicht nur für Sünder, sondern auch von Sündern! Bruner schreibt dazu:

> Die vier vorbildlichen Stammmütter der jüdischen Geschichte waren Sara, Rebekka, Rachel und Lea, die Frauen von Abraham, Isaak und Jakob. Diese vier Frauen fallen hier durch ihre Abwesenheit auf. Da ihre Männer alle aufgeführt sind, hätte Matthäus leicht diese guten Ehefrauen hinzufügen können. Stattdessen gibt Matthäus der Gemeinde vier neue Stammmütter und alle von ihnen predigen die Heilsbotschaft der tiefen und weiten Barmherzigkeit Gottes.[172]

Martin Luther hat gesagt: «Es ist, als ob Gott beabsichtigte, dass der Leser der Ahnentafel sagt: ‹Oh, Christus ist ein Mensch, der sich der Sünder nicht schämt – sogar in seinen Stammbaum hat er sie eingefügt!›»[173]

Durch das Auflisten dieser offenkundig sündigen Frauen predigt Matthäus das Evangelium der Gnade in einer Ahnentafel! Dadurch zeigt Gott, dass er jede und alle Sünde überwinden kann. Selbst die dreckigste der menschlichen Seelen kann er benutzen, um die großartigsten Ziele in der Geschichte zu erreichen. Es ist eine Geschichte des Triumphs der göttlichen Gnade über menschliche Sünde. Die menschliche Sünde hindert Gott nicht daran, seine Absichten in der Erlösungsge-

---

172 Frederick Dale Bruner: *The Christbook: A Historical/Theological Commentary, Matthew 1-12* (Waco, 1987), S. 6

173 Zitiert in Frederick Dale Bruner, S. 8

schichte und seine ganz persönlichen Ziele in deinem Leben zu verwirklichen. Seine Barmherzigkeit ist groß genug, seine Liebe tief genug und seine Gnade mächtig genug, um alle Sünden zu vergeben und uns die Kraft zu geben, seinen Willen freudig zu akzeptieren.

Manche mögen Juda und Tamar für ihre Sünde verachten und sie für immer als nutzlos für Gott abschreiben. Gott hingegen schaut sie an und sagt: «He, so schlimm diese Situation ist, ist sie nicht hoffnungslos. Ich kann das, was hier passiert ist, nehmen und zur Erlösung der Menschheit und zu meiner Herrlichkeit gebrauchen!»

Hier geht es um die triumphierende Macht der Gnade in Gottes Heilsgeschichte: Gottes Gnade ist stark genug, aus einem sündigen Zwischenfall die Geschichte so zu orchestrieren, dass der Erlöser, der die Vergebung dieser Sünde ermöglicht, aus ihm hervorkommt!

Was bedeutet dieses Prinzip für uns persönlich? Schenke der Lüge keinen Glauben, dass deine Sünde in ihrer Macht, Böses wie Chaos, Verwirrung und Zerstörung zu stiften, größer ist als Gottes Gnade in ihrer Macht, Gutes wie Zielstrebigkeit, klares Denken und Erbauung hervorzubringen. Nichts ist hoffnungslos, wenn Gott anwesend ist, nichts ist unwiederbringlich oder nicht wieder gutzumachen. Einige von euch sind davon überzeugt, dass ihr einmal zu oft versagt und eure Vergebung verspielt habt. Wegen eures ständiges Versagens ist für euch die Heiligkeit nur ein ferner Traum, wenn nicht ein Albtraum. Ihr kommt euch wie hoffnungslose Heuchler vor. Nein und nochmal nein! Glaube der Lüge nicht, dass dich deine Sünde für immer disqualifiziert, für Gott und sein Königreich von Nutzen zu sein. Wenn ich dich daran erinnern darf: Rahab war jahrelang Prostituierte und dennoch wurde sie erlöst, gereinigt, vergeben und in die «Ehrenhalle» von Hebräer 11,31 aufgenommen!

Wie sehr haben sich wohl Juda und Tamar in ihrer öffentlichen Demütigung schämen müssen! Aber ich glaube, Gott hätte ihnen gesagt: «Habt keine Angst, denn ich werde eure Scham in Lobpreis verwandeln. Ich werde euch Schönheit für Asche geben und aus eurer Schandtat den Erlöser aller Sünde, selbst eurer Sünde, hervorbringen.» Der Dichter des Kirchenlieds hatte Recht: Gottes Gnade ist wahrlich «größer als all unsere Sünde!»

Gnade als Kraft

Jetzt möchte ich das mit unserer Berufung zur Heiligung verbinden. Zunächst einmal ist die Gnade mehr als eine göttliche Gesinnung. Gewiss ist sie das, aber wie eine Untersuchung dieses Wortes in der Schrift zeigt, verpasst man die tieferen Bedeutungen der Gnade, wenn man sie nur für ein abstraktes und statisches Prinzip hält.

Zum Beispiel ist die Gnade Gottes die Kraft des Geistes Gottes, die die Seele bekehrt. Sie ist die dynamische Aktivität Gottes, durch die er den Einzelnen aufgrund seines Glaubens rettet und rechtfertigt (siehe besonders Römer 3,24; 5,15.17). Daher ist die Gnade nicht nur etwas, an das wir einfach glauben; sie ist auch etwas, das wir erleben.

Die Gnade ist jedoch nicht nur der göttliche Akt, durch den Gott uns anfangs geistliches Leben schenkt. Ihre Kraft erhält und nährt uns auch täglich in diesem Leben. Das kraftspendende und heiligende Werk des innewohnenden Geistes ist die Gnade Gottes. Nachdem Paulus drei Mal gebetet hatte, dass Gott ihn von seinem Dorn im Fleisch freisetze, erhielt er diese Antwort: «Meine Gnade ist für dich genügend, denn meine Kraft gelangt in der Schwachheit zur Vollendung» (2. Korinther 12,9). Obwohl das Nachsinnen über die Herrlichkeit von Gottes unverdienter Gunst ihm zweifellos Kraft und Ermutigung gab, seine täglichen Anfechtungen zu ertragen, scheint Paulus hier mit dem Wort «Gnade» eine erlebte Realität zu bezeichnen, die von einer dynamischeren Art ist. Er bezieht sich auf die wirksame Kraft des innewohnenden Geistes. Das ist die Gnade Gottes.

Ich möchte in diesem Zusammenhang auch die vielen Hinweise auf die Gnade Gottes in den anfänglichen Grüßen und dem abschließenden Segen in den Briefen des Paulus betrachten (Römer 1,7; 1. Korinther 1,3; 2. Korinther 1,2; Galater 1,3; Epheser 1,2; Philipper 1,2; Kolosser 1,2; 1. Thessalonicher 1,1; 2. Thessalonicher 1,2; Titus 1,4; 2. Korinther 13,13). Sie sind keine bloße literarische Formalität, sondern ein ernsthafter und konstanter Wunsch des Paulus, dass seine geistlichen Kinder weiterhin Gottes Gnade erleben mögen, dass sie von neuem erleben, wie die gnädige Macht Gottes in ihrem Leben wirkt und dass sie in dieser Gnade die geistlichen Hilfsmittel finden, durch die sie auf eine Weise leben können, die ihm gefällt.

Es ist interessant, dass im griechischen Urtext der Segen am Anfang jedes paulinischen Briefes ohne Ausnahme besagt: «Gnade sei euch», während es im Segen am Ende des Briefes heißt: «Gnade sei mit euch».[174] Warum der Unterschied? Piper schlägt vor: «Zu Beginn seiner Brief schwebt Paulus vor, dass der Brief ein Instrument der Gnade Gottes für die Leser ist. Die Gnade wird jetzt ‹von Gott› durch die Worte des Paulus zu den Christen fließen. Daher sagt er: ‹Gnade werde euch zuteil›».[175] Aber wie steht es mit dieser Gnade nach dem Lesen des Briefes? Jetzt soll die Gnade mit euch sein. Oder, wie Piper sagt:

> [Sie sei] *mit* dir, wenn du den Brief wegsteckst und die Gemeinde verlässt. *Mit* dir, während du nach Hause gehst, um dich um ein krankes Kind und einen lieblosen Ehepartner zu

174 In den englischen Bibeln wird dieser Unterschied durch «Grace to you» beziehungsweise «Grace be with you» wiedergegeben, während die deutschen Übersetzungen fast immer sowohl am Anfang als auch am Ende der Briefe «Gnade sei mit euch» sagen. In diesem Fall entspricht die englische Übersetzung dem griechischen Original. Vergleiche auch «Gnade werde euch zuteil» (Römer 1,7; Menge). (Anmerkung der Übersetzerin)

175 Piper, S. 66

> kümmern. *Mit* dir, wenn du zur Arbeit gehst und den Versuchungen des Ärgers und der Unehrlichkeit und der sexuellen Begierde ausgesetzt bist. *Mit* dir, während du den Mut aufbringst, dich beim Mittagessen für Christus einzusetzen.[176]

Daraus lernen wir: «Die Gnade ist bereit, uns jedes Mal zuzufließen, wenn wir die inspirierten Schriften zur Hand nehmen, um sie zu lesen. Und wir lernen, dass die Gnade bei uns bleiben wird, wenn wir die Bibel niederlegen und unserem Alltag nachgehen.»[177]

Neben dieser vertrauten Verwendung des Wortes kann die Gnade auch die speziellen Handlungen Gottes bezeichnen, durch die er die Ermächtigung zu einem Dienst oder die Bevollmächtigung für eine bestimmte Pflicht oder einen Auftrag gewährt (Römer 12,3; 15,15-18; 1. Korinther 3,10). Es ist nicht ohne Bedeutung, dass das Wort «Gnade» mit seinen Ableitungen in der Beschreibung der so genannten «Gaben des Geistes» verwendet wird. So lesen wir in Römer 12,6: «Wir [besitzen] Gnadengaben [*charismata*], die nach der uns verliehenen Gnade [*charin*] verschieden sind.»

Wie wir Gnade erhalten

Das ist alles schön und gut, sagst du, aber wie erhalte ich Gnade? Ohne allzu simpel erscheinen zu wollen: Bitte Gott einfach darum! Der Autor des Hebräerbriefes drückte es so aus:

> 14 Da wir nun einen großen Hohenpriester haben, der durch die Himmel hindurchgegangen ist, Jesus, den Sohn Gottes, so wollen wir am Bekenntnis zu ihm festhalten. 15 Wir haben ja nicht einen Hohen Priester, der nicht Mitgefühl mit unsern Schwachheiten haben könnte, sondern einen solchen, der in allen Stücken auf gleiche Weise wie wir versucht wor-

176 Piper, S. 66f
177 Piper, S. 67

> den ist, nur ohne Sünde. [16] So wollen wir denn mit freudiger Zuversicht zum Thron der Gnade hinzutreten, um Barmherzigkeit zu empfangen und Gnade zu finden zu rechtzeitiger Hilfe. (4,14-16)

Drei Fragen werden in Vers 16 beantwortet: Wo? Wie? Was?

Wohin sollen wir gehen?

Zuerst einmal: Wohin sollen wir gehen? Wie oft hast du verzweifelt ausgerufen: «Ich weiß einfach nicht, wohin ich mich wenden soll! Ich weiß nicht, wem ich vertrauen kann! Ich kann nirgendwo hingehen! Wo kann ich die Gnade finden, die ich brauche?» Hier sagt man uns: «Tritt zum Thron der Gnade hinzu.»

Woran denkst du, wenn du dir einen Thron vorstellst? Einen König? Einen souveränen Herrscher? Ja, Gott ist der große Befehlshaber des Universums, der ewige Machthaber, Regent und Präsident des Kosmos in einem. Dieses Wissen sollte Erwartung in unserem Herzen hervorbringen. Wie es der Dichter eines englischen Kirchenlieds ausdrückte: «Kommst du zu einem König, dann bring ihm große Bitten!» Es geht darum, dass wir nicht an eine kosmische Wohlfahrtsbehörde appellieren, um ein mageres Almosen zu erhalten, oder uns an einer Hintertür anstellen, um die Reste vom Mittagessen zu erhalten. Wenn wir Gnade für unsere Seele brauchen, kommen wir zum Thron des Königs der Könige! «Im Gebet», sagt Spurgeon, «stehen wir dort, wo sich Engel mit verschleiertem Gesicht verbeugen; dort beten die Cheruben und Seraphen an, vor genau demselben Thron, zu dem unsere Gebete aufsteigen.»[178]

Andererseits sind manche Leute von der Idee eines Throns eher eingeschüchtert als ermutigt. Die majestätische Atmo-

---

178 Charles H. Spurgeon: «The Throne of Grace», *Spurgeon's Expository Encyclopedia*, Bd. 12 (Grand Rapids, 1996), S. 206

sphäre, die Macht und Würde, die mit dem Throninhaber assoziiert sind, mögen mehr als ein paar wenige Herzen zögern lassen – aber nur, bis wir erkennen, dass dies ein Thron der Gnade ist und nicht nur der «Thron Gottes» oder der «Thron des Himmels». Gewiss ist ein Thron, zu dem wir kommen, aber es ist die Gnade, die uns dort erwartet, dieselbe Gnade, die wir in der Ahnentafel Jesu entdeckt haben. Es ist die Gnade, die auf dem Thron sitzt. Es ist kein Thron des Gesetzes oder der Kritik oder des Gerichts, sondern der Gnade. Dieser Thron existiert, um den Menschen, die sie suchen, Gnade zu geben. Seine Absichten sind gnädig. Die Worte, die dort gesprochen werden, sind gnädig. Die Gebetserhörungen, die dort empfangen werden, sind alle von Gnade.

Da es ein Thron der Gnade ist, bedeutet es, dass unsere Gebete immer gehört werden. Obwohl unsere Gebete uns oft leer und frivol vorkommen, vielleicht schlecht formuliert und unausgereift oder sogar gestammelt, hört uns Gott. Wenn es ein Thron der Gerechtigkeit oder ein Thron der grammatischen Genauigkeit wäre, könnten wir Grund zur Sorge haben, aber es ist ein Thron der Gnade! Im Gegensatz zu irdischen Herrschern ist es Gott kaum an würdevollen Förmlichkeiten, höfischen Manieren oder den Anstandsregeln eines Palastes gelegen. Irdische Herrscher sind schnell dabei, einen gesellschaftlichen Ausrutscher zu verurteilen. Gott schaut nur auf Demut und Verzweiflung bei denen, die zu ihm als Bittsteller kommen. Komm daher. Bitte ihn um Gnade, ihn zu lieben, ihm zu gehorchen, ihn zu genießen. Komm zögernd, komm in Schwäche, vor allem aber komm häufig. Und was ist, wenn du dein Verlangen nicht in Worten ausdrücken kannst? Gott wird deine Wünsche ohne Worte lesen. Spurgeon erklärt: «Ein Thron, der nicht gnädig ist, würde sich nicht die Mühe machen, unsere Bittgesuche zu erkennen; aber Gott, der unendlich Gnädige, wird sich in das Wesen unserer Wünsche vertiefen und dort lesen, was wir nicht mit der Zunge aussprechen können.»[179] Als meine kleinen Töchter versuchten, ihre Wünsche und Bedürfnisse auszusprechen, schimpfte ich sie nicht aus und kritisierte sie nicht wegen ihrer schwachen Bemühungen. Ich half ihnen so gut wie möglich, indem ich die Worte vorschlug, die sie auszusprechen suchten. Wird unser himmlischer Vater weniger für uns tun? Spurgeon drückt es so aus:

> In seiner Gnade wird er dir deine Wünsche und ihre Artikulation in den Geist legen; er wird dein Verlangen auf die Dinge richten, nach denen du suchen sollst; er wird dir deine Bedürfnisse zeigen, obwohl du sie jetzt noch nicht erkennst, und er wird dir seine Verheißungen groß machen, damit du sie plädieren kannst. In der Tat wird er deinem Gebet das A und O sein, genauso wie er es deiner Rettung ist, denn so wie die Rettung von Anfang bis Ende aus der Gnade ist, so ist es die Annäherung des Sünders zum Thron der Gnade von Anfang bis Ende.[180]

Weil es ein Thron der Gnade ist, wird von dir nichts verlangt außer deiner Not. Dein Ticket zum Thron ist nicht Werke, sondern Verzweiflung. Gott möchte keine Opfer oder Geschenke oder gute Absichten. Er möchte deine Hilflosigkeit, damit die Genügsamkeit seiner Gnade, die zu deinen Gunsten am Werk ist, verherrlicht wird. Das ist ein Thron, zu dem die geistlich Bankrotten kommen und den Reichtum der kraftspendenden Gegenwart Gottes finden können. «Es ist nicht der Thron einer Majestät, der sich von der Besteuerung seiner Untertanen unterhält, sondern ein Thron, der sich verherrlicht, indem er wie ein Brunnen von Fluten guter Dinge überfließt.»[181]

---

179 Spurgeon, S. 210
180 Spurgeon, S. 210
181 Spurgeon, S. 210

Wie sollen wir dorthin gehen?

Unser Autor beantwortet diese zweite Frage mit einem Wort: Zuversicht. Worauf ist sie begründet? Auf Gott natürlich – die Zuversicht, die von unserer Kenntnis herrührt, dass wir einen großen Hohen Priester haben, der unsere Gedanken, unsere Verletzungen, unsere schlimmsten Befürchtungen und unsere tiefsten Verlangen kennt.

Diese Zuversicht ist aber meiner Meinung nach nicht nur darauf begründet, was Gott getan hat, sondern auch darauf, was wir jetzt wegen der Erlösung sind. Der Psalmist sagte von Gott: «[Er gibt] den Tieren ihr Futter, den jungen Raben, die zu ihm schreien!» (Psalm 147,9). Hat Jesus womöglich an diesen Psalm gedacht, als er sagte: «Sehet die Raben an: sie säen nicht und ernten nicht, sie haben keine Vorratskammern und keine Scheunen, und Gott ernährt sie doch. Wie viel mehr seid ihr doch wert als die Vögel!»? (Lukas 12,24). Das wäre in der Tat wunderbare Logik.

Der Rabe ist bloß ein Vogel, dessen Tod wenig bedeutet. Wir sind dagegen unsterbliche Seelen. Soweit ich weiß, wird kein Rabe je erlöst oder auferweckt werden. Kein Rabe wird je entrückt werden. Wie kann Gott dann seinen Schrei hören – und das tut er – und sich dir gegenüber taub stellen? Kein Rabe wurde je im Ebenbild Gottes geschaffen. Wenn du gleichzeitig den Schrei eines hungrigen Raben und den eines ausgesetzten und verhungerten Babys vernähmest, wem würdest du Erste Hilfe geben? Ich weiß, das ist eine dumme Frage. Aber wir sind doch nicht besser als Gott, oder? Wenn wir so vernünftig sind, zuerst dem zu helfen, der das göttliche Ebenbild trägt, wird Gott da weniger tun?

Man beachte, dass Jesus hier einen Raben nennt, nicht einen Habicht oder Falken oder Adler oder Kardinal oder ein Rotkehlchen oder sonst einen hübschen Vogel. Er redet vom niedrigen und scheinbar nutzlosen Raben. Wenn Gott für die Bedürfnisse eines so unwichtigen Vogels sorgen kann, wird er dann nicht gern und großzügig für deine sorgen? Daher komm zum Thron der Gnade mit Zuversicht.

Bleiben wir noch einen Augenblick bei dieser Analogie. Denke an den Schrei des Raben. Er spricht keine Worte, formuliert keine Sätze oder Argumente. Sein Schrei ist reiner Instinkt. Der Rabe appelliert nicht an die Gnade und weiß nichts von dem Hohen Priester Jesus. Tatsächlich starb Jesus nicht für einen einzigen Raben und dennoch sorgt der Vater gnädig für seine Bedürfnisse. Wie viel mehr wird er dann gnädig für deine sorgen.

Nirgends wird den Raben geboten, zu Gott zu schreien, wir aber werden wiederholt ermahnt, es zu tun. Wir haben die göttliche Ermächtigung, zu diesem gnädigen Thron zu kommen. Den Raben wird nicht gesagt, dass sie kommen sollen, aber sie gehen nicht leer davon. Du und ich, wir kommen als geladene Gäste. Wie sollte er dann Nein zu uns sagen, er, der die Einladung selber ausgesprochen hat?

Der Schrei des Raben ist bestenfalls der eines gedankenlosen Tieres. Unserer ist der Schrei des kostbaren Heiligen Geistes, der in uns ist (vergleiche Römer 8,26 und folgende). Wenn die Raben zu Gott schreien, tun sie es alleine, aber wir rufen zusammen mit unserem himmlischen Fürbitter, dem Herrn Jesus Christus (Hebräer 7,25). Wenn das bloße Gezwitscher eines einzigen Vogels bei Gott Erfolg hat, wie viel mehr werden es die Bittgesuche seines Kindes, das durch das Blut erkauft wurde und das eine Bitte durch das biblische Gesuch krönen kann: «Vater, tu es um Jesu willen!»

Komm daher mit Zuversicht zum Thron der Gnade.

Was werden wir dort finden?

Was würdest du erwarten, an einem Gnadenthron zu finden? Gnade natürlich! Aber darüber hinaus auch Barmherzigkeit! Es ist eine Sache, Sympathie und Gottes Gegenwart zu finden, aber wir brauchen auch Kraft und seine aktive Hilfe. Wir brauchen seine Energie und seine Kraft im inwendigen Menschen, die uns trägt. Der Zweck dieses Gebets ist nicht in erster Linie, dass wir uns besser fühlen, sondern dass wir Gnade erhalten, die uns im Augenblick der Not hilft.

Diese Gnade, um die wir zuversichtlich und andauernd bitten, zeigt uns nicht einfach, was wir tun sollen, sondern sie ermöglicht es uns auch, seinen Willen zu verwirklichen. Die Gnade zeigt uns nicht nur den Weg der Heiligkeit, sie gibt uns auch die Kraft, damit wir tatsächlich auf diesem Weg wandeln können. Die Gnade ist mehr als Worte der Ermahnung oder Anfeuerung. Sie gibt uns mehr als Gründe zum Gehorchen oder Argumente zum Durchhalten. Gnade ist Kraft. Gnade ist Energie. Gnade ist Gott am Werk in uns, um uns zu verwandeln. Die Gnade verändert unsere Denkweise; Ideen, die wir einst für falsch hielten, werden durch sie plausibel und sinnvoll. Die Gnade ändert unsere Gefühle – sie führt zu Freude an Jesus und Abscheu für die Sünde. Die Gnade ändert unseren Willen und schafft ein neues und tieferes Verlangen für das, was wir einst reizlos fanden. Die Gnade verändert unsere Handlungsweise, sie rüstet die Seele aus und gibt ihr die Energie, das zu tun, was wir so viele Male zuvor nicht getan haben.

Wenn wir Hoffnung auf Heiligkeit haben sollen, müssen wir das Werk der göttlichen Gnade haben, das unser Herz verändert, unseren Sinn verwandelt und unseren Willen ändert. Diese Gnade wird souverän geschenkt, wenn Menschen mit schwachem Herzen, schwachem Sinn und schwachem Willen darum am einzigen Ort bitten, wo sie sie finden können: am Thron der Gnade.

Erlaube mir, einen Augenblick zu Philipper 2,12-13 zurückzukehren. Dort sagt Paulus: « ... denn Gott ist es, der beides, das Wollen und das Vollbringen, in euch wirkt, damit ihr ihm wohlgefallt» (2,13). Wenn wir der Versuchung widerstehen und Nein zur Sünde sagen sollen, wenn wir in sexueller Reinheit und Integrität des Herzens leben sollen, dann muss Gott in uns wirken. Wenn Paulus sagt, dass Gott in uns wirkt, damit wir das «wollen», was recht ist, denkt er an einen Beschluss unseres

Willens. Gott gibt unserem Verstand und unserem Herzen die Kraft, seinen Willen tun zu wollen. Das ist Gnade! Der Heilige Geist in uns bringt das Verlangen, die Liebe und die Geneigtheit in uns hervor, das freudig anzunehmen, was dem Vater gefällt (vergleiche Psalm 119,36). Wenn Paulus sagt, dass Gott in uns wirkt, damit wir das «vollbringen», was recht ist, denkt er wiederum an die göttliche Gnade. Sie hilft uns, das, was unser Wille beschließt, wirksam zur Reife zu bringen. Mit anderen Worten, der Christ führt Gottes Willen durchgehend aus, weil Gott in seiner Gnade durchgehend auf ihn einwirkt. Weil die dynamische Aktivität der Gnade in unserer Seele vorausgegangen ist, wollen wir nicht nur Gottes Willen tun, sondern wir handeln auch entsprechend.

Diese Gnade ist die Hilfe, die Gott so großzügig in Antwort auf das demütige Gebet der Menschen schenkt, die auf ihn für Heiligkeit vertrauen. Gott hilft, indem er unserer Seele einen neuen Geschmack für geistliche Dinge gibt, damit wir die Köstlichkeit Christi mehr als alle konkurrierenden Geschmäcke voll genießen. Er hilft uns, indem er dem Herzen eine neue Disposition, eine frische Denkweise, eine Leidenschaft für die Freude an ihm eingibt. Diese Hilfe ist Gnade! Ohne sie sind wir hoffnungslos ausgeliefert, die Impulse des Fleisches zu verwirklichen, die uns unweigerlich zu den «Schätzen Ägyptens» und den «vorübergehenden Genüssen der Sünde» führen.

Wenn wir in Jesus den Schönsten der Zehntausend finden sollen, wenn wir in der Freude, die er uns so großzügig gibt, schwelgen sollen, dann müssen unsere Herzen von der Gnade genährt werden. Wenn wir in ihm die überragende Vortrefflichkeit sehen und aus diesem Grund zu den vorübergehenden Vergnügen der Sünde Nein sagen sollen, müssen unsere Herzen von der Gnade gestärkt werden. Und um diese Gnade zu erhalten, die Gnade von Matthäus 1, müssen wir kühn zum Thron kommen. Dort wohnt sie, immer bereit, uns in Zeiten der Not zu helfen, und wartet darauf, dass wir um sie bitten.

KAPITEL 14

Der brennende Gott

Jetzt wo wir uns dem Ende unserer gemeinsamen Studiums nähern, möchte ich zu einer Frage zurückkehren, die ich in Kapitel 4 aufgeworfen habe:

> «Warum ist Gott unsere Heiligkeit so wichtig?» Oder anders ausgedrückt: «Welche Motivation steckt hinter Gottes Forderung: ‹Seid heilig, denn ich bin heilig›?»

Die Schrift antwortet darauf: Es ist seine Leidenschaft für seine Herrlichkeit. Auch wenn ich vielleicht fürchterlich missverstanden werde, möchte ich hier das Wort «Leidenschaft» durch das Wort «Eifersucht» ersetzen.

Ehe du dies als moralisch unerhört ablehnst («Wie kann man es wagen, Gott einer so kleinlichen Sache wie Eifersucht zu beschuldigen!»), betrachte sorgfältig die folgenden biblischen Texte. Danach werden wir etwaige, noch verbleibende Bedenken ausräumen.

> [4] Du sollst dir kein Bildnis noch irgendein Gleichnis machen, weder von dem, was oben im Himmel, noch von dem, was unten auf Erden, noch von dem, was in den Wassern, unter der Erde ist. [5] Bete sie nicht an und diene ihnen nicht! Denn

> ich, der HERR, dein Gott, bin ein eifersüchtiger Gott, der die Schuld der Väter heimsucht an den Kindern bis in das dritte und vierte Glied derer, die mich hassen. (2. Mose 20,4-5; Schlachter).

Bemerkenswerterweise appelliert Gott hier nicht an seine Rechtschaffenheit, Heiligkeit, Gerechtigkeit, Majestät, Souveränität oder sonstige Charaktereigenschaft, sondern an seine Eifersucht.

> 14 Denn du sollst keinen anderen Gott anbeten. Denn der HERR, dessen Name «Der Eifersüchtige» ist, ist ein eifersüchtiger Gott. (2. Mose 34,14; Schlachter)

Hier sehen wir den Hauptgrund, warum man dafür plädieren kann, nichts und niemanden außer Gott anzubeten: Es ist die Tatsache, dass Gottes Name der Eifersüchtige ist! Der Name war in der Antike nicht bloß eine Bezeichnung oder ein Etikett, sondern eine Aussage über den Charakter der Person. Das Feuer der Eifersucht brennt in den Tiefen des göttlichen Charakters, sie liegt im Zentrum seines Wesens und bestimmt, wer er ist. Seine Eifersucht macht ihn zu Gott. Welche Gründe man auch in der Schrift finden mag, um allein Gott anzubeten und ihm zu dienen und ihn zu lieben – und es sind viele, die alle gut sind – an erster Stelle steht die Tatsache, dass unser Gott vor Eifer (oder Eifersucht) um die ungeteilte Treue und Zuneigung seines Volkes brennt:

> 11 «Pinehas, der Sohn des Priesters Eleasar, des Sohnes Aarons, hat meinen Zorn von den Israeliten dadurch abgewandt, dass er denselben Eifer, der mir eigen ist, unter ihnen bewiesen hat; darum habe ich die Israeliten trotz meines Eifers nicht ganz vertilgt.» (4. Mose 25,11)

> 24 Denn der HERR, dein Gott, ist ein verzehrendes Feuer, ein eifersüchtiger Gott. (5. Mose 4,24)

> 14 Und ihr sollt nicht anderen Göttern nachfolgen, unter den Göttern der Völker, die um euch her sind 15 – denn der HERR, dein Gott, der in deiner Mitte wohnt, ist ein eifersüchtiger Gott –, damit nicht der Zorn des HERRN, deines Gottes, gegen dich entbrennt und er dich von der Erde vertilgt. (5. Mose 6,14-15; Schlachter; vergleiche 29,19)

> 16 Sie reizten ihn zur Eifersucht durch fremde Götter, erbitterten ihn durch gräulichen Götzendienst. (5. Mose 32,16; vergleiche 32,21)

Ein besonders interessanter Text ist der folgende Abschnitt aus Hesekiel:

> 3 Da streckte er etwas aus, das wie eine Hand gebildet war, und fasste mich bei den Locken meines Hauptes; dann hob die Gotteskraft mich zwischen Erde und Himmel empor und brachte mich im Zustand der Verzückung nach Jerusalem an den Eingang des Tores zum inneren Vorhof, das nach Norden zu liegt, woselbst das die Eifersucht des HERRN erregende Eiferbild seinen Standort hatte. (Hesekiel 8,3)

Die Israeliten hatten ein Idol, wahrscheinlich ein Standbild der Astarte, am Eingang zum Nordtor des Tempels aufgestellt. Wörtlich wird das Standbild «die Eifersucht, die Eifersucht erregt» genannt, ein Hinweis auf die Leidenschaft, die dieses Objekt im Herzen Gottes erregt. «Schaut doch», sagt der Herr, «seht jenes abscheuliche Standbild, das die Herzen meines Volkes verführt. Nicht mich lieben sie, sondern es; vor ihm beugen sie sich nieder, nicht vor mir. Ich bin glühend heiß vor Eifersucht, denn ich werde nicht zulassen, dass sich irgendetwas zwischen mich und die Hingabe meiner Braut drängt!»

> 25 Darum hat Gott der HERR so gesprochen: «Nunmehr will ich das Geschick Jakobs wenden und mich des gesamten Hauses Israel erbarmen und für meinen heiligen Namen eifern.» (Hesekiel 39,25)

> 58 Und sie reizten ihn zum Zorn durch ihre Höhen und zur Eifersucht durch ihre Götzenbilder. (Psalm 78,58; Schlachter)

> 19 Da sagte Josua zum Volk: «Ihr seid nicht imstande, dem HERRN zu dienen; denn er ist ein heiliger Gott; ein eifersüchtiger Gott ist er, der euch eure Übertretungen und eure Sünden nicht vergeben wird.» (Josua 24,19)

Sie würden Gott nicht dienen können, weil sie versuchten, gleichzeitig an den Götzen der Kanaaniter festzuhalten, deren Land sie gerade betreten hatten.

> 22 Oder wollen wir den Herrn zu Eifersucht reizen? Sind wir etwa stärker als er? (1. Korinther 10,22)

Wenn man zugleich am Tisch von Dämonen und am Tisch des Herrn sitzt – das heißt, wenn man in Götzendienst lebt, was für eine Form er auch annimmt – und dann am Abendmahl teilnimmt, wird das nur dazu dienen, die Feuer der Eifersucht in Gottes schon brennendem Herzen auflodern zu lassen.

Es gibt zahlreiche andere Stellen, die ziemlich dasselbe sagen (siehe 1. Könige 14,22; Hesekiel 16,38.42; 23,25; 36,5ff; 38,19; Joel 2,18; Nahum 1,2; Zefanja 1,18; 3,8; Sacharja 1,14; 8,2; Psalm 79,5). Aber ich glaube, ich habe meinen Punkt bewiesen. Was für einen Punkt, fragst du?

Leidenschaftlich eifersüchtig

Gott ist ein Wesen mit Gefühlen. Entgegen der Lehre von der göttlichen Gefühllosigkeit erlebt er in der Tiefe seines Wesens echte Leidenschaften. Die Bibel bezieht sich immer wieder auf göttliche Freude, Barmherzigkeit, Liebe, Mitleid, Freundlichkeit und Hass, um nur ein paar zu nennen. Aber wie steht es mit der Eifersucht? Wir sperren uns gegen die Vorstellung, dass Gott wirklich eifersüchtig sein könnte, aber das beweist nur, dass wir eine blasse Ansicht der göttlichen Natur haben. Im Kern seines Wesens gibt es eine unauslöschliche Feuersbrunst der unmessbaren Liebe, Eifersucht genannt.

Was genau bedeutet es zu sagen, dass Gott eifersüchtig ist? Die meisten von uns kennen die menschliche Eifersucht in ihrer Zerstörung, Sündhaftigkeit und Hässlichkeit aus erster Hand. Da schrecken wir natürlich vor der Idee zurück, dass Gott auch nur im geringsten Grade von einem so furchtbaren Charakterfehler besudelt sein könnte.

Gottes Eifersucht bedeutet gewiss nicht, dass er aus Unsicherheit misstrauisch ist. Diese Art von Eifersucht ist auf Ignoranz und Argwohn zurückzuführen, was bei unserem allwissenden Gott gewiss nicht der Fall ist. Sie bedeutet auch nicht, dass er zu Unrecht auf den Erfolg anderer neidisch ist. Sündige Eifersucht ist meistens das Produkt von Angst und Bitterkeit, aber das kann auf unseren allmächtigen Schöpfer gewiss nicht zutreffen. Sündhafte Eifersucht sehnt sich danach, das zu besitzen und zu beherrschen, was ihr nicht rechtmäßig gehört; sie ist überheblich und hegt zum angeblichen Objekt ihrer Liebe wenig echte Zuneigung.

Aber wie Packer erklärt: «Gottes Eifersucht ist keine Mischung aus Frustration, Neid und Trotz, wie es die menschliche Eifersucht so oft ist, sondern sie erscheint stattdessen als ... lobenswerter Eifer, etwas äußerst Kostbares zu bewahren.»[182]

182 J. I. Packer, *Knowing God* (Downers Grove, 1973), S. 53

Die göttliche Eifersucht ist demnach der Eifer, eine Liebesbeziehung zu schützen oder, falls sie zerbrochen ist, sie zu rächen. Gottes Eifersucht ist seine leidenschaftliche Energie, die ihn bewegt, gegen das vorzugehen, was zwischen ihm und seinen Geliebten steht. Die Intensität seines Zornes auf Bedrohungen dieser Beziehung ist direkt proportional zur Tiefe seiner Liebe.

Sie ist kein vereinzelter oder momentaner Wutanfall, keine geringfügige Irritation im Herzen Gottes, kein vorübergehender, stechender Gedanke. Diese Eifersucht ist das unablässige, unaufhörliche Brennen im Herzen des unendlich mächtigen Gottes. Im alten Nahen Osten bedeutet das Wort für «Eifersucht» wörtlich, puterrot zu werden, ein Hinweis auf die Auswirkungen des Zornes auf das Gesicht. Ein eifersüchtiger Gott ist nicht «gelb vor Neid», sondern ein «rotgesichtiger Liebhaber», der in seiner Beziehung zu seinem Volk keine Rivalen dulden wird.

Worüber wacht Gott eifersüchtig?

Zunächst einmal eifert Gott am meisten für seine eigene Herrlichkeit, seinen Ruhm und seine Ehre! Er wünscht sich vor allem, dass sein Name geschützt und gefördert wird und wird schnell entschieden eingreifen, um seine Herrlichkeit zu verteidigen. «Jahwes Eifersucht », schreibt Ray Ortlund, «ist sein ganz intensiver, innerlicher Drang, die Interessen seiner Herrlichkeit zu schützen (2. Mose 20,4-6; Hesekiel 39,25), denn er wird keine Beeinträchtigung seiner Majestät zulassen.»[183]

Gott wacht eifersüchtig darauf, dass sein Name in dieser Welt, in diesem Land, in deinem Heim, in deinem Leben und in deiner Gemeinde ihre Vorrangstellung behält. Nicht deinen Namen schützt er eifersüchtig, sondern seinen. Nicht dein Ruf steht zuoberst auf Gottes Tagesordnung, sondern seiner.

183 Raymond C. Ortlund, Jr.: *Whoredom: God's Unfaithful Wife in Biblical Theology* (Grand Rapids, 1996), S. 29, Nr. 15

«Denn nicht ‹uns selbst› verkündigen wir, sondern Christus Jesus als den Herrn, uns selbst aber als eure Knechte um Jesu willen» (2. Korinther 4,5).

Man betrachte die unglaublichen Ereignisse in Daniel 4 im Leben von Nebukadnezar. Sieben Jahre lang wurde er gedemütigt, wie eine Kuh zu leben. Warum, um Himmels willen? Weil er Gott zur Eifersucht gereizt hatte. Er hatte die Herrlichkeit für das beansprucht, was allein Gott getan hatte. Er wurde so lange bestraft, bis er erkannte, «dass der Höchste die Gewalt über das Königtum der Menschen hat und dass er es verleihen kann, wem er will» (Daniel 4,29; vergleiche 4,34).

Noch schlimmer war das Urteil, das über Herodes gefällt wurde, obwohl der Grund dafür derselbe war wie bei Nebukadnezar. Wir lesen in der Apostelgeschichte 12,23: «Da schlug ihn augenblicklich ein Engel des Herrn zur Strafe dafür, dass er nicht Gott die Ehre gegeben hatte: Er erkrankte am Wurmfraß und beschloss sein Leben.» Gottes Eifersucht für die Herrlichkeit seines Namens ist so stark, dass er sogar Würmer schickt, um das Fleisch eines jeden zu zerfressen, der es wagt, ein wenig davon für sich zu behalten!

Eifersucht in Aktion

Wie weit geht Gott, um in seiner Eifersucht die Herrlichkeit seines Namens zu bewahren? Eine Antwort darauf findet man in 2. Korinther 2,14, wo Paulus sagt: «Gott aber sei gedankt, der uns in Christus allezeit (wie) in einem Triumphzug mit sich einherführt und den Wohlgeruch seiner Erkenntnis durch uns an allen Orten offenbart!». Das griechische Wort, das durch «Triumphzug» übersetzt worden ist (*thriambeuo*), wird im Neuen Testament nur hier und in Kolosser 2,15 gebraucht. Die meisten Ausleger sind sich einig, dass sich der Ausdruck auf einen römischen Brauch bezieht. Der siegreiche General führte seine besiegten Gefangenen in einem Triumphzug einher, meistens zu ihrer Hinrichtung. Jedoch gibt es auch eine Reihe anderer Vorschläge.

Die Schlachter-Übersetzung folgt der englischen King-James-Version und übersetzt diesen Ausdruck als «der uns allezeit in Christus triumphieren lässt». Demnach hätte Paulus einen Anteil an dem Triumph, den Gott feierte. Wie jedoch mehrere Ausleger bemerkt haben, ist das direkte Objekt, das auf das Verb folgt, niemals das triumphierende Subjekt, sondern immer das Objekt, über das triumphiert wurde.

C. K. Barrett[184] machte die Ansicht populär, dass es das Bild eines siegreichen Generals ist, der seine Truppen, nicht seine besiegten Feinde, in einem festlichen Triumphzug durch die Straßen der Stadt führt. Nach dieser Ansicht ist Paulus einer von vielen Soldaten, die alle triumphierende Sieger sind.

Wiederum andere haben dies als «Gott triumphiert über uns» verstanden, in dem Sinn, dass alle christlichen Bekehrten bei ihrer Bekehrung von Gott «besiegt» sind. Demnach würde Paulus auf seine Begegnung mit Gott auf dem Weg nach Damaskus anspielen. Ein anderer Ausleger bestätigt das Bild der römischen Siegesprozession, beschränkt seine Anwendung aber auf die Scham, die die Gefangenen ertragen. Danach identifiziert sich Paulus einfach mit der Demütigung dieser Gefangenen, die zur Schau gestellt wurden.

Die wahrscheinlichste Interpretation erkennt ein offensichtliches Paradox im Gebrauch dieser Metapher an. Einerseits ist es Gott, der Paulus (und im weiteren Sinne andere, die wie er ebenfalls das Evangelium predigen) im Triumph führt. Andererseits bedeutet es Gefangenschaft und Leiden, wenn man von jemand anders im Triumph geführt wird. Paul Barnett erklärt das so:

> Hier gibt es ein Paradox, wie die Metapher «in einem Triumphzug [als Gefangener] geführt» impliziert. Es deutet zu-

184 C. K. Barrett: *A Commentary on the Second Epistle to the Corinthians* (New York, 1973), S. 98

> gleich auf den Sieg eines Generals und die Demütigung seiner Gefangenen hin, die zu ihrer Hinrichtung marschieren. Die Metapher ist gleichzeitig triumphal und antitriumphal. Während Gott seine Diener als Kriegsgefangene in einer Siegesparade führt, verbreitet er gleichzeitig überall durch sie die Erkenntnis Christi. Obgleich die Gefangenen in solchen Siegesprozessionen normalerweise niedergeschlagen und verbittert sind, kommt von den Lippen dieses Gefangenen nur Dank an Gott [2. Korinther 2,14], seinen Eroberer. Hier wird das Thema der Kraft-in-Schwäche wiederholt [vergleiche 2. Korinther 1,3-11], das den Brief durchzieht. ... Gewiss ist sein Dienst von Leiden gekennzeichnet, aber weil Gott ihn in Christus als leidenden Diener führt, legitimiert sein Leiden seinen Dienst, anstatt ihn zu disqualifizieren. Christi Demütigung in der Kreuzigung wird im Leben seines Dieners reproduziert.[185]

Oder in den Worten von Ben Witherington: «Paulus sagt nicht, dass er siegreich herumgeführt wird, sondern vielmehr, dass er, wie die Gefangenen in einem Triumphzug, harsch behandelt wird, während er im Dienste Gottes steht.»186 Es ist gerade in seiner Schwäche und in seinem Leiden als gefangener Sklave Christi Jesu, behauptet Paulus, dass Gott alle Herrlichkeit als der triumphierend Siegreiche erhält. Man vergleiche diesen Abschnitt mit 1. Korinther 4,9: «Denn ich bin der Ansicht, Gott habe uns Aposteln den letzten Platz zugewiesen wie zum Tode verurteilten Verbrechern; wir sind ja der ganzen Welt, Engeln sowohl wie Menschen, ein Schaustück geworden!»

Ja, wir nehmen an Gottes Triumph teil, aber nur in dem Grad, in dem wir bereitwillig unsere Schwäche, unser Leiden und die

185 Paul Barnett: *The Second Epistle to the Corinthians* (Grand Rapids, 1997), S. 150

186 Ben Witherington III: *Conflict and Community in Corinth: A Socio-Rhetorical Commentary on 1 and 2 Corinthians* (Grand Rapids, 1995), S. 366

Verachtung als das Mittel akzeptieren, durch das sein Sieg verkündet wird! Wir sind zum Fest eingeladen worden, aber unsere Eintrittskarte ist das Stigma der Zerbrochenheit, Demütigung, Ablehnung, Verleumdung und Schwäche.

Es war auch üblich, dass die Gefangenen, die in dieser Prozession geführt wurden, unterwegs Weihrauch verteilten. Der Hinweis auf «Wohlgeruch» (Verse 14.15; siehe Vers 16) deutet jedoch wahrscheinlich auch auf das alttestamentarische Opfer und den zum Himmel emporsteigenden Geruch des Rauches hin, an dem Gott einzigartigen Wohlgefallen fand. Daher stellt Paulus seine Verkündigung des Evangeliums von Christus als starken Wohlgeruch dar, der sich «unsichtbar, doch mächtig, auf alle auswirkt, die Paulus in seinen Leiden begegnen, während er Christus predigt, wo immer er hingeht. In der Metapher von der Siegesparade ist der Apostel der Gefangene Gottes, den Gott herumführt, um die Erkenntnis Christi durch die Verkündigung Christi wie Weihrauch zu verbreiten.» Weiter sagt Witherington: «Während Gott Paulus als seinen Sklaven herumschleppt, strömt die Erkenntnis Christi von Paulus aus, wo immer er hingeht.»[187]

Irdene Gefäße

In einer jetzt berühmten Äußerung sagt Paulus: «Wir besitzen aber diesen Schatz in irdenen Gefäßen, damit die überschwängliche Fülle der Kraft sich als Gott angehörend und nicht als von uns stammend erweise» (2. Korinther 4,7). Hier ist wichtig zu sehen, warum Gott das Evangelium den «irdenen Gefäßen» anvertraut hat. Philip Hughes erklärt:

> Es könnte keinen größeren Kontrast geben als den zwischen der Großartigkeit der göttlichen Herrlichkeit und der Zerbrechlichkeit und Unwürdigkeit der Gefäße, in denen sie wohnt und durch die sie der Welt geoffenbart wird. Paulus'

187 Witherington, S. 366

Verleumder hatten seine körperliche Erscheinung verächtlich als schwach und seine Rede als kläglich abgetan (2. Korinther 10,10; vergleiche 10,1; 11,6; 12,7), in der Hoffnung, dadurch seine Autorität zu diskreditieren. Aber es ist einer der Hauptziele dieses Briefes zu zeigen, dass diese enorme Diskrepanz zwischen dem Schatz und dem Gefäß beweist, dass die menschliche Schwäche kein Hindernis für die Ziele Gottes darstellt. Tatsächlich gelangt Gottes Kraft in der Schwachheit zur Vollendung (12,9), so wie ein Schatz umso heller glänzt und funkelt, wenn man ihn mit dem gewöhnlichen Behälter vergleicht, in dem er liegt.[188]

Erstaunlich! Dieser Mann (und übrigens auch du und ich), der solch eine unbeschreiblich mächtige und schöne Botschaft verkündigt, ist selber nichts weiter als ein zerbrechliches «irdenes Gefäß» (2. Korinther 4,7). Viele meinen, dass es wegen der Herrlichkeit und der Pracht des Schatzes eine ergänzende Kraft und entsprechendes Prestige für seine Botschafter geben sollte (ja, müsste!). Nein. Nach Gottes eindeutigem, unausweichlichem Plan gibt es diesen unglaublichen Kontrast zwischen der Pracht des Schatzes und der unscheinbaren Gewöhnlichkeit des Gefäßes, damit man klar sehen kann, dass das Übermaß der bodenlosen Fülle der Kraft ganz und gar von Gott kommt und nicht von uns! Entgegen den Ansichten und Erwartungen der Welt, die nur im Sinne von menschlicher Fähigkeit und Errungenschaft denkt, meint Hughes: «Es ist gerade die äußerste Gebrechlichkeit des Christen, die ihm das Erlebnis der Allgenügsamkeit der Gnade Gottes eröffnet, damit er in der Lage ist, sich selbst über seine Schwäche zu freuen.»[189]

Wäre der Schatz in einer goldverzierten und von kostbaren Juwelen bedeckten Truhe, könnte man die Aufmerksamkeit auf

188 Philip Edgcumbe Hughes: *Paul's Second Epistle to the Corinthians* (Grand Rapids, 1962), S. 135

189 Hughes, S. 137

den Behälter richten und den Inhalt ignorieren. Und das wird Gottes eifersüchtiges Herz nicht zulassen!

Wenn du in dieser Wahrheit nach weiterer guter Nachricht suchst, liegt sie darin, dass die menschliche Schwäche kein Hindernis für Gottes Absichten darstellt. Mangelnde Redekünste, fehlende körperliche Schönheit oder Kraft, unzulängliche Bildung, zu wenig Menschen, die zur Verfügung stehen – was immer das Manko sein mag, es stellt keine Gefahr für Gottes Ziele dar. Häufig dient es nur dazu, seine Herrlichkeit zu vergrößern!

Einmal hörte ich Chuck Swindoll im Radio sagen: «Wenn Gott eine schier unmögliche Aufgabe erfüllen möchte, nimmt er eine scheinbar unmögliche Person und bricht sie» – ihrer Selbstgenügsamkeit, ihres Stolzes, ihrer Selbstzuversicht, ihrer Position und Macht, kurz, allem, was die Herrlichkeit des Namens Gottes zu vermindern droht. Die Menschen, die dem Namen Gottes die größte Herrlichkeit bringen, sind oft am wenigsten eindrucksvoll, wenn sie nach menschlichen Maßstäben gemessen werden».

Von Gott orchestrierte Opposition

Dasselbe Prinzip findet man wiederum in 2. Korinther 4, 8-11:

> 8 Allenthalben sind wir bedrängt, aber nicht erdrückt, in
> Ratlosigkeit versetzt, aber nicht in Verzagtheit, 9 verfolgt,
> aber nicht im Stich gelassen, zu Boden niedergeworfen, aber
> nicht ums Leben gebracht; 10 allezeit tragen wir das Sterben
> Jesu an unserm Leibe mit uns umher, damit auch das Leben Jesu an unserm Leibe sichtbar werde. 11 Denn immer-
> fort werden wir mitten im Leben in den Tod dahingegeben um Jesu willen, damit auch das Leben Jesu an unserm sterblichen Fleische sichtbar werde.

Wieder einmal drückt Philip Hughes aus, was Paulus sagen will:

> Während von allen Seiten Probleme und Opposition auf ihn einstürmen, ist der Apostel ratlos und am Ende; er weiß nicht, was er tun soll. Trotzdem ist er nie in einem Zustand hoffnungsloser Verzweiflung. Alle menschlichen Mittel erschöpft zu haben bedeutet nicht, Gottes Mittel erschöpft zu haben. Im Gegenteil, man ist genau in der Position, in der man sie am besten beweisen und von ihnen profitieren kann; man ist in der Lage zu erleben, wie der Überschuss der Kraft Gottes durchbricht und das menschliche Dilemma löst.[190]

Das «Sterben Jesu», das täglich in Paulus' Körper stattfindet, ist gerade diese Bedrängnis, Ratlosigkeit, Verfolgung und Demütigung, die er in den Versen 8-9 beschrieben hat. Genauso, sagt Barnett, ist «das Leben Jesu» ... «die Rettung, die durch die vier ‹Aber nicht› dieser Verse repräsentiert worden ist. ... Die Schwierigkeiten (das ‹Sterben Jesu›) werden gerade deswegen ertragen, damit er die Rettung von ihnen (das ‹Leben Jesu›) erleben mag.»[191]

Paulus denkt hier nicht an ein vorübergehendes Phänomen, von dem wir hoffen, befreit zu werden. Dieses «Sterben» ist andauernd. Dieses geistliche Sterben gehört genauso zum Christsein wie das Atmen zum körperlichen Leben. Wenn man Paulus anschaute, sah man einen Sterbeprozess, der dem entsprach, was Jesus durchmachte. Jedes Mal, wenn er gerettet wurde, jedes Mal, wenn er ein Hindernis überwand, war es ein zusätzlicher Beweis, dass der gekreuzigte Jesus zugleich der auferstandene Jesus ist! Übrigens schrieb Paulus das im Jahr 56 n. Chr. nach 20 Jahren (!) im Dienst, und noch immer trägt er das Sterben Jesu in seinem Leib, noch immer wird er in Gottes Siegeszug als schwacher und geschmähter Gefangener geführt.

190 Hughes, S. 138f
191 Barnett, S. 236

Die zunehmende Herrlichkeit Christi in uns und unsere größere Offenbarung über diese Herrlichkeit werden Leiden und Schwäche nicht verdrängen oder vermindern. Im Gegenteil: Leiden und Schwäche sind immer die Vorbedingung für Herrlichkeit. In dem Grad, in dem du dich bemühst, alles, was zum Leiden führt und deine Schwäche zeigt, aus deinem Leben und Dienst so weit wie möglich zu entfernen, verlierst du deine Stimme, die Herrlichkeit und den Sieg Christi zu verkünden. Wenn das irdene Gefäß beginnt, sich in eine exquisite Vase zu verwandeln, verliert der Schatz seinen Glanz.

Sich von Gott gekränkt fühlen

Einige von euch sind auf Gott böse, dass er euch der Verleumdung, dem Leiden, der Verachtung und der Schwäche ausgesetzt hat. Ihr wollt kein irdenes Gefäß sein. «Warum müssen die Kinder des Königs in Schwäche, Ablehnung und Scham leben und dienen? Ist es nicht unser geistliches Geburtsrecht, reich und berühmt und stark und respektiert und erfolgreich und einflussreich zu sein und vor allem bequem zu leben?» Nein. Es ist unser geistliches Geburtsrecht, in Gottes Siegesprozession geführt zu werden und dem Spott und Missbrauch der Welt ausgesetzt zu sein. Das sind die Menschen, durch die Gott den Wohlgeruch der Erkenntnis Christi verbreitet. Es ist unser geistliches Geburtsrecht, «täglich zu sterben» (1. Korinther 15,31)! Es ist unser geistliches Geburtsrecht, in unserem Leib täglich das Sterben Jesu zu tragen, damit das Leben Jesu immer gesehen werden kann! Dieses Geburtsrecht haben wir, weil Gott eifersüchtig für seine Herrlichkeit und unsere Liebe ist.

Wir müssen unser Leben und unseren Dienst evaluieren und analysieren. Im Lichte der Texte, die wir in 2. Korinther studiert haben, müssen wir sorgfältig untersuchen: Wie verwenden wir unsere Zeit? Wie präsentieren wir uns der Gemeinde und der Welt? Wofür geben wir unser Geld aus? Wie verrichten wir unseren Dienst, wie gestalten wir unsere Hauskreise oder den Kindergottesdienst? Wie beten wir an? Wie betreiben wir Evangelisation, das Bibelstudium, Gemeindewachstum, den Jugenddienst, kurz, alles?

Aber wie vermeide ich es, den Mut zu verlieren? Wenn ich das Sterben Jesu als Lebensstil akzeptiere, werde ich zerstört; ich werde bei lebendigem Leib aufgefressen; ich werde ruiniert und ausgebrannt und zerschlagen. Sam, was du empfiehlst, ist ein Rezept für Burnout, Blowup und Breakdown! Paulus dachte da anders, wie man an 2. Korinther 4,1 sieht («Wir werden ... nicht mutlos») und 4,16 («Wir werden nicht verzagt»). Wenn wir die geistliche Sicht auf das Unsichtbare setzen (4,18), reichen die Gnade Gottes und die von ihr ausstrahlende innerliche Kräftigung aus, unsere persönlichen Lampen mit dem Feuer Gottes brennen zu lassen. Und wenn Paulus in 2. Korinther 3,18 auf unsere Umgestaltung «von Herrlichkeit zu Herrlichkeit» hinweist, meint er damit nicht von Armut zu Reichtum oder von der Diffamierung zum Lob oder von schweren Zeiten zu bequemen Zeiten oder von Konflikt zu Frieden.

Warum ist es wichtig zu verstehen, dass hinter dem Leiden die Energie der göttlichen Eifersucht steckt? Weil Leiden und Schwäche und Verunglimpfung und das Stigma des Leitens unseren Glauben an die Güte Gottes bedrohen. Das Leiden führt uns in Versuchung, den Pfad des Gehorsams für den breiteren, bequemeren Weg ins Verderben zu verlassen. Aber wenn uns aufgeht, dass Gott es so gefügt hat, um sicherzustellen, dass sein Ruhm an erster Stelle steht, finden wir die Kraft, es bereitwillig zu akzeptieren.

Gott ist ein eifersüchtiger Liebhaber!

Vorhin habe ich gesagt, dass Gott am eifersüchtigsten für die Herrlichkeit seines Namens ist. Aber Gott ist auch eifersüchtig auf die Hingabe und Ernsthaftigkeit und Treue und Liebe seiner

Braut, seinem Volk, bedacht. Genauso wie ein Ehemann nicht den Ehebruch seiner Frau dulden kann, so kann und wird Gott keine Untreue in uns dulden. Was würden wir von einem Mann oder einer Frau halten, die keine eifersüchtigen Gefühle hätten, wenn jemand anders sich an ihren Ehepartner heranmacht und dessen Gefühle zu erobern droht? Wir würden einen solchen Menschen als moralisch unzulänglich und lieblos betrachten.

Stelle dir vor, ich erhielte einen Anruf oder ein Email mit der Nachricht, dass jemand gesehen hat, wie ein Mann meiner Frau Blumen schickte, ihr teure Geschenke machte oder ihr vor dem Schlafzimmerfenster ein Ständchen brachte. Wenn ich nichts fühlte oder unternähme, würde das nicht negativ auf meinen Charakter, die Liebe zu meiner Frau und meinen Eifer für ihr Wohlergehen und meine Beziehung mit ihr reflektieren?

Daran dachte Jesus wohl, als er in Matthäus 10,37 sagte: «Wer Vater oder Mutter mehr liebt als mich, ist meiner nicht wert, und wer Sohn oder Tochter mehr liebt als mich, ist meiner nicht wert.» Mit anderen Worten: «Es macht mir nichts aus, dass du Vater und Mutter und Kinder liebst. Ich bestehe sogar darauf! Aber du darfst sie nicht mehr als mich lieben. Ich muss an erster Stelle in deinen Gefühlen stehen!» John Calvin erklärt:

> Der Herr redet uns sehr häufig wie ein Ehemann an. ... So wie er alle Funktionen eines wahren und treuen Ehemanns erfüllt, so verlangt er Liebe und Keuschheit von uns, das heißt, wir sollen unsere Seelen nicht Satan prostituieren. ... Je reiner und züchtiger ein Ehemann ist, desto tiefer ist er verletzt, wenn er sieht, dass sich seine Frau einem Rivalen zuneigt. Genauso erklärt der Herr, der sich mit uns in Wahrheit verlobt hat, dass er mit der heftigsten Eifersucht brennt, wenn wir uns mit fürchterlichen Gelüsten beschmutzen und die Reinheit der heiligen Ehe vernachlässigen. Das gilt ganz besonders, wenn wir die Anbetung seiner Göttlichkeit, die wir am sorgfältigsten bewahren sollten, auf einen anderen

> übertragen oder durch einen Aberglauben verfälschen, denn auf diese Weise verletzen wir nicht nur unser versprochenes Treuegelöbnis, sondern beschmutzen auch das eheliche Bett, indem wir Ehebrechern Zugang geben.[192]

Das sieht man nirgends besser als in Jakobus 4,5. Leider ist die Übersetzung dieses Verses sehr umstritten. Die Menge Übersetzung besagt: «Oder meint ihr, die Schrift mache leere Worte, wenn sie sagt: ‹Eifersüchtiges Verlangen hegt der Geist, den er Wohnung in uns hat nehmen lassen›?»

Meinst du, Gott macht nur Witzchen, wenn sein Wort von göttlicher Eifersucht redet? Meinst du, Gott füllte nur den Raum zwischen den wirklich wichtigen Versen ein? Wie wagen wir es, sein Wort nicht ernst zu nehmen?! Die Bibel ist nicht nur irgendein Buch. Es gibt einen Grund, warum Gott so spricht, und wir müssen ihn ernstnehmen!

Was hat diese Aussage provoziert? Nach Vers 4 hatte Gottes Volk eine enge Freundschaft mit der Welt kultiviert, indem sie sich ihre Werte (oder deren Mangel!) zu eigen gemacht hatten. Um Jakobus' Metapher zu verwenden: Gottes Volk hatte geistlichen Ehebruch begangen. Sie «schliefen mit anderen Göttern»! Sie nahmen Gottes Gaben und Ressourcen und verwendeten sie zur Bezahlung der weltlichen Prostituierten (nicht wörtlich, aber geistlich).

In Vers 5 appelliert Jakobus zur Unterstützung seiner Denunzierung der Weltlichkeit an die Schrift, in der Hoffnung, seine Leser aus dem geistlichen Ehebruch und in die bewusste Treue gegenüber Christus zu rufen. Aber welche Schriftstelle zitiert er? Stammte sie aus einem unbekannten apokryphen Werk oder war sie vielleicht ein nicht überlieferter Ausspruch Jesu? Möglicherweise bezieht sich Jakobus auf die Umschreibung eines bestimmten alttestamentarischen Textes (vielleicht

192 John Calvin: *Institutes of the Christian Religion*, herausgegeben von John T. McNeill (Philadelphia, 1975), II, viii. 18

2. Mose 20,5). Oder vielleicht handelte es sich um eine Zusammenfassung der Wahrheit, die sich in mehreren Texten des Alten Testaments befindet.

Wichtiger als die Antwort auf diese Frage ist die richtige Übersetzung von Vers 5 in Kapitel 4. Hier sind die Möglichkeiten:

1. «Der [menschliche] Geist, den er [Gott] in uns hat Wohnung nehmen lassen, ist ein Geist der Eifersucht und des Neides», oder
2. «Gott verlangt eifersüchtig nach dem [menschlichen] Geist, den er [bei der Schöpfung] in uns hat Wohnung nehmen lassen», oder
3. «Gott verlangt eifersüchtig nach dem [Heiligen] Geist, den er in uns hat Wohnung nehmen lassen», oder
4. «Der [Heilige] Geist, den er [Gott] in uns hat Wohnung nehmen lassen, verlangt eifersüchtig [nach der vollen Hingabe unseres Herzens.]»

Die letzte Version ist die wahrscheinlichste. In diesem Fall ist der Heilige Geist ein eifersüchtiger Liebhaber, der keine Rivalen der vollen Zuneigung unserer Herzen dulden wird!

In einem Wort ...

In einem Wort, alles, was wir gebaut oder uns erarbeitet haben, alles, dem wir unser Herz gegeben oder worauf wir uns verlassen haben, wird vom Feuer des göttlichen Eifers verbrannt und auf einen pathetischen Aschehaufen reduziert werden, sofern es irgendwie von der Herrlichkeit seines Namens ablenkt oder die Reinheit seiner Beziehung mit seiner Braut, der Gemeinde, bedroht. Das ist der Grund, warum Gott alles erschüttert, was erschüttert werden kann (Hebräer 12,26-29). Aus diesem Grund hat er für dich und mich souverän ein Stigma orchestriert, das wir im Leben und im Dienst bereitwillig und freiwillig und glücklich akzeptieren. Und deswegen sehnt er sich so mächtig und leidenschaftlich nach unserer Heiligkeit.

Schlusswort

Ich entschuldige mich nicht für die Tatsache, dass meine Perspektive der Jagd nach der Heiligkeit subjektiv ist. Leidenschaft, Genuss und die Sehnsucht nach Glück und Freude sind, so glaube ich, in das Gewebe eingeflochten, das den Menschen ausmacht. Darüber hinaus stehen sie im Zentrum unseres Lebens in Christus, oder sie sollten es zumindest. Es ist unsere Leidenschaft für das Vergnügen und unser Hunger nach dem Glücklichsein, das uns entweder zu den schäbigen, vorübergehenden Freuden der Sünde oder zu den ewigen Genüssen treibt, die nur in den Armen des Liebhabers unserer Seele, Jesus, zu finden sind.

Einige von uns kämpfen gerade mit dem Verlangen, alles hinzuschmeißen und wegzurennen. Vielleicht suchst du verzweifelt nach dem geringsten Grund, warum du nicht einfach aufgeben und deinen Fantasien nachgehen solltest. Tagtäglich wird die Versuchung stärker, deine sündigen Träume um jeden Preis in befriedigende Realitäten zu verwandeln. Vielleicht verspürst du den überwältigenden Drang, deinen Mann oder deine Frau, deine Kinder, das Leben, das du dir so schwer erarbeitet hast, zu verlassen. Die Routine in der Gemeinde langweilt dich, die religiöse Aktivität hat keinen Reiz. Du bist deinen moralischen Pflichten lang genug nachgekommen. Die Kirschen in Nachbars Garten scheinen tatsächlich süßer zu schmecken. Nichts hat dir bis jetzt das Glück und die Befriedigung gebracht, die du dir erhofft hattest. Die Welt erschien nie verlockender.

Das Ganze ist so unmerklich. Wenn wir nicht aufpassen, schleicht es sich an uns heran. Wir entdecken, dass wir fähig sind, das, was wir früher verachtet haben, zu rationalisieren. Unsere Gründe, treu zu bleiben, verlieren langsam an Boden und Überzeugungskraft. Die Unmoral erscheint so vernünftig. Oft klingt sie in etwa so: «Wenn du nur wüsstest, wie viel ich gegeben habe, wie ich mich immer wieder verausgabt habe. Du hast ja keine Ahnung, wie viele Wünsche ich unterdrückt habe und wie viele Ziele ich aufgegeben habe, um Gott und anderen zu dienen. Wenn du nur wüsstest, wie lange und schwer ich mein Kreuz getragen habe, dann würdest du mich verstehen. Du würdest nicht so streng mit mir sein und mich nicht so schnell verurteilen.» Wenn die Flutwelle der Gründe für ein wenig Selbstverwöhnung eine solche emotionelle Eigendynamik erlangt, erscheint es nicht nur sinnvoll zu sündigen, es hört auch auf, Sünde zu sein und wird zu einer Frage der Gerechtigkeit. Es erscheint nur fair.

Warum würde sich jemand von den geistlichen Reichtümern abwenden, um so wenig zu erlangen? Diese Frage habe ich mir hundert Mal, wenn nicht öfter, gestellt. Die Antwort ist immer dieselbe. Für manche geht es darum, den Schmerz der Enttäuschung in Beziehungen zu betäuben. Die Sünde scheint das einzige Mittel zu sein, das Herz dem Schmerz des Verrates, der Vereinsamung oder des Missbrauchs abzutöten. Andere können nur davon träumen, ihre Sehnsucht und ihren zunehmenden Appetit zu befriedigen, sich genossen und geschätzt und anerkannt zu fühlen. Die Sehnsucht, gebraucht und erkannt zu werden, ist so intensiv, dass am Ende die üblichen Hemmungen, die uns «an der Kandare» halten, leblos zu

Boden fallen. Die traditionellen Gründe, Nein zu sagen, sind der magnetischen Anziehungskraft, neue Früchte zu kosten, nicht mehr gewachsen.

Dieses Buch ist ein Appell an dich, Nein zur Sünde zu sagen, aber nicht weil die Dinge, in die du so lange für deine Zufriedenheit vertraut hast, es wirklich tun können. Natürlich können sie es nicht. Aber das reicht nicht, dich zu überzeugen, das Rechte zu tun. Wenn es nicht wirklich etwas gäbe, das dich befriedigen kann, etwas, das besser, angenehmer und erfreulicher als die Welt ist, dann würde ich dich als Erster aufmuntern und sagen, stürze dich kopfüber in eine Affäre, in die Pornographie, verwöhne dich selbst, leiste dir ein teureres Auto oder was immer dich anmacht. Aber du würdest dafür deine Chance eines Lebens der unbeschreiblichen Freude, der Aufregung, des tief befriedigenden Glückes, der Bedeutsamkeit, der Erfüllung und der ewigen Freuden einbüßen.

Asaf, der Verfasser von Psalm 73, weiß, was du durchmachst. Er war versucht, auszusteigen und das Team zu wechseln. «Doch ich – fast wär' ich gestrauchelt mit meinen Füßen», schrieb er, «nichts fehlte, so wären meine Schritte ausgeglitten» (Psalm 73,2). Warum? Weil er sah, wie es denen erging, die in den Wegen der Welt wandelten. Sie lebten in komfortablem Wohlstand, waren gut ernährt, sicher vor Gefahren und gaben sich glücklich allen sündigen Fantasien hin, wo sie nur konnten. Warum schloss er sich ihnen da nicht an? Weil er etwas unendlich Besseres, unermesslich Befriedigenderes, unvergleichlich Aufregenderes gefunden hatte. Höre zu, was er sagt:

> 25 Wen hätt' ich sonst noch im Himmel?
> Und außer dir erfreut mich nichts auf Erden.
> 26 Mag Leib und Seele mir verschmachten,
> bleibt Gott doch allzeit meines Herzens Fels und
> mein Teil.

> 27 Denn gewiss: Wer von dir sich lossagt, der kommt um;
> du vernichtest alle, die treulos von dir abfallen.
> 28 Mir aber ist Gottes Nähe beglückend:
> Ich setze mein Vertrauen auf Gott den HERRN, um alle deine Werke zu verkünden. (Psalm 73,25-28)

Hast du es mitbekommen? «Mir aber ist Gottes Nähe beglückend.» Warum? Weil Asaf das entdeckt hatte, was David wusste, was ich bete, das wir, du und ich, jetzt wissen: Nur «vor [Gottes] Angesicht sind Freuden in Fülle» und «Segensgaben in [Gottes] Rechten ewiglich». Komm daher zu Christus, denn wer das tut, wird in den Worten von Edwards, «nicht nur an einen Ruheplatz kommen, nachdem man in einer Wüste gewandert ist, sondern zu einem Festsaal, wo man sich ausruhen und ergötzen kann. Man kann die früheren Schwierigkeiten und Mühen beenden und in eine Reihe von Vergnügen und geistlichen Freuden eintreten»[193], mit der sich selbst die beste der Sünden nie messen könnte. Komm, verlieb dich in Jesus.

193 Jonathan Edwards: «Safety, Fulness, and Sweet Refreshment to Be Found in Christ», S. 177

Über den Autor

Sam Storms besitzt den *Bachelor of Arts* von der *University of Oklahoma*, den *Master of Theology* vom *Dallas Theological Seminary* und den Doktortitel von der *University of Texas* in Dallas. In den letzten 38 Jahren diente er in Gemeinden in Illinois, Texas, Oklahoma und Missouri und war 2000-2004 *Visiting Associate Professor* am *Wheaton College* in Wheaton, Illinois.

Danach gründete Sam *Enjoying God Ministries* und reiste als Sprecher und Berater viel zu Gemeinden in Amerika und Übersee. Er verfasste oder bearbeitete 20 Bücher und veröffentlichte zahlreiche Zeitschriftenartikel und Buchbesprechungen.

Seit 2008 ist er leitender Pastor der *Bridgeway Church* in Oklahoma City, Oklahoma. Mit seiner Frau Ann ist er seit 40 Jahren verheiratet und sie haben zwei erwachsene Töchter und vier Enkelkinder.

www.samstorms.com

Wonach wir uns sehnen

Wie Gott die tiefsten Bedürfnisse unseres Herzens stillt

Von Mike Bickle

Gott hat tiefe Sehnsüchte in das Herz jedes Menschen gelegt. Wir alle sehnen uns nach Schönheit, nach innerer Größe, nach Bedeutsamkeit, nach Begeisterung und nach inniger Liebe.

Viele von uns haben gelernt, diese Sehnsüchte zu verleugnen. Uns wurde erklärt, daß diese Verlangen nicht von Gott stammen. Das Problem sind jedoch nicht die Sehnsüchte – sie sind von Gott gegeben und sollen nicht verleugnet werden. Probleme entstehen nur, wenn wir versuchen, die gottgegebenen und legitimen Sehnsüchte auf falsche Art und Weise zu befriedigen.

Nur Gott kann die Sehnsüchte stillen, die er uns gegeben hat. Wenn wir erkennen, wie Gott unseren Sehnsüchten begegnen will und dass er sie wahrhaftig erfüllen möchte, finden wir Freiheit und echte Freude.

171 Seiten, Paperback, ISBN 978-3-9523000-2-2

Unsere Bücher erhalten Sie in jeder Buchhandlung oder online unter www.inspired-media.com

inspiredmedia